민주주의자,
맹자와 플라톤

민주주의자, 맹자와 플라톤

맹자와 플라톤의 사상으로 본
민주적 삶의 방식

· 이응구 지음 ·

우리는 21세기 초, 대한민국이라는 시공간에서 살고 있다. 우리 중에 스스로가 태어나서 살아갈 시공간을 선택한 사람이 있는가? 태어나기 전에 태어날 시공간에 대한 사전 정보를 알고 태어난 사람이 있는가? 우리는 이유도 모른 채, 누구 때문인지도 모른 채 이런 시공간이라는 '사태 속으로' 던져졌다. 이는 마치 정신을 잃은 채로 누군가에게 납치되어 어떤 무인도나 산속에 던져져서 깨어난 사람들을 그리는 소설이나 영화에서의 상황과 비슷하다. 그런 영화와 같은 조건에서 오래 생존하기 위해서는, 또 생존하면서 '잘' 살아가기 위해서는 두 가지가 필요하다. 하나는 함께 그곳에 있는 자들과 협력하면서 그중에 '잘' 살아가는 사람들을 모방하는 것이고, 또 하나는 이전에 거주했던 자들이 남겨놓은 흔적을 찾아서 도움을 얻는 것이다. 만일 이전 사람이 남겨놓은 기록이나 지도를 찾는다면 생존의 확률과 잘 살 수 있는 기대치는 더욱 커진다.

고전은 내가 거주하고 있는 이 시대를 살아가는 데에 도움이 되는 모방의 대상이자 지도이다. 인류 역사에 기록으로 남겨진 수많은 사람이 다양한 형태의 삶의 흔적을 남기고 이 땅을 떠났다. 그 중에서 수백 년 또는 수천 년 동안 거르고 걸러져서 남게 된 주옥珠玉같은 기록물이 고전이다. 무수한 흔적 중에서 오랫동안 걸러졌다고는 하지만 여전히 세상에는 수많은 고전이 남아 있다. 그중에서 필자는 이전의 책에서는 공자와 소크라테스를 선택했고, 이번 책에서는 그들의 제자들이라고 할 수 있는 맹자와 플라톤을 선택했다. 그 많은 고전 중에서 이들을 먼저 선택한 이유는 무엇일까?

깊은 산을 홀로 다니다 길을 잃으면 무작정 헤맬 것이 아니라 내가 길을 확실히 알고 있는 곳까지 되짚어 온 다음에 다시 출발해야 한다. 지금 내가 '현재'라는 삶의 길을 잃고 헤매고 있다면 잠시 멈춰서 내가 어떤 경로를 통해 여기까지 왔는지 '과거'를 살펴보는 것이 능동적으로 '미래'를 살아가는 데 도움이 된다. 우리의 '현재'는 다른 나라, 다른 시대의 사람들과 비교해서 상당히 독특한 편이다. 대부분 시대는 그 '현재'를 있게 한 오랜 전통이 있게 마련이다. 우리도 마찬가지의 '전통'을 가지고 있지만 그것보다 외부에서 이식된 새로움이 우리의 현재를 더 많이 규정하고 있다. 우리의 전통을 '동양'이라 부르고 이식된 새로움을 '서양'이라고 부른다면 우리의 '현재'에는 동양과 서양이 겹쳐있다. 그러니 이런 '현재'를 있게 한 '과거'는 동서양 중에서 어느 하나의 과거만이 아니라 두 곳을 다 살펴봐야 한다.

'현재'부터 시간을 거슬러 '과거'로 한 발씩 가다 보면 동양에서는 춘추전국이라는 시공간에서 제자백가사상가들을, 서양에서는 고대 희랍이라는 시공간에서 희랍 사상가들을 만나게 되는데 이들이 우리의 '현재'를 있게 한 기원起源에 가깝다. 공자와 소크라테스는 동서양 사상과 문화의 기원이 되는 제자백가와 고대 희랍의 사상 중에서도 뿌리에 해당이 된다.

앞선 책에서는 이 두 사람이 우리에게 남겨준 '지도地圖'안에서 배움과 물음의 삶, 보이는 것과 보이지 않는 것이 겹쳐있는 세계를 살아가기, 미래에 대한 예측 불가능성 안에서의 윤리적 선택에 바탕을 둔 야생의 삶을 중심으로 살펴보았다. 우리가 '현재'의 길에서 동요하며 헤매는 이유는, 알지 못하는 것을 안다고 확신함에서 오는 잘못된 선택, 오직 보이는 것만을 향해가는, 보이는 것과 보이지 않는 것의 균형을 잃은 삶, 내 안의 기준을 잃고 외부의 기준에 따라 수동적으로 살아가는 것에 길들여진 삶에 있다. 공자와 소크라테스는 이에 반해 자신의 앎을 의심하며 끊임없이 캐묻고 배우는 삶을 살았으며, 보이는 것과 보이지 않는 것이 균형 잡힌 세계를 살기 위해 보이지 않는 영역을 보려는 노력을 지속했으며, '내 안의 목소리'에 항상 귀 기울이며 자신의 기준으로 삶을 선택했으며, 그에 대한 윤리적 책임을 지는 야생의 삶을 살았다. 이전의 책에서는 이런 그들의 삶을 소개하고 그들을 모방하기를 제안하였다.

이 책에서 소개하는 맹자와 플라톤은 이들의 제자에 해당한다. 플라톤은 소크라테스와 동시대를 살았으며 그의 삶의 행적과 죽음의 흔적에 큰 영향을 받아 철학자로서의 길을 선택하였고 맹자는 공자와 약 200여 년 이상의 시대적인 차이가 있지만 스스로 공자를 사숙私淑했다고 말하면서 그의 가르침을 이어받아 실천하는 삶을 살았다. 이들은 스승의 삶을 단순하게 반복한 것만이 아니라 '학습學習', 곧 모방하며 반복하면서 새로운 것을 창조해 나갔다. 이들이 반복하면서 새롭게 창조한 것 중에서 이번에 중요하게 살펴볼 내용은 공동체에 대한 이들의 생각이다.

공자와 소크라테스가 고민했던 삶도 공동체 안에서의 삶이다. 그런데 맹자와 플라톤은 여기서 한발 더 나아가 공동체 자체가 어떻게 되어야 하는지에까지 고민을 확장하였다. 그들의 스승이 자신들이 처한 환경을 '상수常數'로 놓고 그 안에서 어떻게 살아야 할 것인가를 주로 고민했다면 이들은 환경 자체까지 '변수變數'로 놓아 어떤 공동체를 만들어야 할 것이지, 그러기 위해서는 어떤 실천을 해야 하는지를 고민하였다. 이들의 고민은 외부로만 향해있지 않았다. 공자와 소크라테스의 공통점 중 하나는 이들이 동서양 사상사에서 고민의 주요 대상을 사람 자체에 둔 최초의 사람들이라는 점이다. 맹자와 플라톤은 이들의 고민을 이어받아 사람의 본성에 대해서 더 폭넓고 깊이 있게 고민하였고 그 고민의 흔적들을 남겨놓았다. 이책에서는 이 두 가지 부분, 곧 이들이 바라보는 공동체와 그 안에서 살아가는 사람들의 본성을 중심으로 탐구한다.

다시 한번 우리의 '현재'를 돌아보자. 우리는 어떤 '사태 속에' 살고 있는가? 우리가 사는 공동체는 '민주주의'라고 불리는 형식을 택하고 있다. '과거'의 맹자와 플라톤을 '현재'로 소환하기 위해 필자가 선택한 키워드는 '민주주의'이다. '민주주의'는 우리가 처한 '현재'인가 아니면 이상향처럼 향해 갈 '미래'인가, 그것도 아니면 수천 년 전에 희랍이라는 시공간에 있었던 '과거'인가? 모두가 당연히 안다고 생각하는 '민주주의'라는 단어는 그것을 직시하려 하면 할수록 마치 유령처럼 흔적도 없이 사라진다. 하지만 우리는 이 단어를 고통스럽더라도 직시해야 한다. 우리는 '민주주의'라는 현재를 살고 있고 과거를 살았으며 미래를 살아가야 하기 때문이다.

이 책에서 필자는 '민주주의'를 직시하기 위해 고대 희랍의 '민주정'과 근대 유럽의 '민주주의'를 비교하면서 맹자와 플라톤의 정치, 윤리, 교육사상을 소환해 보았다. 고대 희랍과 근대 유럽에는 각각 '아테네에서 거주하는 성인 남자'라는 자격조건을 가진 민주정과 '보편적인 인권'을 가진 누구에게나 조건 없이 확장된 민주주의가 있었다. 근대 유럽에서 발원된 민주주의의 근원에 있는 이 보편성을 이해하고 설명하기 위해 필자는 맹자의 '보편적인 사람의 본성'과 플라톤의 '보편적인 진리로서의 이데아'를 끌어들였다. 이런 시도가 민주주의라는 '유령'을 마주하는 데 얼마나 도움이 될지는 모르겠지만 이 시도가 의미 있기를 기대해본다.

이제 세상에 '두 번째 지도地圖'를 내놓게 되었다. 이 지도들이 같은 시공간을 살아가고 있는 독자들에게 얼마나 도움이 될지 알 수 없다. 한 치 앞을 알 수 없는 깊은 산 속에서 앞을 비추는 작은 등불의 역할이라도 하길 바란다. 또는 더 자세하고 훌륭한 지도인 고전에까지 인도하는 나침반의 역할만 하더라도 더 바랄 것이 없다. 필자가 세상에 내놓는 두 개의 '지도'는 치열한 삶을 살면서 그 흔적을 후손들에게 남겨준 '과거'의 사람들과 동시대를 살면서 내가 잠시 멈추어 현재의 삶을 돌아보고 과거의 흔적을 살펴볼 수 있는 환경과 기회를 준 '현재'의 사람들에게 빚지고 있다. 여기에 또 하나의 빚을 얹고 싶다. 바로 내 삶의 흔적을 봐줄 '미래'의 후손들이다. 그들이 내가 남긴 '지도'를 살펴보지 않을지도 모르겠지만 그들이 여전히 이 땅을 살아갈 것이라는 가능성이 내가 '현재'를 치열하게 살며 그들에게 흔적을 남겨야 하겠다는 생각을 하게 만든다. 독자들도 미래의 후손들을 위해 어떤 '흔적'을 남기기 위한 노력을 함께 하면 어떨까?

· 차례 ·

1부

인의의 맹자

1

맹자와 맹자의 시대

나아갈 때와 머무를 때

공자가 안연에게 말했다.

"쓰임이 있으면 나아가서 배운 바를 실천하고, 쓰임이 다하면 머물러 배움을 계속해 나갈 수 있는 자는 나와 안회 너뿐이구나."

이는 공자가 자신이 가장 사랑하는 두 제자인 안회, 자로와 함께 있으며 한 말이다. 공자의 이 말은 이후 유학자들이 행동하는 데 중요한 지침이 되었다. 여기서 '쓰임이 있다'는 것은 '용用'을, '쓰임이 다한다'는 '사舍'의 번역이다. '배운 바를 실천함'은 행行을, '머물러 배움을 계속함'은 장藏의 번역이다. 공자가 보기에 군자君子는 항상 배움에 바탕을 둔 삶을 살며, (그 배움이 쓰일) 때를 만났을 때 항상 실천할 준비가 되어있어야 한다.

그런데 용用과 사舍의 때時는 나에게 달려 있지 않다. 그것은 직접적으로는 내가 필요한 군주에게 달려있거나 더 큰 관점에서 보면 하늘의 뜻에 달려있다. 그렇다면 내가 할 수 있는 것은 무엇인가. 쓰임이 있을 때는 그동안 배운 바를 실천하는 것이고 쓰임이 다 했을 때는 물러나 다음 때를 기다리며 배움을 이어가는 것이다.

맹자는 공자의 이 지침을 개인의 영역에서 보편적인 인간의 영역으로 확대했다. 곧 보편적 인간의 본성은 어떠한지, 어떻게 그 본성을 잃지 않고 확장해 나갈 수 있는지, 세상에 나아가 실천하는 자는 어떠해야 하는지에 대한 구체적인 고민과 방법을 전해준다.

백가쟁명의 시대

맹자는 공자보다 180년이 늦은 기원전 372년에 태어나서 기원전 289년까지 살았다. 두 인물이 살았던 시대는 200년 정도 떨어져 있다. 공자와 맹자가 살았던 시대를 춘추전국시대라고 하는데, 이 시대는 500여 년간 지속하였다. 공자가 살았던 춘추시대와 맹자가 살았던 전국시대는 공통점이 많지만, 차이점도 많다.

공자는 14년간 천하를 떠돌면서 '옛 질서의 회복'을 주장했다. 그가 주장하는 옛 질서의 회복은 옛것의 바탕에서 새로운 것을 구축하는 것이며 다시 옛날로 돌아가자는 것은 아니다. 곧 옛것을 회복하는 과정에서 새로움이 싹트고, 옛것과 새로운 것이 섞이며 '새로운 옛것의 질서'가 만들어질 수 있다는, '온고지신溫故知新'이다. '고古'와 '신新' 중에서 무엇이 먼저인가를 굳이 따진다면 옛것인 '고古'라고 할 수 있다. 새로운 것만을 추구하게 되면 옛것은 잃게 될 수도 있지만, 옛것을 익혀 나가는 속에서 새로운 것이 싹트게 되면 새로움 속에 옛것이 담기게 된다.

그런데 공자의 바람과 달리 그가 살았던 춘추시대의 사람들 대부분은 옛것을 회복하기 위해 노력하기는커녕 새로움을 향해 질주했다. 철기의 발달로 토지생산력이 급속하게 높아지고 심경深耕이 가능해지면서 예전에는 황무지였던 땅을 개간해서 농토가 넓어졌다. 인구가 증가하면서 노동력이 늘어 생산량도 늘어났다. 권력은 점점 중앙집권화되고 전보다 더 큰 권력을 가지게 된 군주는 더 많은 부와 토지를 위해 끊임없이 이웃 나라를 넘보았다. 결국 전쟁이 끊이지 않고 예전에는 차마 하지 못했던 끔찍하고 잔인한 일들이 벌어져 백성들의 삶은 황폐해졌다. 이런 극심한 혼란과 고통 속에서, 진흙에서 아름다운 연꽃이 피어나듯 여러 사상이 탄생했다. 후대인들은 이 시대에 무수한 사상들이 다양한 이론과 주장을 내세워 서로 옳고 그름을 다투던 것을 가리켜 '백가쟁명'이라고 한다. 말 그대로 여러 새가 울음을 울 듯이 서로의 주장을 다투었던 이 시대사상의 특징을 잠시 살펴보자.

이들은 이전 시대보다 세계에 대해서 더 치밀하게 관찰하고 논증했다. 예를 들어, 후대에 '명가名家'로 알려진 공손룡이나 혜시, 그리고 후기 묵가墨家의 경우 서구의 논리학과 비교해도 뒤지지 않을 정도의 치밀한 논변을 보여준다. 이런 치밀한 논변과 더불어 전국시대 사상가들의 또 하나의 공통점은 이들이 인간의 본성과 마음에 관해서 깊이 있는 관찰과 고민을 했다는 점이다. 묵가는 사람의 본성이 이기적인데 그런 이기적인 마음을 버리고 모두를 평등하게 대해야 세상이 평화롭게 된다는 '겸애兼愛'를 주장했다. 이 외에도 사람의 본성은 선하다는 맹자의 '성선性善', 반대의 주장을 한 순자의 '성악性惡', 선함도 없고 악함도 없다는 '성무선무불선性無善無不善'의 주장뿐 아니라, 어떤 경우에는 선하고 어떤 경우에는 악하다는 주장 등 사람의 본성에 관한 무수한 주장들이 등장했다. 이 과정에서 우리에게까지 전해진 주장은 순자와 맹자의 주장이고 유학자들은 맹자의 주장을 받아들이고 있다. 인간 본성에 관한 맹자의 주장은 나중에 자세히 살펴볼 예정이다.

이들 사상이 중요한 이유는 당시의 혼란을 끝내고 안정을 찾는 방법을 제시한 데에 있다. 맹자를 중심으로 한 '유가儒家', 한비자의 '법가法家', 장의와 소진으로 대표되는 '종횡가縱橫家'가 그중 대표적인 사상들이다. 이들은 끊임없이 이어지는 전쟁을 끝내기 위해 중원이 하나의 나라로 통일되어야 한다고 생각했지만, 그 방법은 다 달랐다. 맹자는 이익利이 아닌 인仁과 의義를 바탕으로 한 정치를 통해서 그것을 이루어야 한다고 주장했고, 종횡가는 외교 전술로, 법가는 신상필벌과 부국강병을 통해서 통일을 이루어야 한다고 생각했다. 맹자의 주장은 당시에는 전혀 받아들여지지 않았다. 처음에는 종횡가가 가장 크게 힘을 발휘하다가 법가사상을 받아들인 진秦나

라가 결국 천하를 통일하게 된다. 그런데 법가사상으로 천하를 통일
한 진나라는 불과 2대를 넘기지 못하고 통일한 지 20년도 되지 않아
멸망하게 되고 그 뒤를 이은 한漢나라부터 수천 년 동안 중국의 왕
조들은 맹자의 사상을 중요한 통치이념으로 삼았다는 것은 아이러
니하다.

인간의 마음心과 본성性

> 자공이 말했다.
> 선생님의 문장文章은 들을 수가 있었다. 하지만 사람의 본성과 하늘의
> 이치에 대해 말씀하시는 것을 들을 기회는 거의 없었다.
> 공자가 말했다.
> 사람의 본성은 서로 가깝게 태어나지만 그 본성은 환경과 배움에 의
> 해 형성된 습관에 의해 서로 멀어진다.

『논어』에는 사람의 마음을 뜻하는 '심心'이라는 단어가 모두 6번
나온다. 그 의미는 보통 우리가 일상에서 사용하는 의미와 큰 차이
가 없다. 인간의 본성을 뜻하는 '성性'은 위에 인용한 두 구절에 등장
한다. 그런데 자공의 말은 본성 자체에 관한 것이 아니라 공자가 인
간의 본성에 관해 말하는 것을 거의 듣지 못했다는 것이니 실지로
『논어』에서 인간의 본성에 대해 언급한 것은 두 번째 인용문이 유일
하다. 그 내용도 본성 자체에 대한 표현이라기보다 누구나 비슷한

본성을 가지고 태어나는데 주어진 환경과 습관에 따라 서로 다른 인격이 형성된다는 의미이므로, 본성보다는 배움과 습관의 중요성을 말하고 있다. 곧 공자는, 그리고 공자가 살았던 춘추시대 말기까지 사람들은 인간의 마음心과 본성性을 구분 없이 사용한 것으로 볼 수 있다.

하지만 춘추시대를 거치고 전국시대를 살면서 사람들은 인간에 대해서 고민하기 시작했다. 이전에는 차마 하지 못했던 행위를 서슴없이 벌이고, 나와 비슷한 마음을 가졌다고 생각한 이웃이 전혀 예상하지 못한 언행을 하고, 사람이라면 당연히 이래야 한다는 생각이 흔들릴 정도의 여러 일이 벌어졌다. 백성들의 본本이 된다고 생각했던 군주나 귀족 등 사회 지도층들이 권력을 위해 부모와 자식이 서로 죽고 죽이거나, 이익을 위해 이웃과 친구를 배신하고, 명분과 옳음을 위한 행위가 아니라 토지와 노동력을 빼앗으려는 쟁탈전인 전쟁으로 대량학살이 벌어지는 일이 계속되었다. 왜 사람이 이렇게 '악惡하게' 변한 것일까? 원래 사람의 본성이 악한 것인데 그동안 알지 못했던 것일까? 사람의 본성은 무엇인가? 인간의 본성과 환경은 어떤 관련이 있는가? 제자백가의 사상가들은 이런 물음들을 던지며 사람의 본성에 대해 깊이 고민하기 시작했다.

몇 년 전 겨울, 많은 사람이 여러 달 동안 광화문에 모여 '국가란 무엇인가'에 대해서 고민했으며, 그 가운데 많은 주장이 나왔다. 사람들은 그 과정을 '촛불 혁명'이라 불렀다. 수많은 시민이 광화문에서 '국가란 무엇인가'라고 물었던 행위가 '혁명'일 수 있는 것은 그

것이 단순한 물음이 아니라 이전까지 우리가 알고 있었던 '국가'에 대해 의심하면서 '국가란 무엇인가'에 대해서 새로운 생각을 구축한 행위였기 때문이다. 그 질문을 던지기 전과 후의 국가는 결코 같은 국가일 수 없다. 어떤 정신작용과 실천을 통해 다시 과거로 돌아갈 수 없는 도약을 혁명이라고 한다면 '촛불 혁명'이라는 명칭은 잘못된 것이 아니다.

일상에서도 마찬가지다. 사랑을 경험하지 않아도 드라마나 소설 등을 통해 우리는 사랑에 대해 알고 있다고 여긴다. 그런데 사랑을 하고, 사랑을 통해 고통을 겪게 되면 '사랑은 무엇인가'라는 물음을 가지게 된다. 물론 사랑만이 아니라 살아가는 과정에서 만나는 여러 장애물과 고통 역시 마찬가지다. 그 물음과 정면으로 맞서면서 어떤 사람은 이전과는 다른 '나'로 새롭게 태어나고 어떤 사람은 그 물음을 회피하거나 묻어두면서 예전의 삶을 반복한다. 맹자가 살았던 전국시대에 수많은 사람은 인간의 본성과 마음에 관한 근본적인 물음과 맞닥뜨리게 되었다. 사람들 대부분은 그 물음을 회피하거나 묻어두었고 맹자를 비롯한 소수의 사람만이 그 물음에 맞서서 끝까지 캐물었다. 그런 캐물음의 결과물들이 수천 년의 검증을 거치면서 우리에게까지 전해지고 있다.

이 글에서는 맹자의 주장을 정치와 윤리라는 두 축으로 살펴볼 예정이다. 이는 용用, 곧 세상의 부름을 받았을 때 실천하는 정치적이고 공적인 삶과 사舍, 곧 그 쓰임이 다했을 때의 사적이고 윤리적 삶의 중층적 삶을 고찰하는 것이다. 공적인 삶과 사적인 삶, 정치적인 삶과 윤리적인 삶은 무 자르듯이 자를 수 없다. 두 삶은 마치 새 끼줄처럼 서로 얽혀있다. 하지만 공직을 맡았을 때는 공적인 삶이 큰 부분을 차지할 것이고 그 반대의 경우는 사적인 삶이 큰 부분을 차지하듯이 두 삶을 나누어 살펴볼 여지는 있다. 인간의 마음과 본 성에 대한 맹자의 주장은 공적인 삶과 사적인 삶이라는 두 가지 삶 의 원천이다. 맹자와 수천 년을 격한 우리의 삶도 이와 크게 다르지 않다. 우리의 삶에는 공적이고 정치적인 영역과 사적이고 윤리적인 영역이 겹쳐 있으며, 삶에서 매일 매일 행하는 크고 작은 선택은 개 별적이지만 보편적인 어떤 기준에 근거하여 이루어진다. 이제 본격 적으로 맹자 사상의 바다로 뛰어들어 노닐며 우리 삶의 자양분이 될 만한 물고기들을 건져보자.

● 맹자에 대하여

전국시대의 제자백가서는 사상가의 이름과 그의 저서가 같은 경우가 많다. 노자, 장자, 묵자, 열자, 한비자, 관자 등등. 이들 저서와 마찬가지로 맹자도 사람과 저서를 함께 지칭한다. 앞으로 맹자를 인명으로 지칭할 때는 따옴표 없이 맹자라고 쓰고 책명으로 지칭할 때는 『맹자』라고 표기하겠다. 본문으 로 들어가기 전에 맹자의 저서인 『맹자』 대해 간단히 소개한다.

사마천은 『사기史記』의 「맹자 순경열전」에서 『맹자』는 맹자 자신이 그의 제 자들과 함께 저술했다고 이야기한다. 후대의 학자들도 이 의견에 크게 이 의를 달지 않아 『맹자』는 맹자 자신의 저술이라는 것이 정설이다. 『맹자』는 처음에는 7편–양혜왕梁惠王, 공손추公孫丑, 등문공滕文公, 이루離婁, 만장萬章,

고자告子, 진심盡心-으로 엮어져 있었으나, 후한말後漢末에 조기趙岐가 장구章句를 만들면서 각 편을 상·하로 나누어 14편이 되었는데, 이것이 현재까지 이어지고 있다.

『맹자』는 전한前漢 문제文帝 때에 『논어論語』, 『효경孝經』, 『이아爾雅』와 함께 사박사四博士의 하나가 되었는데 무제武帝 때 제자백가의 다른 저서들 중 하나로 위상이 낮아졌다가 송宋나라 신종神宗 때에 경經으로 높여진다. 그 후에 주자朱子에 의해 『대학大學』, 『논어論語』, 『중용中庸』과 더불어 사서四書 중 하나로 묶여지면서 후대의 유학자들이 반드시 공부해야 하는 유가 경전의 대표적인 저서가 되었다. 특히 성리학을 건국이념과 통치이념으로 삼은 조선의 정치에 끼친 영향은 상당하다.

◆ 여기서 잠시 생각해 보고 다음으로 넘어가자

1 용用과 사舍처럼 나에게 달려 있지 않은 것과 행行과 장藏처럼 나에게 달려 있는 것은 어떤 것이 있는가?

2 인간의 본성은 선한가 악한가, 아니면 선하지도 악하지도 않은가? 경험을 통해 또는 논증을 통해 주장해 보자.

3 우리는 옛것을 회복하는 것과 새로움을 추구하는 것 중에서 어느 것을 더 중요하게 여기고 있는가? 그것의 장단점은 어떤 것이 있을까?

4 다시 과거로 돌아갈 수 없는 도약을 했던 '혁명적인' 경험이 있는가?

5 혁명적인 경험을 이끌어 낸 물음은 무엇인가?

6 우리의 삶에서 공적인 삶과 사적인 삶은 어떤 것이 있는가?

2

맹자의 정치사상

정치政治의 필요

어찌하여 천하를 다스리는 일을 밭을 갈면서 할 수 있다는 말인가? 세상에는 대인(정치가)의 일과 소인(백성)의 일이 있다. 그리고 한 사람이 살기 위해서는 먹고 입고 자고 일하는 등의 많은 것들이 필요한데 모두가 자기의 것을 자기가 만든 뒤에야 그것을 사용할 수 있다면 이는 천하 사람들을 거느려서 길가에 분주하게 돌아다니게 만드는 것과 같다. 그러므로 어떤 사람은 마음을 쓰는 데 힘쓰고 어떤 사람은 몸을 쓰는 데 힘쓰니, 마음을 쓰는 자는 사람을 다스리고 몸을 쓰는 자는 다스림을 받는다. 또 다스림을 받는 자는 다른 사람(다스리는 자)을 먹이고 다스리는 자는 다른 사람(다스림을 받는 자)에게 먹임을 당한다. 이것이 천하의 공통된 도리이다.

위 인용문은 후대에 '농가農家'로 알려진 허행許行의 문도인 진상陳相과 맹자의 논쟁 중에 맹자가 말한 것이다. 진상은 등滕나라의 군주가 어진 군주라고 들었는데 스스로 농사를 짓지 않는 것을 보니 백성을 착취해서 자신을 봉양토록 하므로 어진 군주가 아니라고 주장한다. 반면에 자신의 스승인 허행과 그의 문도들은 스스로 먹을 것은 자기 손으로 농사를 지어 먹으며 생활한다고 말한다. 맹자는 허행이 자신의 옷이나 농사를 짓는 농기구를 스스로 만들고, 밥을 짓고 음식을 먹는 그릇도 스스로 만드는지 등에 관해 묻는다. 진상은 그런 옷이나 농기구나 그릇은 농사지은 곡식과 바꿔서 생활한다고 한다. 맹자는 다시 왜 직접 농기구나 그릇을 만들지 않는지 물어보니 진상은 그런 것을 만드는 일은 농사를 지으면서 동시에 할 수 없는 일이기에 어쩔 수 없이 곡식과 바꿀 수밖에 없다고 대답한다. 이에 맹자는 천하를 다스리는 일이 어찌 공인工人들의 일과 비교해서 농사를 지으면서 할 수 있는 일이냐고 진상의 논리의 허점을 지적하며 위의 말을 한다.

맹자가 살았던 전국시대는 생산력이 발달하고, 상공업이 급속하게 발달했으며, 사회적 분업이 활발하게 이루어지던 시대이다. 물론 지금의 시대와 그 규모를 비교할 정도는 아니지만 그 이전 시대와 비교하면 새로운 물건을 만들고 유통하는 규모가 커지고 또 농사 이외의 다른 일들이 생겨나는 경향이 상당히 빨리 이루어졌다. 경전이 전해지지 않지만 진상이 주장하는 '농가農家'의 근본정신은 아마도 '농사가 모든 일의 큰 근본이다'라는 뜻의 '농자천하지대본

農者天下之大本'에 담겨있지 않나 추측해 볼 수 있다. 곧 때에 맞춰 씨를 뿌리고 햇볕과 비바람 등 자연의 은택과 땀 흘려 일하는 사람의 노동이 함께 어우러져 가을이 되면 수확을 하고 겨울에 휴식을 취하며 다시 자연이 가져다줄 봄을 기다리는 이 전체의 과정이 천하 모든 일의 근본이 된다는 사상이 아닐까? 이런 과정에서 사람은 자연에 대해 겸허하고 겸손한 마음을 가지게 되고 일의 소중함을 알게 된다는 주장이 아닐까? 농사는 내가 아무리 더 많은 수확물을 얻고자 해도 땅이라는 공간과 때라는 시간의 한계가 있기에 사람의 힘으로만 어찌할 수 없는 부분이 많이 있다. 이에 비해 상업이나 공업은 상대적으로 자연조건에 영향을 덜 받는다. 이는 사람의 노력으로 더 많은 성과를 낼 수 있다는 긍정적인 면도 있지만 끊임없이 인간의 탐욕을 조장한다는 부정적인 면도 있다. '농가'는 아마 당시에 발전하는 상공업이 인간의 탐욕을 조장하는 것에 대해 경고하는 사상이 아닐까 추측해본다. 그런 사상을 바탕으로 나라를 다스리는 군주는 농사를 근본으로 여기는 마음을 잊지 않기 위해 스스로 밭을 가는 경험을 해야 한다고 주장했으리라. 조선의 왕들도 백성들에게 농사의 중요성을 알리기 위해 스스로 농사를 짓는 '친경親耕'의 본을 보였다.

하지만 어떤 주장이든지 과하게 되면 그 근본정신이 흐려지게 된다. 군주에게 요구되는 것은 농사를 근본으로 여기는 마음이지 농사 짓는 그 자체는 아니다. 어떤 사상이든지 그 사상을 따르는 제자나 후학에 의해 더 과격하고 경직된 모습으로 후대에 전해지는 경우가 많다. 진상의 주장에서 그런 모습을 본 맹자는 그와의 논쟁에서 그 허점을 지적했으리라.

이 대화를 통해 맹자 정치사상을 엿볼 수 있다. 사람들 대부분은 그릇이나 농기구를 만드는 일과 농사를 짓는 일은 함께할 수 없다고 생각할 것이다. 그릇 하나를 만드는 데 1시간이 걸리고, 그릇 장인이 가족을 부양하기 위해 하루에 그릇 10개는 만들어야 한다면 그는 최소한 하루에 10시간 일해야 한다. 그러니 농사를 지을 여력이 있을 수가 없다. 농사를 비롯한 눈에 보이는 일을 맹자는 몸을 쓰는 일, 곧 '노력勞力'이라고 표현했다. 그런데 천하를 다스리는 일, 곧 군주의 일은 눈에 보이지 않는다. 보이는 것은 잔치를 벌이거나 제사를 지내거나 아니면 말로 이런저런 지시를 내리는 등의 별로 '노력'하지 않는 모습이다. 하지만 그 밑바탕에는 보이지 않는 여러 고민, 판단, 결정 등이 깔려있다. 이런 일을 맹자는 마음을 쓰는 일, 곧 '노심勞心'이라고 표현한다. 진상을 비롯한 대부분 사람에게 일한다는 것은 몸을 쓰는 일, 곧 '노력勞力'에 해당한다. 마음을 쓰는 일, 곧 '노심勞心'은 다른 몸을 쓰는 일을 하면서도 충분히 할 수 있는 일로 여기는 경향이 있다. 하지만 맹자는 농사를 짓는 일과 그릇을 만드는 일, 농기구를 만드는 일 등의 역할이 서로 다른 것처럼 마음을 써서 나라를 다스리는 일도 역할이 다르다고 주장한다. 그리고 그런 역할을 하는 사람을 '다른 사람을 다스리는 자治人'라고 부른다. 그리고 다스림을 받는 자는 다스리는 자를 부양한다. (食人, 여기서 食은 먹는다는 뜻의 '식'이 아니라 먹인다는 뜻의 '사'로 발음한다.)

왜 세상에는 '다스리는 일治'과 '다스리는 사람治人'이 생겼을까? 우리가 일상에서 겪는 여러 상황에서 다스리는 일과 다스리는 사람의 필요성과 역할에 대해서 잠시 살펴보자. 우리는 모종의 지속하는 모임을 만들면 '다스리는 자'를 선출한다. '다스리는 자'는 모임의 종류와 성격에 따라 이름이 달라진다. 회사에는 사장이 있고 부서에는 부서장이 있고 학급에는 반장이 있다. 하다못해 자발적인 친목 모임에서도 대표를 뽑는다. 사람이 사회를 형성하게 되면서 '다스림治'은 필요한 것인지 모르겠다.

예를 들어보자. 조정경기는 출발선에서부터 여러 명이 노를 저어서 도착점에 누가 먼저 도착하는가를 겨룬다. 그런데 여러 참여 선수 중 한 명은 노를 젓지 않고 맨 뒤에 앉아서 북을 치며 고함을 지른다. 타수로 불리는 이 사람은 박자를 맞추고 방향을 조정하는 역할을 하며, 조수라 불리는 나머지 사람들은 실제 노를 젓는다. 언뜻 생각하기에 타수를 없애고 모두가 조수가 되면 더 빨리 앞으로 나아갈 수 있을 것 같다. 하지만 오랜 경험을 통해 모두가 몸을 쓰기보다는勞力 누군가 몸 쓰는 자들을 조정하고 힘을 합치고 나아갈 방향을 제시하는 역할, 곧 마음을 쓰는 역할勞心을 하는 것이 더 빨리 정확하게 앞으로 나아가는 방법이라는 것을 경기하는 사람들은 알게 되었다. 여기서 타수는 마음을 써서 조수들과 배를 다스리고治人, 조수들은 타수의 다스림을 받는다治於人. 조수들은 힘을 쓰지는 않지만 마음을 쓰는 타수를 목적지까지 함께 데려다주며食人, 타수는 조수들의 덕분으로 함께 목적지까지 가게 된다.食於人

이때 타수와 조수 중에서 누가 더 높은 사람인가? 누가 지배자이고 누가 지배받는 사람인가? 이들은 평등한 관계이다. 다만 마음을 쓰고 몸을 쓰는 역할이 다를 뿐이다. 맹자의 정치사상에서도 이런 관계를 엿볼 수 있다. 다스리는 자와 다스림을 받는 자는 역할이 다를 뿐 지배와 피지배의 관계가 아니다. 물론 조정경기에서 조수들이 타수의 지시를 따라야 하듯이 다스림을 받는 자는 다스리는 자의 지시를 받아야 한다. 이런 관계와 지배·피지배의 관계는 어쩌면 종이 한 장 차이일지 모른다. 많은 정치사상은 바로 이 종이 한 장의 차이를 발견하고 그 차이를 넘지 않는 방법, 곧 역할분담이 지배·피지배로 바뀌지 않는 방법을 찾기 위한 노력의 산물이다.

실제 유학을 통치이념으로 삼은 많은 중국의 왕조와 조선의 경우도 역할분담의 관계를 넘어선 지배와 피지배의 구조가 형성되었다. 이것은 역할분담의 관계를 유지하기가 쉽지 않음을 보여주는 것이다. 어쩌면 민주주의 제도는 역할분담의 관계를 가장 잘 유지할 수 있는 제도일지도 모른다. 하지만 다스림을 받는 자들이 다스리는 자를 선출하는 민주주의 사회에서도 이 문제는 완전히 해결되지 않는다. 다스리는 일을 마음 씀勞心이라는 하나의 역할로 규정하면서 몸을 쓰는 역할勞力과의 관계로 규정한 맹자의 사상은 현대사회에서 다스리는 행위가 지배하는 행위로 바뀌지 않게 하려는 여러 노력에 이론적이고 실천적인 영감을 준다.

◆ 여기서 잠시 생각해 보고 다음으로 넘어가자

1 가정이나 학교 등 내가 속한 집단에서 역할분담이 이루어지는 경우
   를 생각해보자.

2 역할 분담 중에서 노력勞力에 해당되는 부분과 노심勞心에 해당되는
   부분을 나누어보자.

3 나의 삶에서 눈에 보이는 성과를 내는 노력勞力과 보이지 않는 성과
   를 내는 노심勞心에는 어떤 것이 있을까?

4 역할분담이 종속관계가 되지 않으려면 어떻게 해야 할까?

하필왈리 何必曰利

맹자가 양혜왕을 알현할 때 양혜왕이 말했다.

"노인께서 천리를 멀다 하지 않고 오셨으니 어떻게 하면 앞으로 내 나
라에 이익이 될지 방도를 알려주시기 바랍니다."

이에 맹자가 대답했다.

"왕께서는 하필이면 이익을 이야기하십니까? 왕은 오직 인의仁義를 바
탕으로 나라를 다스려야 합니다. 만일 왕께서 나라의 이익을 구한다면
대부大夫들은 집안의 이익을 구할 것이고 사士나 서인庶人들은 자신 한 몸
의 이익을 구할 것입니다. 이렇게 되면 위와 아래가 모두 서로의 이익을
구하면서 다른 사람의 이익을 침범하게 되고 그러면 나라가 위태로워질
것입니다. 국가의 군주를 시해하는 자는 반드시 대부의 집안에서 나옵니
다. 군주가 만 대의 수레를 취할 때 대부가 천 대의 수레를 취하는 것이
작은 것은 아니지만 만일 그 대부가 의義를 뒤로하고 이익을 먼저 추구
한다면 군주의 자리와 재산을 빼앗을 때까지 만족하지 않을 것입니다.

인仁한 자는 그 부모를 버리지 않고 의로운義 자는 그 임금을 저버리지 않습니다. 왕께서는 오직 인의를 바탕으로 하면 될 뿐인데 하필이면 이익을 이야기하십니까?"

이 대화는 『맹자』의 앞부분에 나온다. 『논어』의 시작은 '배우고 익힘(학습學習)'이고 노자 『도덕경』道德經의 시작은 '도가도비상도道可道非常道'이며 『장자』莊子의 시작은 「소요유」逍遙遊다. 대부분의 동양고전은 첫 부분에 전편에 흐르는 핵심사상을 배치한다. 방금 예를 들었던 『논어』, 『도덕경』, 『장자』의 경우 처음에 배치된 핵심어를 이해한다면 전체적인 내용의 대강을 이해했다고 볼 수 있다. 또한 전체적인 내용의 대강을 이해했을 때 처음 배치된 내용을 이해할 수 있다. 지금 인용한 맹자의 '하필왈리何必曰利'도 마찬가지이다. 이 대화에 『맹자』 전체의 사상이 녹아있으며 이 대화의 함의를 온전히 이해하기 위해서는 맹자의 전체사상에 대한 대략적인 체계를 머릿속에 그리고 있어야 한다. 일단 우리는 맹자를 이해하기 위한 첫발을 내디뎠으니 아직 전체적인 맹자의 사상을 그려놓지 않은 상태라는 것을 인정하고 이 대화를 살펴보도록 하자.

서두에서 이야기했듯이 지금 대화가 이루어지고 있는 전국시대 초기는 여러 나라가 토지와 노동력을 차지하기 위해 끊임없이 경쟁하던 시대다. 그 경쟁의 정점에 서 있는 군주들은 경쟁에서 이기기 위해 군비를 강화하고 경쟁에서 이길 수 있는 이론적 방법을 찾기 위해 혈안이 되어 있었다. 양혜왕도 그런 군주 중의 한 명으로 당시에 이미 명성을 떨치고 있던 맹자를 초청해서 경쟁에서 이겨 나라의 이익에 보탬이 되는 방법을 듣기 원했다. 중국의 고대사를 정리한 최고의 권위 있는 역사서인 사마천의 『사기』를 보면 양혜왕과 맹자의 대화처럼 나라의 이익을 모색하는 방법을 찾고자 하는 군주와 군주의 요구에 응답하는 사상가 간의 대화를 여러 곳에서 발견할 수 있다. 군주에게 이런 요청을 받은 사상가 대부분은 군비개혁, 제도개혁, 상벌제도 마련, 토지개혁 등 구체적인 방안에 대해 조언을 한다. 그리고 그 조언을 받아들인 나라는 이전보다 더 강한 나라가 되고 조언을 받아들이지 않은 나라는 경쟁에서 뒤져 약해지거나 멸망하게 되는 사례를 볼 수 있다. 그 대부분의 대화와 지금 벌어지고 있는 대화는 결이 다르다. 맹자는 다른 사상가들이 주장하는 것처럼 자기만의 독특한 이익이 되는 방법을 이야기하는 것이 아니라 아예 군주는 이익에 신경을 써서는 안 된다고 주장한다. 많은 정책 결정의 기준이 '국익'인 현대사회의 관점에서 봤을 때 맹자의 주장은 허황한 것처럼 여겨진다. 그런데 뒤이은 맹자의 진단은 그가 허황한 이상주의자가 아니라 현실에 발을 굳건히 디딘 현실주의자임을 보여준다.

일단 여기서 '내 나라'라는 말은 '오국吾國'을 번역한 말이다. 한자어에는 영어의 we에 해당하는 '우리'라는 말이 없다. 그래서 상황에 따라 '오국吾國'을 '우리나라'라고 번역할 수도 있지만 양혜왕이 이야기하고 있는 '오국吾國'은 당시 여러 군주와 마찬가지로 자신의 사적 소유로서의 나라이기에 '내 나라'라고 번역하였다. 맹자는 양혜왕이 나라의 이익에 대해 물었을 때 나라를 자신의 소유물로 생각하는 양혜왕의 의도를 알아챘을 것이다. 그러니 다음과 같은 이야기를 한 것이다. 군주가 통치를 통해 개인의 이익을 추구한다면 신하들 또한 자기 집안의 이익을 추구할 것이고 또한 나라 안의 모든 백성이 자기 개인의 이익을 구하기 위해 혈안이 될 것이다. 이는 왕정만이 아니라 민주정에서도 마찬가지이다. 선출된 대통령이 나라 전체의 이익을 위해서가 아니라 사적인 이익을 얻기 위해 행위 한다면 그 아래에서 일하는 장관이나 정치인들 또한 마찬가지일 것이고 또한 시민들 대부분에게 공적인 마음은 점차 사라지고 개인과 가족의 생존과 이익을 위한 삶의 비중이 더욱 커질 것이다.

여기서 잠깐 근대정치이론의 중요한 출발점인 영국의 토마스 홉스의 주장에 대해 잠시 살펴보자. 홉스가 살았던 당시 유럽은 종교라는 명분과 국익이라는 실리가 얽히고설켜 크고 작은 분쟁과 전쟁이 끊임없이 일어나던 시대였다. 홉스가 태어날 때 스페인의 무적함대가 홉스의 고향 가까이에서 위협적인 함포사격을 했고 그 소리에 놀란 홉스의 어머니가 7개월 만에 홉스를 출산했다고 한다. 홉스에게 전쟁의 공포는 평생을 따라다닌 트라우마였고 그의 사상과 정치철학은 그 공포를 제거하는 데에 중점을 두고 있다.

그는 인류가 국가나 공동체를 형성하고 사는 것을 '사회 상태'라 불렀고 사회 상태 이전을 '자연 상태'라 불렀다. 자연 상태에서는 어떤 규범과 법, 도덕이 없기에 개인은 누구나 자신이 원하는 것을 할 수 있는 '자연권'을 가지고 있다. 나의 생존에 유리하다면, 또는 내가 원하는 것이 있다면 그것을 얻기 위해 타인의 것을 빼앗을 수도 있고 심지어 타인을 살해할 수도 있다. 곧, 나의 이익을 위해 어떤 일을 하더라도 그것을 막을 수 있는 규범이나 윤리가 없는 사회이다. 이런 상태를 홉스는 '전쟁 상태'라고 말한다. 홉스에게 자연 상태는 곧 전쟁 상태이다. 그런데 원하는 것은 무엇이든지 할 수 있는 자연 상태는 역설적으로 자신의 생존조차 보장받지 못하는 상태이다. 내가 나의 생존과 이익을 위해 타인을 해칠 수 있는 권리가 있다면 타인도 마찬가지로 나를 해칠 수 있는 같은 권리를 가진다. 그러므로 자연 상태에서는 항상 타인의 생존과 이익을 위해 내가 희생될 수도 있는 위협에 처하게 된다. 이런 역설을 해결하기 위해 사람들은 자신의 자연권을 주권자에게 양도하고 그 주권자가 모두에게 양도받은 권한으로 법과 제도를 만들어 자연 상태에서 사회 상태로 이행하며 전쟁 상태를 극복하게 된다. 이것이 홉스가 이야기하는 국가의 기원이다.

홉스의 이론을 비판하는 사람들은 인류 역사상 홉스가 가정하는 자연 상태는 없었다는 점을 지적한다. 그런데 홉스가 가정하는 자연 상태가 실제 있었는지 없었는지는 크게 중요하지 않다. 홉스에게는 자신이 살고 있는 유럽 사회가 바로 자연 상태였다. 한 국가로 보면 군주가 있고 법과 제도가 있으며 나름의 질서가 있지만 여러 국가 간의 관계에서 개별 국가는 자신들의 이익을 위해 어떤 수단과 방법도 마다하지 않으며 그로 인한 전쟁이 끊이지 않는 그런 세상이 바로 '전쟁 상태'이며 '자연 상태'이다.

맹자가 인용문에서 묘사한 모든 군주가 자기 나라吳國의 이익을 도모하고 그 밑의 신하와 백성들도 자신의 집안과 일신의 이익을 도모하는 상태, 이것이 바로 홉스가 상상한 자연 상태이며 전쟁 상태가 아닌가? 홉스는 전쟁 상태를 극복하기 위해 각자가 가지고 있는 자연권을 주권자에게 양도할 것을 제안하지만 맹자는 이와 다른 해법을 제시한다. 홉스가 제안하는 방법은 이익이 기준이 되는 해법이다. 각자가 이익을 추구하다가 그 이익이 충돌하여 어떤 이익도 얻을 수 없는 상태에서 일정한 이익을 양도하여 작은 이익이라도 추구하는 관계를 만들어야 한다는 것이다. 하지만 맹자는 이익이 아니라 인과 의가 기준이 되어야 한다고 주장한다. 한 사람의 윤리규범이 될 만한 인과 의가 어떻게 해서 통치의 바탕이 될 수 있는 것일까?

이익을 다툴 때 중재의 기준 ─ 인仁과 의義

만일 내가 당신과 함께 논쟁을 하는데 당신이 나를 이긴다면 당신이 옳은 것인가? 만일 내가 이긴다면 내가 옳은 것인가? …… 만일 다른 사람에게 의견을 물었을 때 그가 이미 당신과 같은 의견을 가지고 있다면 어떻게 무엇이 올바른지 판단할 수 있는가? 만일 그 사람이 나와 같은 의견을 이미 가지고 있어도 마찬가지이다. 또한 그가 당신과 나와는 다른 의견을 가지고 있다고 해서 그가 옳다고 할 수 있는가?

위의 글은 『장자莊子』제물론齊物論에 있는 내용의 요지를 옮겨 적은 것이다. 장자는 세상 사람들이 서로 자신이 옳다고 다투고 있을 때 옳고 그름을 어떻게 판단할 수 있는지에 대한 근본적 의문을 던진다. 두 사람이 논쟁해서 누군가 이겼다고 해서 이긴 사람의 주장이 옳다고 할 수 있는가? 옳은 의견을 가졌더라도 논쟁의 경험이 부족한 사람은 논쟁에서 질 수도 있다. 남자와 여자가 남녀 간에 발생하는 문제로 논쟁을 하다가 제삼자의 의견을 물을 때 그 사람이 남자라면 여자는 그의 의견에 동의할 수 있는가? 반대로 의견을 내는 제삼자가 여자라면 남자는 동의할까? 요컨대 남자는 남자의 시각에서 여자는 여자의 시각에서 어떤 문제를 판단할 가능성이 크다.

일본 사람과 한국 사람이 논쟁할 때 그 주제에 관해 의견을 가진 제삼자를 한국이나 일본 국적이 아닌 사람으로 한다면 편견 없는 의견을 들을 수 있을까? 언뜻 보면 그럴듯하지만 의견을 내는 제삼자는 특정한 환경과 교육과 경험이 있고 그에 따라 어떤 시각을 가지게 된다. 만일 그 사람이 유럽 사람인데 요즘 유행하는 한류를 경험했다면 한국에 좀 더 우호적인 시각을 가질 것이고 일본 애니메이션에 심취해 있다면 반대로 일본에 더 우호적일 수 있다. 이렇듯 옳고 그름을 판단할 때 서로가 동의하고 인정할 수 있는 기준을 찾는 것은 쉬운 일이 아니다.

장자의 문제 제기에서 옳고 그름을 이익과 손해의 문제로 바꿔보자. 내가 타인과 이익을 다툴 때 누가 더 이익을 봐야 하는가? 마치 논쟁에 이기는 것처럼 힘이 더 세다면 내가 이익을 가져가야 하는가? 힘이 더 약하면 손해를 봐야 하는가? 또 둘 간의 이해를 조정해

줄 제삼자를 찾을 때 그가 이미 나와 같은 이해관계를 가진다면 타인은 그의 결정에 동의할 수 있는가? 그가 타인과 같은 이해관계를 가질 때 나는 동의할 수 있는가? 우리가 서로 분쟁이 생겨서 함께 해결하지 못할 때 법관에게 결정을 묻는 것은 법관이 분쟁당사자들의 이해관계와 상관없는 결정을 할 것이라는 믿음이 있기 때문이다. 만일 그 법관이 장자가 말한 것처럼 분쟁당사자 중 누군가와 이익을 나누는 사이라면 아무도 그 결정에 따르지 않을 것이다.

군주나 신하나 백성이 모두 자신의 이익을 위해 다툰다면 그것을 해결할 방법은 힘겨룸밖에 없을 것이다. 그런 상태가 바로 홉스가 말한 전쟁 상태이고 나라가 위태로운 상태이다. 그러므로 서로 간의 이익이 부딪쳐 생기는 다툼을 해결하는 기준이 이익이어서는 안 된다. 당연히 힘의 우위가 되어서도 안 된다. 맹자는 그 기준이 인과 의가 되어야 한다고 주장한다. 그가 다스림의 바탕이 되고 이해관계를 해소하는 기준이 되어야 한다고 주장하는 인과 의는 맹자 사상의 밑바탕이 된다. 이제 맹자가 생각하는 인과 의가 무엇인지 먼저 살펴보도록 하자.

◆ **여기서 잠시 생각해 보고 다음으로 넘어가자**

1 이익을 기준으로 선택을 했던 경험이 있는가? 이익 이외의 기준으로 선택을 했던 경험이 있는가? 그렇다면 그 기준은 무엇이었나?

2 내가 (부당한 방법으로) 원하는 것을 얻으려 할 때 그것을 하지 못하게 막는 것은 무엇인가?

3 친구나 동료와 다툼이 생겼을 때 제삼자에게 조정을 부탁해 본 적이
   있는가? 제삼자는 어떤 기준에 근거해서 의견을 제시했는가?
4 작은 이익이라도 지키기 위해 다른 이익을 포기해 본 경험이 있는가?

인의예지 仁義禮智 — 사단 四端

맹자가 말하였다.

"사람에게는 누구나 차마 어찌할 수 없는 마음이 있다. 옛 왕들은 차
마 어찌할 수 없는 마음이 있어 차마 어찌할 수 없는 정치를 펼쳤다. 차
마 어찌할 수 없는 마음으로 차마 어찌할 수 없는 정치를 펼친다면 천하
를 다스리는 것은 손바닥 뒤집는 것만큼 쉬울 것이다.

사람에게는 누구나 차마 어찌할 수 없는 마음이 있다는 말은 이렇다.
만일 어떤 사람이 어린아이가 기어서 우물에 빠지려는 모습을 본다면 깜
짝 놀라고 두려운 마음이 일어나서 달려가 그 아이를 구할 것이다. 이것
은 그가 아이의 부모와 교분을 맺기 위한 목적이 있는 것도 아니고 주변
사람들에게 칭찬을 받기 위한 목적도 아니고 아이를 구하지 않았을 때
주변 사람들이 욕을 할까 두렵기 때문도 아니다.

이로부터 살펴보면, 다른 사람의 고통을 보고 아파하는 마음이 없다면
사람이 아니고, 나의 불의를 부끄럽게 여기지 않으며 다른 사람의 불의
를 보고 분노하지 않으면 사람이 아니고, 거절하고 양보하는 마음이 없
으면 사람이 아니고, 옳고 그름을 판단할 수 있는 마음이 없으면 사람이
아니다."

이 인용문은 인간의 마음과 본성에 대한 맹자의 핵심사상인 사단四端에 대한 설명이다. '차마 어찌할 수 없는 마음'과 '차마 어찌할 수 없는 정치'로 번역한 한자어는 '불인인지심不忍人之心'과 '불인인지정不忍人之政'인데 보통 중간에 인人을 빼고 줄여서 '불인지심不忍之心', '불인지정不忍之政'이라고 말한다. 이 말을 직역하면 참을 수 없는 마음, 참을 수 없는 정치이다. 무엇을 참을 수 없다는 말인가? 타자의 고통을 참을 수 없다는 말이다. 왕의 의사결정은 그 자신뿐만 아니라 전체 백성에게 큰 영향을 준다. 그 결정이 혹시라도 백성 중 누군가에게 고통이 되지 않을까 염려하고 걱정하는 마음이 바로 '불인지심'이고 그 마음으로 하는 정치가 '불인지정'이다.

이 책에서 사용하는 '타자他者'는, 나와 관계를 맺어왔고, 맺고 있고, 맺을 가능성이 있는 모든 존재를 다 포함한다. 좁게는 가족과 친구, 선생님이 될 수도 있고 넓게는 내 주변의 환경 전체일 수도 있다. 이후 '타자'라는 말이 나오면, '나와 관계하면서 영향을 주고받는 나 이외의 다른 존재'라는 의미로 받아들이고, 문맥에 따라서 그 의미의 폭을 조절하면 된다.

참을 수 없는 타자의 고통은 나 이외의 모든 존재의 고통이 대상이 되겠지만 특히, 맹자에게는 소위 사회적 약자의 고통에 더 민감한 것이 '불인지정'이다.

제선왕이 묻기를 "왕의 정치는 어떠한 것입니까?"라고 하자 맹자가 대답했다.

"옛날에 문왕이 '기岐땅에서 다스릴 때 이러하셨습니다……. 나이 들어 아내가 없는 자를 홀아비(환, 鰥)라 하고, 나이 들어 남편이 없는 자를 과부(과, 寡)라 하고, 나이 들어 자식이 없는 자를 독거노인(독, 獨)이라 하고, 어려서 아비가 없는 자를 고아(고, 孤)라 합니다. 이 자들은 천하에 궁핍하면서도 그 궁핍함을 알려 보살핌을 받을 곳이 없는 자들입니다. 문왕은 정치를 펼치면서 가장 먼저 이들을 먼저 돌보았습니다. 부자들은 굳이 돌볼 필요가 없지만 곤궁한 사람은 반드시 돌볼 사람이 있어야 하기 때문입니다."

은殷나라 마지막 왕인 주왕이 폭정을 일삼자, 인정仁政을 펼치던 문왕은 주변 제후들과 백성들의 뜻을 모아 주왕의 폭정에 맞섰다. 하지만, 문왕은 은나라의 멸망을 보지 못한 채 명을 달리했고 그의 아들인 무왕武王이 그 유지를 받들어 은을 멸망시키고 주(周)나라를 열었다. 은나라의 폭정에서 백성들을 구하고 주나라를 세운 문왕과 무왕은 공자를 비롯한 후대의 유학자들이 추앙하는 성인의 반열에 든다.

문왕이 백성 중에서도 가장 먼저 돌본 사람은 부자나 귀족이 아니라 가장 궁핍한 자들인 홀아비, 과부, 독거노인, 고아들이었다. 오늘에 비추어보면 대기업보다는 자영업을, 집을 여러 채 가지고 있는 부자들보다는 살 집이 없어 월세를 전전하는 가난한 사람을, 공부를 잘하는 우등생보다 학업에 뒤처지는 학생들을 먼저 보살핀 것이다. 위 인용문에서 주목할 만한 부분은 궁핍한 자들이 자신의 궁핍을 알릴 곳이 없다는 것이다.

우리가 사는 사회는 민주주의 사회이다. 누구나 자신의 의견을 이야기할 수 있고 또 권리를 침해당했을 때 법과 제도를 통해 그 시정을 요구할 수 있고 권리를 되찾을 기회를 가질 수 있다. 그런데 누구나 다 그런 기회를 동등하게 가지고 있는가는 의문이다. 어떤 사람들은 그 기회를 누리지만 또 어떤 사람은 그런 기회를 전혀 누리지 못한다. 대체로 사회적 지위가 높거나 부자라면 자신의 의견을 말하고 권리를 차지할 기회를 더 많이 누린다. 국민을 대변한다는 국회의원의 경우, 노동자, 농민, 여성, 자영업, 청년 등 사회적 약자계층보다 법률가, 언론인, 의료인, 대기업 출신, 기업인 등 사회적 지위가 높은 사람들의 비중이 훨씬 더 높다. 언론도 가난한 자들의 목소리보다 부자들의 목소리를 더 잘 반영한다. 그런데 맹자의 말에 따르면 부자나 사회적 지위가 높은 사람들은 그들이 알아서 잘 살아가니 특별히 보살필 필요가 없다. 자신들의 궁핍과 고통을 하소연할 곳이 없는 자들의 목소리를 듣고 돌봐주는 것이 맹자가 주장하는 '인정仁政'이고 '불인지정不忍之政'이다. 그렇다면 '불인지정不忍之政'은 왜 펼쳐야 하는가? '불인지정不忍之政'은 어디서 나오는 것인가?

그것은 모든 사람이 '불인지심不忍之心'을 가지고 있기 때문이다. 불인지심은 다시 네 가지 마음으로 구성된다. 그 첫 번째가 타자의 고통을 보고 측은하게 느끼는 마음인 '측은지심惻隱之心'이고 두 번째는 나의 불의를 부끄럽게 여기고 타자의 불의에 분노하는 마음인 '수오지심羞惡之心'이다. 세 번째는 거절하고 양보하는 마음인 '사양지심辭讓之心'이며 마지막으로 옳고 그름을 판단할 수 있는 마음인 '시비지심是非之心'이 있다. 그는 측은지심을 인仁의 단서라 하고 수오지심을 의義의 단서, 사양지심을 예禮의 단서, 시비지심을 지知의 단서라 말하는데 이를 후대인들은 네 가지 단서, 곧 사단四端이라고 묶어서 부른다. 인의예지는 공자도 『논어』에서 언급했지만 맹자는 공자의 사상에서 한발 더 나아가 인의예지가 마치 나무의 씨앗처럼 사람의 마음에 본성으로 자리하고 있다고 주장한다. 곧, 그 씨앗에 물을 주고 거름을 주며 잘 가꾼다면 사회적 윤리인 인의예지로 발현될 수 있지만 그냥 방치하면 가능성으로만 존재하고 마음 바깥으로 드러나지 않는다.

이 네 가지 마음, 사단에 대해서 몇 가지 생각을 해보자. 먼저 인의 단서인 측은지심은 즐거운 마음이 아니다. 슬프거나 고통스러운 마음이다. 공자의 인仁이 공감하는 마음인 것과 같이 맹자의 인도 역시 공감하는 마음이다. 하지만 맹자는 한발 더 나아가 타자의 고통에 공감하는 마음으로 풀었다. 혼인이나 생일 등의 길사吉事에는 함께 하지 않더라도 상례喪禮와 같은 흉사凶事에는 꼭 함께해야 한다고들 말한다. 우리는 타자의 감정에 대해 가만히 있어도 공감하는 경향이 있다. 타자가 웃으면 함께 웃고 울면 함께 운다. 그런데 맹자가 이야기하는 사회적 윤리로서의 인仁의 단서는 타자의 기쁨에 공감하기보다는 슬픔과 고통에 공감하는 마음이다. 이웃의 경사를 함께 기뻐하고 축하해주는 것도 좋지만 이웃의 슬픔과 고통을 함께 나누는 것이야말로 사람의 중요한 도리라는 것이다.

의의 단서인 수오지심은 말 그대로 부끄러워하고 미워하는 마음이다. 무엇을 부끄러워한다는 것인가? 내가 타자에게 행한 불의를 부끄러워하는 것이다. 인면수심人面獸心이라는 말은 수오지심이 없는 사람, 곧 모습은 사람이되 동물과 같은 행동, 즉 불의를 부끄러워하지 않는 자를 의미한다. 미워하는 것은 무엇인가? 타자의 불의를 미워하는 것이다. 여기서 말하는 '타자의 불의'는 나에게 행하는 불의가 아니라 다른 타자에게 행하는 불의이다. 누군가가 나에게 불의를 행할 때 생기는 분노는 사회적 윤리와 상관없는 동물적인 반응이다. 동네에 지나가는 개도 자신에게 해코지하는 사람을 보고 짖는다. 곧 불의를 미워하는 마음은 나의 손해를 미워하는 마음이 아니라 나와 직접적인 이해관계가 없는 타자에게 불의가 행해지는 경우 그것에 대해 분노하는 마음이다.

예의 단서인 사양지심은 거절하고 양보하는 마음이다. 무엇을 거절辭하는가? 그것은 아마 타자가 나에게 주는 호의 또는 선물일 것이다. 내가 거절하는 그것은 누가 보더라도 나에게 이익이 되는 것이기에 그것이 예禮의 바탕이 된다고 하는 것이다. 나에게 손해가 되는 것을 거절하는 것은 이익을 얻기 위한 행위이지 윤리적 행위가 아니다. 양보讓하는 것은 무엇인가? 이미 나의 것이기에 그것을 타자에게 양보할 수 있다. 내 것이 아닌 타자의 것을 내 마음대로 누군가에게 양보할 수는 없다. 곧, 사양지심을 요즘의 말로 해석한다면 이미 나의 것이거나 나의 것이 될 것을 타자에게 주는 행위이다.

지의 단서인 시비지심은 옳고 그름을 판단하는 마음이다. 맹자가 사단의 하나로 일컫는 지知는 우리가 이야기하는 지식과는 결이 다르다. 맹자에게, 그리고 공자와 맹자의 길을 따르는 후대의 유학자들에게 앎은 삶이나 실천과 동떨어져 있지 않다. 유학에서의 앎은 어떻게 올바른 삶을 살 것인가의 바탕이 되는 것이지 삶과 무관한 지식이 아니다. 그런데 우리에게는 누군가에게 배우지 않더라도 모종의 상황에서 옳고 그름을 직관적으로 알 수 있는 마음이 있다. 있다. 법적으로 옳은가 그른가를 판단할 때는 사전에 공표된 법에 근거해서 판단한다. 그런데 법을 위반하지는 않았지만 옳지 못한 행위로 여겨지거나 법에 저촉되더라도 옳은 행위로 여겨지는 일도 있다. 그 일에 이해관계가 없는 사람들 대부분이 공통으로 옳지 못하거나 옳다고 느끼는 경우이다. 이런 마음이 시비지심의 단서이다. 시비지심도 사단四端의 다른 마음과 마찬가지로 타자와의 관계에서 드러나는 마음이다. 옳은 행동이나 그른 행동이라는 말은 그 행동이 타자에게 행해질 때 할 수 있으며, 내가 나에 대해 하는 행동에는 해당하지 않는다. 이렇듯 옳고 그름 자체는 타자와의 관계에서의 판단이다.

이 네 가지 마음의 공통점은 모두가 타자와의 관계에서 드러난다는 것이다. 맹자가 관심을 가지는 인간의 본성은 바로 사회 속에서 드러나는 본성이다. 개인이 가지게 되는 정념情念은 그의 관심사가 아니다. 인간이 사회를 벗어나서 살 수가 없고 그 안에서 타자와 공존해야 한다면 사회적 윤리인 인의예지의 씨앗인 사단四端에 대해 되새겨볼 필요가 있다. 사회 구성원이 모두 이익만을 다툴 때 우리는 타자와 공존할 수 없다. 그렇다고 모든 사람이 이익을 추구하지 않고 살 수는 없다. 이익은 때로 나와 가족의 생존과 연결되어 있기 때문이다. 그런 과정에서 타자의 이익과 충돌이 생길 수 있다. 그때 그런 충돌을 해소할 수 있는 기준으로 맹자가 제시하는 것이 인仁과 의義이고 그 단서가 되는 마음이 측은지심과 수오지심이다. 나의 이익을 위해 타자가 고통을 겪게 될 때 그 고통에 공감하는 마음, 혹시 내가 불의한 행동으로 타자에게 고통을 주었을 때 그것을 부끄러워하는 마음, 공동체 내에서 누군가가 타자에게 고통을 끼쳤을 때 그것에 분노하는 마음, 이런 마음이 바로 이해충돌을 해결하는 기준이다. 모든 사람이 이익을 추구하면서 그런 마음을 항상 드러내기를 바라기는 어렵다. 최소한 다스리는 자治人, 마음을 쓰는 자勞心는 통치와 판단을 할 때 인과 의를 기준으로 삼아야 한다.

정의正義의 과잉

'각자의 몫을 각자에게'라는 고대 희랍의 격언이 있다. 여기서 몫은 '모이라moira'라는 희랍어를 번역한 말인데 이 단어에는 '운명의 여신' 또는 '운명'이라는 뜻이 있다. 희랍인들에게 각자의 몫은 신으로부터 받은 신성한 것으로 타자가 그것을 빼앗는 것은 불경한 일이다. 이런 사상을 바탕으로 서양인들에게 정의는 곧 분배의 정의라는 전통이 이어져 왔다. 이런 전통이 근대유럽의 정치혁명을 겪으면서 평등사상과 접목하여 권리 사상이 탄생하게 되었다.

권리 사상의 핵심인 인권사상은 존 로크의 천부인권설(天賦人權

說,God-given rights)의 기반이 되었다. 이는 당시 구체제, 곧 왕정체제를 옹호하는 사상인 왕권신수설(王權神授說, Divine right of kings)에 대항하는 이론이다. 왕권신수설은 왕의 권력이 신으로부터 부여받은 초월적인 권리이기에 누구도 침해할 수 없다는 주장이다. 누구도 그것을 확인할 수 없기에 증명될 수 없는 선언이다. 그런데 그에 맞서는 이론인 천부인권도 마찬가지의 논리이다. 곧 인간이라면 누구나 가지는 보편적인 권리인 인권은 하늘로부터 부여받은 것이다. 곧 서양인에게는 왕권이든 인권이든 몫(운명)이든 그것은 신으로부터 부여받은 것이다. 그것을 부여한 존재가 희랍의 제우스이든 로마의 주피터든 기독교의 유일신이든 상관없이 어떤 초월적인 존재가 그 권리를 보장해준다.

이처럼 서양인들에게 각자의 몫, 분배, 소유권 등에 적용되는 정의正義는 초월적인 신의 뜻에서 나온 것이다. 우리가 법이나 도덕에 어긋나는 행위에 대해 하늘 무서운 줄 알아야 한다는 말을 할 때 하늘은 신과 유사한 의미를 담고 있다. 서구에서는 인간의 정의는 신의 정의를 대신 구현하는 것이라고 생각한다. 그것이 상징적인 행위이든 아니든 미국 대통령은 취임식에서 성경에 손을 얹고 선서를 하지 않는가. 인간이 행한 정의롭지 못한 일에 대한 판단과 징계의 이면에는 신의 뜻이 있다. 이런 신의 뜻이 개개인에게 구현된 것이 양심(conscience, 이 말의 어원은 con+science로 내면의 앎과 일치되는 마음이라는 뜻이다. 서양인들에게 science, 곧 앎은 신이 우주에 표현한 원리를 아는 것이기에 그것은 신의 뜻을 아는 것이다. 그러니 양심에 따른 삶은 곧 신의 뜻에 따른 삶이 된다)이고 이것이 정의롭지 못한 행동을 차마 하지 못하게 하는 역할을 한다. 인간이 아무리 치밀하게 법과 제도를 만든다고 하더라도 그것이 모든 경우에 정의와 불의를 가르는 기준이 될 수는 없다. 그런 영역, 곧 눈에 보이는 제도로서 가를 수 없는 정의와 불의에 관한 판단은 신의 뜻인 양심에 의해 행해진다.

우리는 일제 강점기를 거치면서, 그리고 해방 이후 지금까지 서양의 제도를 수입해서 이 사회를 만들어왔다. 그런데 우리가 수입한 것은 눈에 보이는 법과 제도일 뿐 그것의 바탕이 되는 눈에 보이지 않는 그들의 전통과 사상을 수입하지는 못했다. 그러다 보니 우리 사회에 이식된 서양의 제도에는 정해진 법이나 규범만으로는 판단할 수 없는 영역을 처리하는 장치가 없다. 과거 독재 정부 시기 강력한 권력과 권위가 지배하면서 모든 영역에서 옳고 그름을 판단해주던 때에는 이런 영역이 크게 드러나지 않았다. 이제는 사회 곳곳에 민주적인 장치들이 만들어지고 사회가 복잡해지면서 모든 국민이 자신의 권리를 인식하고 주장하게 되었다. 이런 과정에서 각자의 권리들이 충돌하게 되면서 눈에 보이는 제도와 규범으로만 처리할 수 없는 영역들이 많이 생기게 되었다. 아니 이미 그런 영역이 있었지만 이제야 우리 눈에 들어온 것인지도 모르겠다. 과거에는 누가 옳고 누가 그른지, 누구의 권리에 손을 들어줘야 하는지가 상대적으로 명확했다면 이제는 크고 작은 무수한 이해관계 속에서 그 판단이 점점 어려워지고 있다. 이런 상황에서 제도와 규범만으로 판단할 수 없는 영역을 판단하는 기준은 무엇이 되어야 할까?

권리權利라는 말은 옳다는 뜻인 'right'를 번역한 말이다. 모든 권리의 바탕이 되는 인권은 'human right'의 번역어이다. 1789년의 프랑스 대혁명으로 상징되는 유럽인들의 정치혁명 기간 형성된 이 개념은 '앙시앵 레짐Ancien regime'이라는 절대왕정체제인 구체제가 올바르지 않았기에 누구나 올바름을 추구할 수 있는 삶을 보장해줘야 한다는 사상이다. human right를 직역한다면 '인간의 올바름'이라고 번역할 수 있다. 그런데 이 right가 이익을 뜻하는 '권리'라는 말로 번역이 되면서 올바름이라는 뜻보다는 각자가 가져야 할 이익처럼 해석되는 경향이 있다.

학교현장에서는 교권 또는 학습권이라는 말이 쓰인다. 그런데 교권이나 학습권이 있어야 하는 이유는 무엇인가? 권리 자체가 목적인가? 그렇지 않다. 선생님이 수업하고 학생은 공부하고 그 과정에서 교학상장敎學相長, 곧 가르침과 배우는 자들이 함께 성장하는 장으로 학교를 만드는 것이 목적이다. 그런데 이런 원래의 목적은 사라지고 각자의 권리가 더 중요하게 여겨지고 있다. 이런 현상은 사회 곳곳에서 드러나고 있다.

어떤 사람은 흡연권을 주장하고 어떤 사람은 간접흡연을 하지 않을 권리를 주장한다. 어떤 사람은 일조권을 주장하고 어떤 사람은 재산권을 주장한다. 어떤 사람은 일할 권리를 주장하고 어떤 사람은 해고할 권리를 주장한다. 모든 권리가 서로서로 충돌하고 있다. 어떻게 올바름right이 이런 갈등과 분쟁을 유발하는 것일까? 아마 눈에 보이는 법과 제도로 해결할 수 없는 눈에 보이지 않는 영역까지 법과 제도라는 판단의 잣대를 들이대려 하기 때문은 아닐까? 만일 서양인들에게 보이지 않는 영역에 관한 판단을 할 수 있는 근거로 신의 뜻이나 양심이 있다면 우리에게는 어떤 것이 있을까?

의義와 예禮의 조화

제도로 다스리고 형벌로 규제한다면 백성들은 규범을 어겼을 때 형벌을 면하려고만 하고 설사 형벌을 받더라도 부끄러워하지 않을 것이다. 덕으로 다스리고 예로서 규제한다면 백성들이 규범을 어겼을 때 부끄러워하고 스스로 고치려고 할 것이다.

공자의 사상은 여러 가지로 표현되는데 이 인용문은 그중에 덕치德治 사상, 예치禮治 사상의 근거가 되는 문장이다. 형벌과 제도로 규제했을 때 벌칙을 면하려고만 하고 반성하지 않는 예는 적지 않게 발견할 수 있다.

이스라엘의 보육원에서 이런 일이 있었다고 한다. 보육원 수업을 다 마치고 부모님들이 아이들을 찾아가야 하는데 다들 직장이 있다 보니 때로는 늦는 경우가 많이 있었다. 보육원의 선생님들도 퇴근해야 하는데 아이를 늦게 찾아가는 부모님들 때문에 항상 퇴근이 늦었다. 이에 한 선생님이 이런 문제를 해결할 아이디어를 냈는데 그것은 아이를 찾아가도록 정해진 시간보다 늦게 찾아가는 부모님에게 벌금을 내게 하는 것이었다. 그렇게 해서, 30분 늦을 때마다 1만

원씩 벌금을 내는 규칙을 만들었다. 그런데 그 이후에 아이를 늦게 찾아가는 상황이 줄기는커녕 평소에 아이를 제시간에 찾아가던 부모님들도 몇 시간씩 늦게 찾아가면서 보육원 선생님들은 더 늦게까지 퇴근하지 못하게 됐다. 게다가 이전에는 아이를 늦게 찾아가는 부모님들이 미안해하는 마음이 있었는데 규칙을 만들고 나서는 늦더라도 아주 당당하게 벌금을 내면서 아이를 찾아가더라는 것이다. 곧, 새로 만든 규칙대로 늦는 만큼 벌금을 내기에 늦는 것이 더는 부끄러워할 필요가 없는 부모님들의 '권리'가 된 것이다.

학교에서도 비슷한 상황이 벌어지고 있다. 체벌이 금지된 후에 대부분 학교가 학생들을 규제하는 방법으로 상벌 제도를 두고 있다. 성적이 오르거나 봉사활동을 하거나 청소를 하거나 등등 학교에서 권장하는 행동을 하게 되면 정해진 만큼의 상점을 주고 교칙을 어기거나 지각·결석을 하거나 수업시간에 떠들거나 등등의 행동을 하면 벌점을 준다. 그리고 일정한 양의 상점이나 벌점이 쌓이면 생활기록부에 기재해서 진학에 유리하거나 불리하게 함으로 학생들의 행동을 규제하는 것이다. 이제 학생들은 올바른 행동 중에서 상점을 주는 행동만 하게 되고 올바르지 않은 행동 중에서 벌점을 주는 것만 하지 않거나, 벌점을 주는 행동이라도 벌점을 안 받는 요령을 찾아서 벌점을 회피하게 된다. 선생님들은 나중에 그런 행동들을 발견하고 좀 더 자세하게 상점과 벌점의 규칙을 만든다. 학생들은 조금만 시간이 지나면 자세하게 만들어진 규칙의 허점을 찾아낸다. 누가 보더라도 모범이 되고 올바르게 학교생활을 하는 친구보다 올바르지 않지만 상점과 벌점제도의 허점을 잘 찾아내는 친구가 더 많은 상점을 받게 되는 경우도 생긴다. 잘못된 행동을 많이 하지만 벌점을 피하는 친구보다 그런 요령이 부족해 실수로 규칙을 어겨 벌점을 받게 되는 친구가 더 불리해지기도 한다. 이 경우에도 선생님들은 제도를 보완하기 위해 노력하면서 제도는 더욱 자세하고 치밀해진다. 이제 이 제도의 목적이 무엇인지 학생도 선생님도 잊어버리고 상점과 벌점 자체가 목적이 된다. 아마 언젠가는 선생님들에게도 상점·벌점을 적용할지 모르겠다.

위에서 예로 들은 두 경우는 모두 제도로 다스리고 형벌로 규제하면서 발생하는 문제들이다. 그렇다고 제도와 형벌을 없애야 하는가? 공자의 뜻은 그런 것이 아니다. 문제는 제도와 형벌'만'으로 문제가 해결되지 않는다는 것이다. 세상은 눈에 보이는 세계와 눈에 보이지 않는 세계가 겹쳐져 있다. 두 세계는 서로 균형과 조화를 이루어야 한다. 공자의 말은 눈에 보이지 않는 것까지 눈에 보이는 도구인 제도와 형벌로 다스릴 것이 아니라 그런 영역은 눈에 보이지 않는 도구인 덕과 예로써 다스려야 한다는 것이다. 만일 제도와 형벌을 없앤다면 이 사회는 급격하게 질서가 무너질 것이다. 하지만 제도와 형벌'만'으로 모든 것을 다스린다면 다스림을 받는 자뿐 아니라 다스리는 자까지 그 제도와 형벌의 노예가 될 것이다.

맹자가 사람의 마음을 관찰하면서 주장한 마음의 네 가지 단서 중에서 의의 단서인 수오지심과 예의 단서인 사양지심은 눈에 보이는 영역과 보이지 않는 영역의 조화를 이룰 수 있는 실마리가 된다.

이 마음들을 앞 절에서 이야기한 권리문제에 적용해 보자. 수오지심은 이미 말했듯이 나의 불의를 부끄러워하고 타자의 불의에 분노하는 마음이다. 그런데 문제는 불의에 관한 판단이 명확하지 않을 때이다. 누가 보더라도 불의한 행동에는 모두 부끄러워하고 분노하는 마음을 가지게 된다. 그런데 사회가 복잡해지고 여러 이해관계가 얽히고설키면 무엇이 정의이고 무엇이 불의인지 판단하기가 쉽지 않다. 서로 간에 상충하는 권리를 주장할 때 누구의 손을 들어줘야 하는지의 경우도 마찬가지이다. 사회가 발달하며 상황이 복잡해지기도 했지만 본래부터 선을 그을 수 없는 영역도 있다. 거시적인 관점에서 보면 옳고 그름의 경계가 쉽게 구분되는 것도 미시적인 관점에서 보면 그 경계가 모호한 경우 말이다.

예를 들어보자. 아침에 일어나니 밤새 눈에 내려 온마을에 눈이 쌓였다. 그 마을에서는 자기 집 앞 눈은 자기가 치운다는 규칙이 있다. 그래서 나는 내 집 앞의 눈을 치우고 옆집에서도 자신의 집 앞 눈을 치웠다. 그런데 옆집과 내 집 사이에는 집을 나누는 기준이 되는 담이 있는데 그 담의 두께가 약 30cm이다. 그럼 그 담 앞의 30cm는 누가 치워야 하는가? 15cm씩 나눠서 치워야 하는가? 이처럼 나의 영역과 너의 영역에 포함되지 않는 영역은 어디든 항상 존재한다. 어느 조직이든지 업무를 분배할 때에도 아무리 자세하게 업무를 나누더라도 어디에도 포함하기 모호한 업무가 꼭 있기 마련이다.

학급에서 청소할 영역을 학생들에게 나눌 때 누구는 교실을, 누구는 복도를 청소하기로 했다고 해보자. 그럼 복도와 교실을 나누는 경계인 벽과 문은 누가 맡을 것인가? 교실 방향의 벽과 문은 교실을 맡은 학생들이, 복도 방향은 반대로 맡으면 되는가? 그럼 교실에도 복도에도 온전히 속하지 않으면서 동시에 속해있는 문턱은 어느 쪽에서 맡아야 하나? 이렇듯 어느 곳에든 어느 상황이든 담 앞의 눈이나 문턱처럼 여기에도 속하고 저기에도 속해있으면서 어디에도 온전히 속하지 않은 일이나 영역이 항상 있게 마련이다. 갈등과 분쟁은 주로 이런 영역에서 발생한다. 이런 영역의 갈등을 해결해줄 수 있는 것이 사양하는 마음으로 드러나는 예禮이다.

우리는 보통 예禮를 눈에 보이는 것으로 여기고 의義를 눈에 보이지 않는 추상적인 것으로 생각하는 경향이 있지만 실상은 반대이다. 의를 개념으로 생각하면 추상적이지만 실지로 의義는 의로운 행위나 의롭지 않은 행위 등 구체적인 행위로 드러난다. 우리가 부끄러워하거나 분노하는 것은 구체적인 대상과 상황에 대해서이지 추상적인 개념에 대해서가 아니다. 예禮는 반대로 구체적인 대상과 상황 이면에 있는 눈에 보이지 않는 영역에 작용한다. 다시 한번 반복하면 사양하는 마음은 거절하고 양보하는 마음이다. 무엇을 거절하고 양보하는가? 이미 나의 것이거나 나의 것이 될 것을 거절하고 양보한다. 내 집과 이웃집 경계에 쌓인 눈을 치우는 것은 누구의 의무인가? 교실과 복도 사이에 있는 문과 문턱을 청소하는 것은 누구의 의무인가? 그것을 수오지심, 곧 의義의 기준으로만 따진다면 누구에게도 그 의무를 지울 수 없다. 하지만 내 집과 이웃의 경계도, 문과 문턱도 청소해야만 한다. 나의 의무는 아니지만 그것을 청소하는 마음이 바로 예의 씨앗이 되는 사양지심이다. 그리고 사양지심이 확대되면 이웃과의 경계만 청소하는 것이 아니라 이웃집 앞 눈도 치우고, 교실 청소를 먼저 끝낸 후에 복도청소도 도와주는 행동으로 확장된다.

이와 마찬가지로 나의 권리와 타자의 권리가 충돌할 때 충돌하는 영역은 나의 권리일 수도 있고 타자의 권리일 수도 있다. 이때 나의 것이 될 수 있는 것을 거절하고 타자에게 양보하는 것, 이것이 사양지심이다. 이 마음은 이미 나의 권리인 것을 양보할 수 있는 마음으로 확대될 수 있다. 이렇게 확대되어 사회에서 그 마음이 드러날 때 우리는 그것을 사회 윤리 중 하나인 예禮라고 부른다. 서양에서 자신들의 제도로 다 담아내지 못하는 보이지 않는 영역을 신의 뜻과 양심으로 메우듯이 우리에게는 예禮가 그 역할을 할 수 있다.

◆ 여기서 잠시 생각해 보고 다음으로 넘어가자

1 측은지심, 수오지심, 사양지심, 시비지심의 마음이 일어났던 경험을 생각해 보자.
2 나는 사양지심의 마음으로 항상 양보하는데 다른 사람은 양보하지 않는다면 나만 손해가 아닌가? 그래도 사양지심을 간직하며 살아야 하는가?
3 시비지심의 판단과 법률상의 판단이 어긋났을 때는 어떤 판단을 따라야 하는가?
4 사단四端을 잃지 않고 살아가려면 어떤 노력이 필요할까?
5 서로의 이익을 추구하다가 충돌이 일어났던 경험을 생각해보자.
6 이익이 충돌했을 때 어떤 방법으로 해결하였나? 아니면 어떻게 해결

되었나?

7 제도와 벌칙으로 공동체가 운영될 때 발생되는 부작용의 예를 생각해보자.

다스리는 자治人는 어떠해야 하는가?

지금까지 우리가 사회를 이루고 사는 이상 다스리는 자와 다스림을 받는 자의 역할분담이 필요하다는 것을 살펴보았다. 그리고 다스리는 자는 이익을 바탕에 두는 것이 아니라 사람이라면 누구나 보편적으로 가지고 있는 마음인 사단四端에 근거한 불인지심不忍之心에 바탕을 둔 불인지정不忍之政으로 다스려야 한다는 맹자의 주장도 읽었다. 그럼 구체적으로 다스리는 자는 어떠해야 하는가? 이에 대한 맹자의 몇 가지 주장을 살펴보자.

일정하고 안정된 소득이 없으면서도 사람의 마음을 잃지 않고 간직하며 살 수 있음은 오직 선비라야 가능합니다. 하지만 백성들 대부분은 일정하고 안정된 소득이 없다면 사람의 마음을 간직하며 살 수 없습니다.

맹자가 제선왕과 나눈 대화 중에서 일부를 인용한 이 부분은 후대인들이 '무항산무항심無恒産無恒心'이라고 요약해서 말하는 유명한 구절이다. 백성들 대부분이 그러하다는 무항산무항심은 다음 절에서 자세히 살펴보도록 하고 여기서는 오직 선비만이 가능하다는 '무항산유항심無恒産有恒心'에 대해서 이야기해보겠다.

이 구절에서 맹자가 이야기하는 '사람의 마음'은 우리가 앞에서 이야기한 인의예지의 단서인 사단四端이다. 그리고 여기서 선비로 번역한 '사士'는 원래는 봉건사회의 한 계급을 지칭하는 말이었다. 갑골문에 보면 사士는 도끼형상을 하고 있는데 전쟁을 수행하는 전사를 지칭했다. 곧 봉건사회에서 사士는 생산수단인 토지를 소유하고 있지는 않지만 토지를 소유한 제후와 대부들을 도와 나라 안으로는 관료의 역할을 하고 나라 밖으로는 외적으로부터 나라를 지키는 군인 역할을 했다. 그런데 격변의 춘추전국시대를 거치면서 신분제도가 흔들리고 이런 와중에 자신이 섬기는 제후나 대부의 밑에서 군인 역할을 했던 사士계급이 다른 사람을 섬기거나 직접 권력을 차지하며 통치자가 되기도 하였다. 공자와 맹자는 변화된 사회에서 사士계급의 역할에 주목하여 이들에게 관료나 전사의 역할뿐 아니라 예비 정치인의 역할도 부여한다. 곧 봉건사회에서 다스리는 자들이었던 왕과 제후, 대부가 제 역할을 하지 못하니 '사士'들이 배움을 통해 다스리는 자로 성장해 나가기를 기대하며, 제자들을 키워나갔다. 『논어』에 보면 공자가 여러 번에 걸쳐 사士의 역할과 뜻에 관해 말하는 구절이 나온다. 맹자는 여기에서 한발 더 나아가 우리가 보통 '선비정신'이라고 하는 정신의 토대가 되는 사상을 말한다. 위의 인용한 구절도 그중 하나다.

레미제라블의 주인공인 장발장은 굶주리는 자신의 조카를 위해

빵을 훔치다 걸려 오랫동안 감옥에 갇히게 된다. 이렇듯 누구나 생활이 궁핍하게 되면 생존을 위해 평소에는 하지 않을 규범에 어긋나는 행동을 하게 마련이다. 이런 상황을 표현한 말이 '무항심無恒心', 곧 항상된 마음이 사라진다는 표현이다. 하지만 맹자는 선비라면 어떤 상황에서라도, 곧 아무리 궁핍한 상황이라도 사람의 마음을 저버려서는 안 된다고 말한다. 궁핍한 상황에서 사람의 마음을 저버리고 이익을 위한 행동을 한다면 재물의 유혹에서도 그러지 말라는 법이 없다. 보통 사람이 '무항산無恒産'의 상황에서 불의한 행동을 한다면 그 행동이 공동체에 미치는 영향은 그 사람이나 그 사람의 주변에 한정될 것이다. 하지만 공직에 있는 사람이 불의한 행동을 할 때 그 영향은 공직의 위치가 높을수록 더 많은 사람에게 영향을 미친다. 한 마을의 공직자라면 그 마을이 위태로울 것이고 한 도시의 공직자라면 도시가 위태로울 것이고 한 나라의 대통령이라면 그 나라가 위태로울 것이다. 그러니 당연히 예비 공직자로서의 선비는 무항산이라도 유항심有恒心, 곧 사람의 마음을 항상 간직하고 있어야 한다. 신분이나 계급이 아니라 자신의 능력과 의지로 누구나 공직자가 될 가능성을 가지고 있는 현대 민주주의 사회에서 맹자의 이 주장은 더욱 의미심장하다. 만일 내가 공직자가 되고자 한다면 어떤 상황에서도 사람의 마음을 버리지 않을 준비가 되어 있어야 한다. 그렇지 못하다면 공직자가 되지 말아야 한다. 또한 선거를 통해 공직자를 선출할 때 후보가 사람의 마음을 잃지 않을 사람인지가 중요한 기준 중 하나가 되어야 한다. 현대 사회에서 많은 사람이 이러한 기준보다는 그 사람의 '스펙' 또는 마을이나 도시나 나라에 이익을 가져다줄 것인지를 판단 기준으로 삼는다. 맹자에 따르면 그런 판단은 나라를 위태롭게 할 뿐이다.

경춘이 말했다.
"공손연과 장의는 진실로 대장부大丈夫라 할 만합니다. 그들이 유세하러 다니면 여러 제후가 두려움에 떨고 그들이 편안히 머물면 그때야 천하가 조용해집니다."
맹자가 말했다.
"그것을 어찌 대장부라 할 수 있겠는가? (중략) 천하의 넓은 집에 거처하며 천하의 바른 자리에 머물며 천하의 대도大道를 행하며 뜻을 얻었을 때는 백성들과 더불어 그 도를 행하며 뜻을 얻지 못하였을 때는 홀로 그도를 행하며, 부귀가 그 마음을 방탕하게 하지 못하며 빈천이 그를 옮기지 못하며 권력이 그 뜻을 굽힐 수 없는 것, 이것이 바로 대장부이다."

이 인용문에는 맹자의 '대장부大丈夫론'이 표현되어 있다. 여기서 맹자와 대화를 나누는 경춘景春이라는 인물에 대해서는 알려진 바가 없다. 아마 종횡가縱橫家에 속하는 인물이 아닐까 추측해본다. 경춘이 대장부라 추켜세우는 공손연公孫衍과 장의張儀가 바로 종횡가의 대표적인 인물이기 때문이다. 종횡가는 외교술을 바탕으로 천하의 질서를 바로잡으려는 생각을 가진 사람들을 가리킨다. 이들을 종횡가라고 부르는 이유는 이들의 대표적 주장이 소진蘇秦의 합종책과 장의張儀의 연횡책이기 때문이다. 전국시대 말기 진秦나라를 비롯하여 한韓, 위魏, 조趙, 연燕, 제齊, 초楚 등 총 7개국이 중소 나라들을 멸망시키고 전국칠웅戰國七雄이라는 이름으로 중국을 분할 통치하고 있었다. 각 나라는 작게는 자국의 생존에 대한 욕망을, 크게는 타국을 멸망시키고 중국을 통일하려는 욕망을 품고 있었다. 당시 진나라가 떠오르는 신흥강국이었는데 진나라를 제외한 나머지 나라들은 진나라의 위협을 받고 있었다. 이때 소진이 나타나 먼저 연나라 군주를 설득하여 재상이 된 후 진나라를 제외한 6개 나라의 군주를 설득하여 합종책, 곧 서쪽의 진나라를 제외한 동쪽의 6개 나라가 종적으로 연합을 하자는 안을 받아들이게 했다. 소진은 6개 나라의 공동 재상을 맡아 합종책으로 한동안 진나라가 동쪽으로 진출하는 것을 막아냈다. 그 뒤에 같은 스승 밑에서 수학한 장의가 진나라에 등장해 이번에는 진나라와 나머지 6국 간에 개별적인 횡적인 평화협정을 맺도록 군주들을 설득했다. 이에 합종책이 깨지면서 진나라는 장의의 연횡책을 이용하여 6개 나라를 차례로 멸망시킨다. 합종연횡책에 대한 더 자세한 내용은 『사기열전』의 「소진열전」과 「장의열전」에서 찾아볼 수 있다.

이런 활약상을 보면 경춘이 말했듯이 유세를 통해 나라의 운명을 좌지우지하는 종횡가들은 가히 대장부라 할 만한 것 같다. 그런데 맹자가 생각하는 대장부는 경춘의 생각과는 다르다. 경춘이 종횡가를 대장부라 한 것은 그들이 유세를 통해 이루어낸 눈에 보이는 성과 때문이다. 하지만 맹자가 생각하는 대장부의 기준은 눈에 보이는 것이 아니라 보이지 않는 것에 있다. 12세기 남송의 유학자인 주자

朱子는 맹자가 천하의 넓은 집이라 말한 것을 인仁으로, 천하의 바른 자리를 예禮, 천하의 대도를 의義라고 풀이했다. 곧 맹자의 대장부는 먼저 사람의 마음인 사단을 사회적 윤리로 확대한 인과 의, 예를 갖춘 사람이다. 또 아무리 대장부라 해도 종횡가처럼 꼭 눈에 보이는 성과를 내는 것은 아니다. 서두에서 인용한 공자의 이야기처럼 쓰임을 받을 수도 있고用 쓰임을 받지 못할 수도舍 있기 때문이다. 맹자는 전자를 뜻을 얻는 경우得志로, 후자를 뜻을 얻지 못하는 경우不得志로 나누었다. 뜻을 얻어 세상에 나가게 되면 백성들과 더불어, 곧 타자와 함께 올바름을 실천하고行 뜻을 얻지 못하면 물러나藏 홀로 올바름을 실천한다. 그리고 부귀와 생활의 궁핍함도, 권위와 권력도 인·의·예를 간직하고 있는 대장부를 유혹하거나 뜻을 굽히게 할 수 없다. 맹자의 대장부론은 선비는 어떤 상황에서도 사람의 마음을 간직해야 한다는 '무항산유항심無恒産有恒心론'과 일맥상통한다.

어떤 정치를 펴야 하는가?

앞 절에서 문왕이 기岐땅에서 백성들을 다스릴 때 가장 먼저 돌본 사람들이 환과고독鰥寡孤獨이라는 사회적 소외계층이라는 점을 설명했다. 이처럼 유가儒家에서 주장하는 정치는 부자나 지위가 높은 사람보다는 가난한 자나 지위가 낮은 자들을 먼저 돌보는 것이다. 이외에 몇 가지 특징을 더 살펴보자.

1) 여민與民

맹자가 양혜왕을 알현할 때 왕이 연못가에 서서 기러기와 사슴들을 바라보며 이렇게 물었다.

"현자도 이런 것을 즐깁니까?"

맹자가 대답하였다.

"현자여야 이것을 즐길 수 있으니, 어질지 못한 자는 비록 이런 것이 있다 하더라도 즐기지 못합니다. 『시경』에 이르기를 '문왕이 영대靈臺를 처음으로 만들 때 서민들이 와서 일하는데 하루가 못 되어 완성하였다. 급하게 하지 말라 했는데도 서민들이 마치 아들이 아버지 일을 돌보러 달려오는 듯하였다. 왕이 영유靈囿에 계시니 사슴들이 가만히 엎드려 있다. 사슴들은 살찌고 백조는 흰 빛깔을 뽐낸다. 왕이 영소靈沼에 계시니 연못 가득히 물고기들이 뛰논다' 하였으니, 문왕이 백성들의 힘으로 누대와 연못을 만들었으나, 백성들이 그것을 기쁘고 즐겁게 여기니 그 누대를 영대-영험한 누대-라 하고 그 연못을 영소-영험한 연못-라 하였습니다. 이렇듯 옛사람들은 백성과 더불어 즐겼습니다. 그러므로 즐김은 능력입니다."

인용된 구절은 맹자가 양혜왕과 대화하는 여러 대목 중 하나이다. 양혜왕이 왕의 정원을 노니다가 문득 맹자에게 현자도 이렇게 정원을 노니면서 한가로이 산책하는 즐거움을 누리는지 물어본다. 아마 이 물음에는 혹시나 맹자가 왕으로서 홀로 넓고 화려한 정원을 차지하는 사치를 누리는 것에 대해서 부정적으로 보는 것은 아닌지, 그리고 현자라고 한다면 부귀보다는 빈천한 조건에 더 어울리니 이런 즐거움을 누릴 수 없는 것은 아닌지 하는 의문이 깔려있다. 양혜왕에게 즐거움의 조건은 외부에 있다. 화려한 정원과 높은 누대, 그리고 맑은 여못이 마련된 정원, 진수성찬의 식사, 아름답게 꾸민 옷 또는 높은 지위와 권력 등이 그런 조건들이다. 사람들 대부분이 양혜왕과 비슷한 생각을 한다. 내가 즐겁지 않은 것은 외부 조건 때문이다. 만일 외부 조건이 더 나아진다면 더 즐거울 텐데 항상 외부 조건은 내 즐거움을 채우기에 부족하기만 하다. 그런데 맹자에게 즐거움은 조건이 아니라 능력이다. 그는 '능락能樂'이라는 표현을 쓴다. 곧 즐거움은 상황에 따라 주어지는 수동적인 것이 아니라 능동적이다.

『논어』의 첫 구절은 이렇게 시작된다. '배우고 때때로 익히면 기쁘지 아니한가? 벗이 있어 먼 곳에서 온다면 즐겁지 아니한가?' 여기서 기쁨은 열說이고 즐거움은 낙樂이다. 기쁨은 혼자 있을 때도 느낄 수 있다. 하지만 즐거움은 타자와 함께해야 느낄 수 있다. 타자인 벗과 함께할 때 기쁨은 즐거움으로 바뀐다. 곧 맹자가 즐거움의 능력으로 생각한 것은 바로 타자와 함께하는 즐거움이다. 이것을 맹자는 '여민與民'이라고 표현한다. 시경의 한 대목을 인용하면서 맹자는 옛 성군인 문왕도 양혜왕처럼 화려한 누대와 연못이 있는 정원을 만들었고 그것을 즐겼다고 한다. 그런데 지금 양혜왕의 정원에는 백성들의 출입이 금지되어 있다. 왕과 대화하는 다른 대목에서 맹자는 그런 부분을 지적한다. 실수로 백성이 왕의 정원에 들어가서 나무를 하거나 고기를 잡다 걸리면 사형에 처하는데, 그렇다면 그것은 정원이 아니라 나라 안의 커다란 함정일 뿐이라고. 하지만 문왕의 정원은 백성들에게 항상 열려있었다. 우리나라에서도 대통령의 별장으로 알려진 청남대가 오직 대통령만이 즐기던 곳에서 모든 시민에게 개방되었다. 개방 이전의 청남대는 양혜왕의 정원이었고 개방된 청남대는 문왕의 정원이 된 것이다.

문왕이 백성과 더불어 즐거움을 느끼니 문왕의 즐거움은 곧 백성들의 즐거움이다. 그러니 문왕의 정원을 만드는데 백성들은 너도나도 달려가 하루 만에 완성하게 된다. 자식이 배불리 먹는 것을 보면 먹지 않아도 배부르다는 말이 있다. 내가 좋아하고 내가 사랑하는 사람의 즐거움은 내가 직접 즐기는 것보다 더 즐거운 법이다. 문왕의 즐거움을 위해 힘써 정원을 만드는 백성들은 자신들의 정원을 만드는 것보다 더 즐겁다. 이것이 더불어 즐기는 것의 매력이다. 이런 즐거움은 어떤 조건에서도 가능하다. 외부 조건은 나에게 달려있지 않다. 때로는 좋아질 수도 있고 때로는 나빠질 수도 있다. 하지만 타자와 함께 하는 것은 어떤 조건에서도 가능하다. 가난하더라도 함께할 수 있고 부자라도 함께할 수 있다. 만일 즐거움의 조건을 외부에서 찾는다면 즐거움은 능력이 될 수 없다. 하지만 즐거움이 함께하는 것에서 나온다면, 그리고 언제든 내가 타자와 함께할 준비가 되어있다면 즐거움은 능력이다.

맹자가 제선왕에게 물었다.
"혼자 음악을 즐기는 것과 다른 사람과 함께 음악을 즐기는 것 중에서 어느 쪽이 더 즐겁습니까?"

제선왕이 대답했다.

"당연히 다른 사람과 함께하는 것이지요."

"그렇다면 소수의 사람과 음악을 즐기는 것과 많은 사람과 함께 즐기는 것 중에서 어느 쪽이 더 즐겁습니까?"

"당연히 더 많은 사람과 함께 즐기는 것이 더 즐겁지요."

"제가 청컨대 왕께 즐거움이 무엇인지 말씀드리겠습니다. 만일 왕께서 지금 이곳에서 음악을 연주하는데 백성들이 왕의 종소리, 북소리, 피리 소리를 듣고는 머리 아파하고 얼굴을 찌푸리면서 서로 말하기를 '왕이 음악을 연주하기를 좋아하는구나. 어찌하여 우리를 이런 어려움에 부닥치게 하여 부모 자식이 서로 만나보지 못하고 형제와 가족들이 헤어지게 되었는가' 라고 하며, 또한 지금 왕께서 이곳에서 사냥하시는데 백성들이 왕의 수레 소리, 말소리를 듣고 화려한 깃발을 보면서 또한 머리 아파하고 얼굴을 찌푸리면서 서로 말하기를 '왕이 사냥하기를 좋아하는구나. 어찌하여 우리를 이런 어려움에 부닥치게 하여 부모 자식이 서로 만나보지 못하고 형제와 가족들이 헤어지게 되었는가' 라고 한다면, 이는 다른 것이 아니라 백성과 더불어 즐기지 않았기 때문입니다.

만일 왕께서 지금 이곳에서 음악을 연주하는데 백성들이 왕의 종소리, 북소리, 피리소리를 듣고는 모두 기뻐하면서 서로 말하기를 '왕이 병이 없으신가보다 음악을 연주하시는구나' 라고 하며, 또한 지금 왕께서 이곳에서 사냥하시는데 백성들이 왕의 수레 소리, 말소리를 듣고 화려한 깃발을 보면서 또한 기뻐하면서 서로 말하기를 '왕이 병이 없으신가보다 사냥을 나가시는구나' 라고 한다면, 이는 다른 것이 아니라 백성과 더불어 즐기기 때문입니다.

만일 왕께서 백성과 더불어 즐긴다면 왕 노릇을 할 수 있습니다."

조선의 성군인 세종 때 만들어진 음악으로 '여민락與民樂'이라는
곡이 있다. 이는 백성과 함께 즐긴다는 뜻인데 이 곡의 바탕이 된 사
상이 바로 맹자의 여민사상이다.『맹자』에는 인용한 양혜왕, 제선왕
과의 대화를 소개한 두 구절 이외에도 여러 번에 걸쳐서 맹자가 여
민與民을 강조하는 대목이 나온다.

　제선왕은 맹자가 자신의 정치사상을 직접 실천할 만한 자로 기대
를 많이 했던 왕이다. 그런 맹자의 기대에 부응하기 위해 제선왕도
많은 노력을 하나 결과적으로 제선왕은 맹자가 제안하는 인정仁政을
펼치지 못하고 맹자는 제선왕을 떠나게 된다. 인용한 대목은 맹자가
제선왕과 헤어지기 전, 그를 설득하기 위해 했던 여러 대화 중 하나
다. 제선왕이 음악을 즐기기를 좋아한다는 말을 다른 신하에게 전해
들은 맹자는 제선왕을 만나서 음악을 좋아하는지 물어본다. 이에 제
선왕은 약간 부끄러움을 느끼며 자신은 선왕先王들의 음악보다는 세
속적인 음악을 좋아한다고 맹자에게 고백한다. 하지만 맹자는 선왕
들의 음악이나 세속적인 음악이나 다를 것이 없다고 이야기하면서
왕이 음악을 진정 좋아한다면 인정仁政에 가까워질 것이라고 하면서
인용된 대화를 이어 간다. 만일 왕이 음악을 연주하거나 사냥을 나
갈 때 백성들이 그 모습을 보고 자신들이 처한 처지를 비관하고 왕
의 사치를 욕한다면 그것은 백성들은 즐겁지 않은데 왕만이 즐거움
을 누리기 때문이다. 반대로 왕이 음악과 사냥을 즐기는 것을 보고
백성들이 왕의 건강함을 다행으로 여기며 기뻐한다면 바로 백성과
왕이 함께 즐거움을 누리기 때문이다.

백성들이 왕의 즐거움을 자신의 즐거움으로 느끼는 것은 다름이 아니라, 왕이 능락能樂, 곧 함께 즐길 줄 알기 때문이다. 그럼 함께 즐기는 구체적인 방법은 무엇인가? 바로 백성들이 좋아하는 것을 함께 좋아하고 싫어하는 것을 함께 싫어하는 것이다. 이것이 가능한 것은 왕이든 서민이든 사람은 누구나 사단四端이라는 보편적 마음을 가지고 있기 때문이다. 만일 왕이 사람의 마음을 잃지 않는다면, 어떤 상황에서라도 유항심有恒心하다면, 또 어떤 조건에서도 인·의·예를 잃지 않는 대장부大丈夫라면 군이 노력하지 않더라도 백성이 좋아하는 것과 싫어하는 것을 느끼며 백성의 고통에 함께 아파하고 백성의 즐거움에 함께 즐거워할 수 있다. 이것이 능락能樂이다. 곧, 사람의 마음을 잃지 않고, 불인지심不忍之心에 바탕을 둔 불인지정不忍之政을 펼치며 백성과 함께 즐거움을 나누는 정치, 이것이 맹자가 이야기하는 여민與民사상이다.

2) 먹고사는 문제가 먼저다 — 정전법井田法

맹자가 양혜왕에게 말하였다.

"농사철을 어기지 않게 하면 곡식을 충분히 수확할 수 있고 촘촘한 그물로 물고기의 새끼까지 잡지 않도록 하면 연못과 강에서 항상 물고기를 넉넉하게 먹을 만큼 잡을 수 있으며, 산림을 무차별적으로 채벌하지 않으면 나무와 땔감을 충분히 쓸 수 있습니다. 만일 곡식과 물고기를 넉넉하고 충분하게 얻을 수 있고 나무와 땔감을 충분히 쓸 수 있다면 이는 백성들이 살아서는 부모와 처자를 봉양하고 죽은 이를 장례 치름에 유감이 없을 것이니 이것이 곧 왕도王道의 시작입니다.

　5무畝의 집 주변에 뽕나무를 심게 하면 나이 오십인 자가 비단옷을 입을 수 있고, 닭과 개와 돼지를 때에 맞춰 잘 기르게 하면 칠십 노인이 고기를 먹을 수 있으며 100무畝의 토지에 농사철을 어기지 않고 농사를 짓게 한다면 여러 식구가 굶주림을 면할 것이며 상서庠序의 가르침으로 효제孝悌의 의리를 펼친다면 머리가 반백인 자가 길에서 무거운 짐을 지거나 이지 않을 것입니다. 칠십 노인이 비단옷을 입고 고기를 먹으며, 백성들이 굶주리거나 추위에 떨지 않는 정치를 펴면서 왕 노릇을 하지 못하는 자는 없습니다.”

　많은 사람이 유가儒家는 먹고사는 문제보다 도덕이나 명분을 더 중요하게 여긴다고 생각한다. 이는 명백한 오해이다. 이 인용문에서도 볼 수 있듯이 인정仁政의 첫 번째는 ‘양생상사養生喪死’, 곧 살아있을 때 추위와 굶주림에 떨지 않고 죽은 자를 애도할 수 있는 삶의 여유가 있도록 하는 것이다. 맹자가 농사철을 어기지 않게 해야 한다는 표현을 두 번이나 한 것은 이 당시 토지를 빼앗기 위한 전쟁이 끊임없이 일어나면서 봄에 씨를 뿌리거나 가을에 수확하는 시기에 군대를 소집해서 백성들이 농사를 지을 기회를 빼앗는 경우가 비일비재했기 때문이다. 전국시대 군주들의 주요 관심사는 얼마나 많은 땅을 이웃 나라로부터 빼앗을 것인가이었던 반면 맹자의 관심사는 어떻게 백성들이 편안하고 안정되게 살 것인가이다. 이런 맹자의 관심사가 바깥으로 표현되어 백성들이 농사를 지으면서 공동체의 질서를 유지하면서 살 수 있는 토지제도로 맹자가 제안하는 구체적인 제도가 정전법井田法이다.

> 사방 1里가 정井이니, 정井은 900무畝이며 그 가운데가 공전公田이다.
> 여덟 집에서 모두 100무畝씩 개인의 토지로 받고서 함께 공전을 가꾸어
> 그 일을 마친 후에 개인의 토지를 가꾼다.

900무의 토지에 해당하는 사방 1里의 토지를 정井이라 부르는데,
이는 900무의 토지를 우물 정자처럼 가로로 세 등분 세로로 세 등
분해서 총 9등분으로 나누기 때문에 그렇게 불렀다. 여기서 무畝나
리里의 구체적인 도량형은 자세하게 따지지 않겠다. 문헌에 의하면
1무가 지금의 도량형으로 약 100평에 해당한다고 한다. 대략 100무
의 토지가 한 가구가 충분히 먹고 살 수 있을 만한 수확물을 낼 수
있는 단위라고 보면 된다. 아홉 등분된 정井자 모양의 토지는 여덟
가구에 분배되며 나머지 1/9에 해당하는 토지는 여덟 가구가 공동
으로 경작해서 나라에 세금으로 바친다. 그리고 밭 주변에 뽕나무를
심어 비단을 추출하여 의복으로 삼는 것을 생각하면 나라에 바치는
세금은 약 1/10에 해당한다. 이것이 몸을 쓰면서勞力 다스림을 받는
자治於人가 마음을 쓰면서勞心 다스리는 자治人를 먹이는 방법食人이다.
맹자의 정전법에서 여러 가지 의미를 찾을 수 있겠지만 필자가
언급하려는 핵심은 두 가지이다. 그중 한 가지는 1/10세가 가지는
의미이고 다른 한 가지는 토지를 균등하게 분배한다는 점이다. 먼저
유가儒家의 균등 사상에 대해서 살펴보자.

부족함을 걱정하지 말고 균등하지 못함을 걱정해라. 가난을 걱정하지 말고 안정되지 못함을 걱정해라.

공자가 계씨季氏 집안의 가신으로 들어가 그들의 착취행위를 도와주는 제자 염유冉有에게 한 말이다. 대부분 사람처럼 노나라의 유력한 대부 집안인 계씨는 부족함과 가난을 걱정하여 백성들에게 더 많은 세금을 거두고 자신보다 힘이 약한 집안을 정벌하며 토지를 약탈하였다. 그런 계씨 집안을 도와주고 있는 염유에게 공자는 부족함과 가난이 문제가 아니라 균등하지 못함과 안정되지 못함이 문제라고 지적한다. 곧 충분함과 부자가 되기보다는 균등함과 안정됨이 공동체에 더욱 중요하다는 것이다.

현재 우리나라의 1인당 국민소득은 과거 어느 때보다도 높다. 1980년대에 3천 달러 정도였는데 30여 년이 지난 지금은 그보다 10배가 성장한 3만 달러를 돌파하였다. 그런데 우리는 여전히 부족함과 가난을 걱정하고 있다. 과거 어느 때보다 물질적으로 풍요롭게 사는 기성세대는 자식들이 자신들보다 더 부족하거나 가난하게 사는 것을 두려워하며 사교육에 투자하고 있다. 그런데 예전보다 10배나 더 물질적으로 풍족해졌는데 우리는 왜 여전히 부족함을 느끼고 가난을 두려워하는 것일까? 그것은 공자가 지적했듯이 균등하지 못하기 때문이고 미래에 불안을 느끼기 때문이다. 내가 부족함을 느끼는 것은 절대적으로 부족하기 때문이 아니라 이웃과 비교하기 때문이다. 내가 가난을 느끼는 것은 절대적 가난보다 타자와 비교하여 느끼는 상대적 가난 때문이다. 이렇게 느끼는 부족함과 가난은 아무리 물질적으로 풍족해졌다고 해도 채울 수가 없다. 이것을 채울 수 있는 것이 균등함이고 이런 공자의 균등사상을 구체적인 정치제도로 구상한 것이 맹자의 정전법이다. 이제 1/10세에 대해 살펴보자.

동서를 막론하고 고대로부터 나라의 가장 적당한 세금은 1/10로 알려져 있다. 구약에 나오는 십일조도 옛 이스라엘이 신정국가였기에 나라에 내는 세금에 해당한다. 물론 과거보다 현대의 국가는 훨씬 더 많은 역할을 하기에 1/10 세금을 그대로 적용할 수는 없다. 수치상 1/10이 중요한 것이 아니고 나라가 나라의 역할을 할 수 있는 만큼의 적당한 세금이 필요하다. 맹자는 여러 왕과의 대화에서 토지세뿐 아니라 상인들이 교역할 때 매기는 세금, 나라의 관문을 드나들 때 매기는 세금 등 많은 세금에 대해서 비판한다. 그렇다면 세금은 적게 내면 적게 낼수록 좋은 것일까? 꼭 그런 것은 아니다.

백규가 맹자에게 물었다.
"나는 백성들의 조세를 낮춰서 1/20을 취하려 하는데 어떻습니까?"
맹자가 대답했다.
"그대의 방법은 오랑캐의 방법이다. 수만 명이 사는 나라에서 단 한 명이 질그릇을 굽는다면 어떻겠는가?"
"그릇이 부족할 테니 그러면 안 될 것입니다."
"북쪽 오랑캐 땅인 맥貊나라는 오곡이 자라지 않고 오직 기장만이 자라니 성곽과 궁궐과 종묘와 사직의 예禮가 없고 제후들과 폐백을 교환하고 음식을 대접하는 일도 없으며 나라 일을 맡아보는 관리도 많지 않다.

그러므로 1/20을 취해도 충분하다. 하지만 오늘날 중국에서 인륜이 사라지고 군자가 없다면 그것을 어찌 허용할 수 있는가? 질그릇이 너무 적어도 나라를 다스릴 수 없는데 하물며 군자가 없다면 어떻겠는가? 1/10보다 세금을 더 낮추는 것은 오랑캐의 방법이고 1/10보다 더 많이 걷는 것은 폭군의 방법이다."

백규는 평소에 맹자의 인정仁政에 관심이 많았나 보다. 백성들의 부담을 덜어주기 위해 맹자가 제안했던 1/10 세금을 반으로 줄여 1/20로 하려고 한다. 하지만 어떤 경우든 적당함이 있는 법이다. '과유불급過猶不及'이라는 공자의 말처럼 너무 나가는 것은 모자란 것과 마찬가지로 적당하지 않다. 1/10보다 더 많은 세금을 걷는 것은 백성을 고통스럽게 하는 것이지만 1/10보다 적게 걷게 된다면 다스리는 역할을 충분히 하지 못하게 된다. 많은 한국 사람들이 존경하는 인물인 백범 김구 선생은 대한민국의 독립을 평생 소원했지만 또한 독립된 대한민국이 강한 나라가 되기를 소망했다. 그가 소망한 강한 나라는 군사력이 강하고 국민소득이 높은 그런 나라가 아니라, 문화적 도덕적으로 강해서 타국의 모범이 될 수 있는 그런 나라이다. 우리가 선진국이라 부르는 나라들은 대부분 경제적으로 강국이기도 하지만 문화와 예술, 사상 등에서 앞서나간다. 맹자가 이 대화에서 이야기한 종묘와 사직의 예禮, 폐백을 교환하고 음식을 대접하는 일, 인륜과 군자가 그런 것들이다. 국민소득이 세계 1위가 되는 나라에서 살기보다는 소득은 좀 떨어지더라도 문화와 예술을 즐길 수 있고 사람의 마음을 잃지 않는 그런 나라에서 살고 싶지 않은가? 그런 나라가 되기 위해 맹자가 제안하는 것은 보편적 교육이다.

3) 사람이 동물과 다른 점 — 윤리의 교육

맹자가 등문공에게 말했다. "〈탕, 문무왕 같은 선왕들은 백성들이 안정된 삶을 살게 된 이후에는〉 상庠 · 서序 · 학學 · 교校를 설치하여 백성들을 가르쳤으니 서序는 기른다는 뜻이고, 교校는 가르친다는 뜻이며, 서序는 활쏘기를 익힌다는 뜻입니다. 하나라에서는 교校라 하였고, 은나라에서는 서序라 하였고 주나라에서는 상庠이라 하였으며, 학學은 하나라, 은나라, 주나라 세 나라가 그 이름을 함께 하였으니, 이는 모두 인륜人倫을 밝힌 것입니다. 위에서 인륜이 밝아지면 백성들은 아래에서 서로 친하게 됩니다."

등문공滕文公은 등滕나라의 군주인데 작은 나라의 군주임에도 불구하고 현군으로서의 자질이 있었다. 그는 맹자의 사상을 따르려 많은 노력을 했고 맹자도 많은 가르침을 주려 했지만 안타깝게도 전국시대 열강의 틈바구니 속에서 뜻을 펼치지 못하고 나라가 멸망하게 된다. 그런 등문공과의 대화에서 맹자는 먹고사는 문제를 해결한 후에 나라가 해야 할 역할은 백성들을 교육시키는 것이라 했다. 그러면서 과거 선왕들의 통치를 예로 들어 하나라, 은나라, 주나라의 교육제도에 대해 설명한다. 그런데 과거의 교육제도에서 교육하고자 했던 것은 지식이나 기술이 아니라 보편적인 인륜이었다.

지식이나 기술의 전수는 사적인 영역에서 충분히 이루어질 수 있다. 농사기술은 함께 농사를 짓는 집안이나 마을의 어른에게 배운다. 공인의 기술은 선배공인이나 스승에게 배울 것이며 상인의 기술도 마찬가지이다. 만일 사람에게 먹고살기 위한 지식이나 기술의 교육만이 필요하다면 나라에서 보편적인 교육을 위한 제도를 만들 필요가 없다. 나라의 교육은 공동체의 성원으로서 가져야만 할 보편적인 윤리이다. 요즘으로 치면 시민의식, 공동체 의식, 민주적 사고 등의 더불어 사는 윤리와 같은 것이다. 그런데 요즘 우리나라의 학교교육은 거꾸로 가고 있는 것 같다. 학교교육에서 더 이상 보편적인 윤리를 가르치지 않고 각자의 생존기술을 가르치고 있다. 타자의 고통에 공감하고 불의에 대해 부끄러워하거나 분노하고 나의 것을 남에게 양보하고 옳고 그름을 분별할 수 있는 교육은 찾기 어렵고 부와 지위를 얻기 위한 수단으로서의 지식과 기술만이 있다. 그럼 왜 맹자는 인류을 교육하는 보편적인 제도가 있어야 된다고 주장하는 것일까?

맹자가 말하였다.
"사람이 동물과 다른 점은 아주 작은 것이나 서민들은 그것을 버리고 군자는 그것을 보존한다."

사람과 동물은 어떤 차이가 있을까? 직립보행을 하고, 언어를 사용하고, 도구를 사용하는 등 여러 가지 차이를 나열할 수 있지만 맹자에게 그 차이는 사람의 마음, 곧 사단四端이다. 서양인들은 그 차이를 이성理性이라는 말로 표현하는데 이에 대해서는 다음 기회에 다루도록 하겠다. 누구나 마음에 인의예지의 씨앗을 가지고 있으나 나무의 씨앗을 척박한 땅에 던져놓고 놔두면 싹을 틔워 자랄 수 없 듯이 서민들 대부분은 그 씨앗을 가꾸지 않고 내버려 둬 버리게 된 다. 오직 소수의 군자만이, 또는 선비나 대장부만이 그것을 보존하 고 가꾸어 사회적 윤리인 인의예지로 키워나간다. 맹자가 보기에 만 일 사람이 이런 마음을 잃게 된다면 동물과 별 차이가 없다. 한번 생 각을 해보자. 우리 삶의 대부분은 동물과 큰 차이가 없다. 살기 위해 먹고 자고 배설하고 번식한다. 그런 중에 간혹 우리는 윤리적인 선 택을 한다. 나와 상관없는 누군가를 돕고 내 것임에도 타자에게 양 보하며 나와 무관한 행동을 보고 옳고 그름을 판단하며 만일 그것 이 불의하다면 분노한다. 맹자는 이런 것이 사람을 사람답게 하는 것이라 여긴다. 그는 동물과 별로 다를 바 없는 대부분의 삶보다는 그런 중에 순간순간 빛나는 사람의 마음을 중요하게 여겼다. 많은 사람이 이런 마음을 잃게 될 때 '하필왈리何必曰利'라는 말로 맹자가 우려했던 모두가 개인의 이익을 다투는 사회가 될 것이고 공동체는 위태로워질 것이다. 그러니 공동체를 유지하기 위해서는 보편적인 교육을 통해 사람들이 그 마음을 잃어버리지 않도록 해야만 한다. 그럼 그가 주장하는 보편적인 교육, 윤리교육의 내용은 무엇인가? 그리고 그 윤리교육의 바탕이 되는 인간의 본성은 어떠한가?

◆ 여기서 잠시 생각해 보고 다음으로 넘어가자

1 옛날의 다스리는 자治人과 현대의 '리더leader'는 어떤 공통점과 차이
   가 있을까?

2 맹자는 다스리는 자의 자질로 보이지 않는 능력인 사람의 마음을 항
   상 간직하는 것을 들고 있다. 그럼 보이는 능력으로는 어떤 것이 있
   을까?

3 천하의 넓은 집과 천하의 바른 자리에 머무르려 하는데 그것이 올바
   른 자리인지 아닌지 어떻게 확신할 수 있을까?

4 맹자가 이야기한 '사람의 마음'이외에 사람이 다른 동물과 다른 점은
   무엇인가?

5 여민與民은 지도자가 되어야만 가능한가? 타자와 함께 나누는 함께
   하는 즐거움은 어떤 위치에 있어도 가능하지 않은가? 이에 대해 생
   각해 보자.

3

맹자의 윤리사상

사람의 본성은 선善한가

공도자가 맹자에게 물었다.

"고자告子는 '사람의 본성性에는 선善도 없고 불선不善도 없다' 말하고, 또 어떤 자는 '사람의 본성은 선할 수도 있고 불선할 수 있다. 그러므로 문왕과 무왕이 다스릴 때는 백성들이 선을 좋아하고, 유왕幽王과 여왕厲王이 다스릴 때는 백성들이 포악함을 좋아한다'라고 말한다. 또 어떤 자는 '본성이 선한 사람도 있고 본성이 불선한 사람도 있다. 그러므로 성군인 요堯가 군주임에도 상象 같은 포악한 자가 있었고, 고수瞽瞍가 아버지임에도 순舜이 있었으며 주왕紂王 같은 폭군의 숙부이며 신하이면서도 미자微子 계啓와 왕자 비간比干 같은 충신이 있었다.' 하는데, 지금 선생님은 '사람의 본성은 선하다性善'고 말씀하시니, 그렇다면 저들의 말이 모두 틀린 것입니까?"

맹자가 대답하기를

"그 정情으로 말하면 선하다고 할 수 있으니, 이것이 내가 말하는 선이
다. 불선을 행하는 것은 타고난 재질의 죄가 아니다. 측은지심을 사람이
다 가지고 있고 수오지심을 사람이 다 가지고 있고 공경지심을 사람이
다 가지고 있고 시비지심을 사람이 다 가지고 있으니 측은지심이 인이고
수오지심이 의이고 공경지심이 예이고 시비지심이 지이다. 인의예지는
밖으로부터 나에게 들어온 것이 아니라 내가 본래 가지고 있는 것이지만
사람들이 생각하지 못할 뿐이다. 그러므로 말하기를 '구하면 얻을 것이
요 버리면 잃을 것이다'라고 한 것이니 선과 불선의 차이가 나는 것은 그
재질을 다하지 못했기 때문이다."

서양 철학의 주제 중에서 '변신론辯神論'이라는 분야가 있다. 말 그
대로 신을 변론한다는 뜻인데 근대에 들어오며 라이프니츠를 비롯
한 여러 철학자가 이 분야에서 많은 연구를 했다. 변신론이 필요한
이유는 이렇다. 기독교 신학에 의하면 유일신인 기독교의 신은 전지
전능全知全能하고 지고지선至高至善하며 이 세계를 창조한 분이다. 그런
데 이 세계에는 악惡이 존재한다. 만일 세계에 존재하는 악을 신이
창조했다면 신이 지극히 선한 존재라는 주장에 모순이 생긴다. 반대
로 신이 악을 창조하지 않았다면 신 이외에 악을 창조한 다른 존재
가 있거나 신의 능력이 부족하다는 주장이 나올 수 있다. 이런 모순
을 철학적으로 해결하려는 분야가 바로 변신론이다.

맹자의 성선론에도 비슷한 문제가 발생할 수 있다. 사람의 본성이
선하다면 모든 사람이 선한 행동을 해야 하는데 실상은 그렇지 않

다. 맹자의 제자인 공도자가 다른 사람들의 주장을 들어 성선의 문제를 물어본 이유는 그런 것이다. 전국시대에 사람의 본성에 대해서 깊이 고민한 자가 맹자만 있었던 것은 아니다. 맹자보다 몇십 년 뒤에 활동하며 맹자와 대립 되는 성악론을 주장했던 순자荀子도 있고 맹자보다 먼저, 그리고 맹자와 동시대에 인간의 본성에 대해 고민을 하고 자신의 이론을 주장했던 여러 학자가 있었다. 순자의 성악론이나 공도자가 예를 들은 이론 — 본성 자체가 없다, 때에 따라 선하기도 하고 불선하기도 하다, 선한 본성을 지닌 자도 있고 불선한 본성을 지닌 자도 있다 등등 — 들은 모두 듣기에 그럴듯하다.

평생을 저축해서 모은 돈을 어려운 이웃을 위해 기부한 사람들의 소식이나 위기에 빠진 이웃을 구하기 위해 목숨을 버린 사람들의 소식을 들으면 사람의 본성은 선한 것 같다. 반면에 도저히 사람이라면 할 수 없을 만한 짓을 서슴없이 하는 사람들의 소식을 들으면 원래 사람은 악하다는 주장이 맞는 것 같기도 하다. 선한 행동을 하는 사람이 있고 또 그렇지 않은 사람도 있으니 사람마다 본성이 다르다는 주장도 맞는 것 같고, 한 사람이 때에 따라 선하기도 하고 그렇지 않기도 하니 사람은 이 두 가지 본성을 다 가지고 있으며 상황에 따라 드러난다는 말도 그럴듯하다. 아마 2천 5백 년 전 전국시대의 사람들도 비슷한 고민을 했을 것이다.

공도자가 여러 이론을 소개하면서 예를 든 인물 중에서 문왕文王과 무왕武王은 은나라를 멸망시키고 주나라를 세운 왕들로 성군의 대명사처럼 알려진 자들이다. 반면에 유왕과 여왕은 각각 주나라의

12대, 10대 왕으로 주나라의 몰락을 부른 폭군의 대명사이다. 또 고수瞽瞍는 순임금의 아버지이고 상象은 순임금의 배다른 동생으로 순임금의 계모와 함께 순임금이 제위에 오르기 전에 그를 박해하고 살해하기 위해 여러 시도를 했던 인물들이다. 미자와 비간은 기자箕子와 더불어 은나라 마지막 왕이자 폭군인 주紂왕의 친척이자 신하였는데 왕에게 간언하다 미움을 사서 미자는 일부러 미친 행세를 하고 기자는 망명을 하였으며 비간은 주왕에 의해 죽임을 당한 충신들이다. 이 인물들의 행적은 사람의 본성이 선하다는 맹자의 주장만으로 설명이 되지 않기에 공도자는 이들을 예로 들어 맹자에게 질문한 것이다.

이제 맹자의 성선이 어떤 의미인지, 왜 맹자는 성선을 주장했는지, 그의 말에 우리는 동의할 수 있는지 맹자의 다른 대화를 근거로 해서 살펴보자.

선善은 무엇인가?

앞으로 나아가기 전에 맹자가 사람의 본성이 선하다고 했을 때 선은 무엇을 의미하는 것인지 생각해 보자. 우리는 선善이라는 한자어를 '착할 선'이라고 훈과 음으로 익혀왔다. 그럼 선은 착하다는 뜻인가? '착하다'는 말은 무슨 뜻인가? 국립국어원의 '표준국어대사전'에 '착하다'는 단어의 뜻은 '언행이나 마음씨가 곱고 바르며 상냥하다'라고 나와 있다. 그럼 맹자가 주장하는 성선性善은 사람은 본래 곱고 바르며 상냥한 마음씨를 타고났다는 뜻일까? 언제 어떤 이유로 선善이라는 한자어에 착하다는 훈이 붙었는지 알 수 없지만 원래의 훈은 '좋을 선', 또는 '잘할 선'이다. 곧 선이라는 단어에는 좋다, 잘한다는 의미가 들어있지 착하다는 뜻은 없었다.

또 하나 지적해야 할 것은 우리는 선善과 대립하는 단어를 악惡으로 알고 있다. 서양 근대의 제도와 문물을 받아들이면서 기독교의 이분법적인 세계관, 곧 선과 악이라는 대립하는 개념이 함께 수입되었다. 그러면서 선과 악을 대립하는 개념으로 보는 경향은 더욱 강해졌다. 순자가 맹자를 비판하는 과정에서 사람의 본성을 설명하면서 악惡이라는 단어를 쓴 것도 후대인들이 순자와 맹자의 대립을 성선과 성악의 대립으로 보면서 선, 악을 대립하는 개념으로 생각하는 데에 영향을 주었을 것이다. 그런데 악惡이라는 단어에는 나쁘다, 추하다, 더럽다, 싫어하다 등의 의미가 있을 뿐 서양인들이 생각하는 것처럼 어떤 실체가 있는 것이 아니다. 선진先秦시대의 문헌을 보더라도 선과 악을 대립해서 이야기하는 문헌을 찾기 어렵고 선의 대립하는 말로 주로 불선不善이라는 말을 쓴다. 곧 선의 반대는 악이 아니고 선하지 않음이다.

지금까지 선이 착하다는 뜻이 아니고 좋거나 잘한다는 의미이고 그 반대가 악이 아니고 선하지 않음이라는 것은 짚어봤지만 아직 선이 무엇인지 막연하다. 그 실마리를 대학大學의 한 구절에서 찾아볼 수 있다.

대학의 도는 밝은 덕을 더욱 밝히는 데에 있고, 백성을 새롭게 하는 데에 있으며, 지극한 선에 머무는 데에 있다.

『시경』에서 말하기를 '깊고 원대한 문왕이여 계속하여 밝히며 공경함에 머문다'라고 하였으니 군주로서는 인仁에 머물고, 신하로서는 경敬에 머물고, 자식으로서는 효孝에 머물고, 아비로서는 자비慈에 머물고 사람과 사귀면서는 신信에 머문다.

앞 인용문은 『대학』의 서두로서 후대인들이 삼강령三綱領이라 부르는 대학의 세 가지 근본 정신인 명명덕明明德, 신민新民, 지어지선止於至善을 말하는 구절이다. 이 구절 바로 뒤에는 '격물 치지 성의 정심 수신 제가 치국 평천하格物 致知 誠意 正心 修身 齊家 治國 平天下'라는 팔조목八條目이 나오는데 『대학』은 앞에서 삼강령과 팔조목을 제시하고 그 뒤에는 각 강령과 조목들을 설명하는 형식으로 되어있다. 삼강령 중에서 세 번째 강령이 지극한 선에 머문다는 뜻의 지어지선止於至善이다.

두 번째 인용문은 『시경』의 한 구절을 인용하면서 삼강령 중에서 '지어지선'을 그 뒤에 풀어썼다. 인용한 시는 대아大雅의 문왕편文王篇으로 옛 성군인 문왕의 행적을 찬양하는 내용이다. 전체 시 중에 여기서 인용한 부분은 문왕이 계속해서 밝히고 공경함에 머문다止는 것인데 무엇을 밝히고 어디에 머무는지에 대해 『대학』의 뒤에 풀어썼다.

문왕은 백성을 다스리는 군주이기도 하고 주나라를 세우기 전에는 은나라 주왕의 신하이기도 하고 태왕太王의 자식이며 무왕武王, 주공周公의 아버지이기도 하면서, 나라 안의 여러 사람과 교분을 맺고 있었다. 군주로서는 백성들의 고통에 공감하며 인정仁政을 펴는 것이 선善이고, 신하로서는 몸가짐을 삼가면서 자신의 직무에 충실함이 선이고, 자식으로서는 효孝가 선이며 아비로서는 자식을 사랑하고 아끼고 보살피는 것이 선이고 사람과 사귈 때는 믿음이 선이다. 이처럼 선은 하나의 모습이 아니라 다양한 모습으로 드러난다. 내가 타자와 어떤 관계를 맺고 있느냐에 따라서 내가 머무를 선은 다르다. 나는 누군가의 자식이고 형제이며 친구이며 사회에서 또 다른 역할도 맡고 있다. 사회에서 맡는 역할은 회사원일 수도 있고 공직자일 수도 있고 친목 모임의 일원일 수도 있고 또는 여러 가지 역할을 동시에 할 수도 있다. 부모라면 자식이 어떤 상황에 부닥쳐있더라도 감싸고 이해하고 지지해주어야 하지만 공직자의 경우에는 내가 아무리 아끼는 사람이라도 잘못을 했을 경우, 마치 제갈공명이 가장 아끼던 제자이자 장군인 마속이 군령을 위반하여 나라에 큰 손실을 끼쳤을 때 눈물을 흘리며 그의 목을 베었듯이 읍참마속泣斬馬謖의 심정으로 벌을 내려야 할 수도 있다. 이렇듯 선이라는 것은 착함과 같은 고정된 성격의 것이 아니다. 군주로서의 선이 자식으로서의 선과 같을 수 없고 신하로서의 선이 벗으로서의 선과 같을 수 없다. 사회 속에서, 타자와의 관계 속에서의 역할 윤리에 머무는 것, 그것이 선이다.

그런데 선이라는 것이 그때그때 상황에 따라 달라지는 것이라면 어떻게 선이 본성과 연관되는 것일까? 먼저 맹자가 자신의 이론을 옹호하기 위해 당대에 가장 영향력 있는 이론가 중 한 명인 고자告子

와 벌이는 논쟁에서부터 출발해보자.

◆ 여기서 잠시 생각해 보고 다음으로 넘어가자

1 본성에 대한 논쟁에 들어가기 전에 본문에서 언급한 인간 본성에 대한 이론 중에서 어떤 이론이 더 설득력이 있는지 생각해 보고 그 이유를 설명해 보자.

2 내가 처한 사회적 위치에서 나는 어떤 '선善'을 발휘해야 하는가.

3 '선善'이 '좋다'는 의미라면 그 좋음은 누구에게 좋은 것인가? 모든 인간에게 좋은 것만이 선인가 아니면 각자의 선이 다를 수 있는가.

고자와의 첫 번째 논쟁
― 인의仁義는 본성이 아니다.

고자가 말하였다.

"사람의 본성은 나무와 같고 의義는 그 나무로 만든 그릇과 같으니 사람이 본성을 가지고 인의仁義를 행함은 나무로 그릇을 만드는 것과 같다."

맹자가 말하였다.

"그대는 나무의 성질을 따라서 그릇을 만들지 않는가? 만일 그렇지 않다면 나무를 해쳐서 그릇을 만드는 것이니, 그렇다는 것은 사람을 해쳐서 인의를 행한다는 말이지 않은가? 천하 사람들을 몰아서 인의를 해치게 하는 것, 그것이 바로 그대의 이 말일 것이다."

맹자는 『맹자』에서 다양한 이론을 주장하는 여러 사상가와 논쟁을 벌인다. 때로는 사상가들과 직접 대화를 나누기도 하고 때로는 제자나 다른 사람의 물음에 대답하는 형식으로 다른 이론을 비판하기도 한다. 그런 논쟁 중에서 고자告子와의 논쟁은 『맹자』에서 분량 면에서나 논쟁의 질 면에서 상당히 큰 비중을 차지하고 있다. 안타깝게도 고자의 주장을 담은 문헌은 『맹자』의 논쟁 이외에는 찾을 수가 없다. 그러니 우리가 알 수 있는 고자의 주장은 맹자의 시각을 한 번 거친 것이다. 역사는 승리한 자의 기록이라는 말이 있다. 중국 사상사에서 수많은 이론과 주장이 논쟁을 벌였고, 공자와 맹자의 유가 사상은 그 가운데에서 주류 중 하나가 되었다. 따라서 우리가 다른 사상을 볼 때에도 유가의 시각으로 걸러서 보는 경향이 있다. 우리가 고자를 보는 방법이 그것밖에 없으니 어쩔 수 없다 하더라도 『맹자』에 기록된 논쟁은 분명 맹자의 시각이라는 것을 항상 염두에 두고 논쟁을 관찰해야 할 것이다.

또 하나 맹자가 당시의 많은 이론가 중에서 왜 고자와의 논쟁에 많은 비중을 두었는지 생각해 볼 필요가 있다. 서양 사상사를 보면 많은 사상가가 플라톤, 데카르트, 칸트, 헤겔 등을 인용하거나 비판한다. 예를 들면, 유명한 프랑스 현대철학자 중 한 명인 들뢰즈는 자신을 반 플라톤주의자이자 반 헤겔주의자라고 지칭한다. 이는 플라톤, 데카르트, 칸트, 헤겔의 주장이 문제가 많아서 폐기해야 될 것이기 때문이 아니라 그만큼 서양 사상사에 많은 영향을 남겼고 또 그 이론이 다시 반복할 이유가 있을 만큼 중요하기 때문이다. 같은 관점에서 추측해 본다면 아마 당시에는 고자의 이론이 맹자의 사상보다 사람들에게 많은 영향을 미치고 있었을 것이다. 그렇기때문에 맹자는 사람의 본성에 대해 자신과 다른 주장을 편 여러 이론가 중에서 고자의 이론을 선택하여 집중적으로 논쟁을 펼쳤을 것이다.

고자는 사람의 본성은 일정하게 선하거나 불선하다고 할 수 있는 것이 아니라는 주장을 펼쳤다. 맹자가 사람의 본성에서 키워진 사회적 윤리로 생각한 인의仁義를 그는 본성이 아닌 인공물이라고 여긴다. 그래서 사람을 나무에 비유하고 사회에서 드러나는 인의를 나무로 만든 그릇에 비유해서 마치 사람의 뜻에 따라 나무로 그릇을 만들 듯이 인의는 사람의 본성에서 나온 것이 아니라 그릇과 같은 가공물일 뿐이라고 주장한다. 인의가 본성이 아닌 가공물이라면 사람이 마음대로 인의라는 선善을 행하듯이 반대로 불선不善을 마치 본성인 것처럼 행할 수도 있다.

이에 대한 맹자의 반론은 그릇이 사람의 손으로 만든 가공물이라 하더라도 나무 자체가 가지고 있는 본성을 벗어난 그릇을 만들 수는 없다는 것이다. 나무를 자를 때는 결대로 잘라야 잘 자를 수 있고 무언가를 만들기 위해 가공할 때는 옹이를 피해야 원하는 모양으로 가공할 수 있다. 또 나무로 밥이나 국을 담는 그릇은 만들 수 있지만 불에 타는 성질 때문에 불에 올려놓고 요리하는 냄비를 만들 수는 없다. 만일 그 본성에 어긋나게 가공하게 되면 나무를 해치게 된다. 맹자의 주장대로라면 사회적 윤리인 인의는 사람의 행동으로 드러나는 것이지만 사람의 본성에 따라 밖으로 드러나는 것이다. 만일 사람이 선한 본성을 가지고 있는데 불선을 행하도록 인위적으로 조장하게 되면 본성을 해치게 된다.

> 고자가 말하였다.
> "사람의 본성은 여울물과 같다. 동쪽으로 터주면 동쪽으로 흐르고 서쪽으로 터주면 서쪽으로 흐른다. 사람의 본성에 선과 불선의 구분이 없는 것은 물의 흐름에 동서의 구분이 없는 것과 같다."
> 맹자가 말하였다.
> "물이 흐름에 동서의 구분이 없는 것은 맞지만 위아래의 구분도 없던 말인가? 사람의 본성이 선함은 물이 아래로 흐르는 것과 같은 것이니 사람은 불선한 사람이 없으며 물은 아래로 흐르지 않는 물이 없다. 지금 물을 쳐서 튀어 오르게 하면 이마 위로 지나게 할 수 있으며 가둬두면 흐르지 않고 산에 머물도록 할 수도 있지만 이것이 어찌 물의 본성이겠는가? 그 세勢가 그렇게 만든 것이니, 사람이 불선을 행하는 것은 이와 마찬가지이다."

이제 두 사람은 본성을 물에 비유해서 논쟁한다. 고자에게 선善과 불선不善은 물이 동쪽으로 흐르고 서쪽으로 흐르는 것과 마찬가지로 우연한 결과이다. 고인 물을 한쪽으로 터주면 터준 방향으로 흐르는 것처럼 사람은 물길의 트임과 같이 환경과 상황에 따라 선을 행할수 있고 불선을 행할 수도 있다. 여기에는 어떤 본성 같은 것이 있지 않다. 맹자는 이에 맞서 사람의 본성은 물이 흐르는 동서의 방향과 같은 것이 아니라 아래로 흐르는 성질과 같은 것이라고 말한다. 곧 물의 본성은 아래로 흐르는 것이니 동쪽이나 서쪽으로 물길이 트이

더라도 어느 방향이든 아래쪽으로 흐르지 위로 흐르지는 않는다. 인위적인 힘으로 물을 쳐서 튀어 오르게 하거나 물을 가둬서 아래로 흐르지 않게 할 수는 있다. 그렇다고 아래로 흐르는 물의 본성이 사라지거나 바뀌는 것은 아니다. 요즘은 기술이 발달하여 물을 가둬두는 정도가 아니라 동력을 사용해서 위로 끌어 올릴 수도 있다. 십여 년 전 청계천을 복원할 때 전기를 이용해서 한강의 물을 상류로 올려 흘려보낸다고 해서 여러 사람이 원래의 복원이 아니라고 문제를 제기했던 적이 있다. 이도 맹자의 관점에서는 아래로 흐르는 물의 본성에 역행하는 것이다.

이 두 논쟁에서 맹자의 성선론 일부를 엿볼 수 있다. 나무의 본성이 있고 물의 본성이 있듯이 사람에게는 사람의 본성이 있다. 여러 본성 중에서 맹자가 중요하게 여긴 것은 동물과 구별되는 사람의 본성인 선한 마음이다. 때로는 인위적인 힘으로 물의 본성에 역행하여 튀어 오르거나 막혀 흐르지 못할 수도 있지만 그렇다고 아래로 흐르는 물의 본성이 사라지는 것은 아니듯 사람이 불선을 행함은 인위적인 힘으로 본성을 거스르는 것이지 그것이 타고난 본성은 아니다. 나무의 본성에 역행하여 인위적인 힘을 가하면 나무를 해치듯이 사람의 본성에 역행하면 사람을 해치게 된다. 이제 다음 논쟁으로 넘어가 보자.

고자와의 두 번째 논쟁
― 삶의 본능이 본성이다.

고자 　삶의 본능이 본성이다.

맹자 　삶의 본능이 본성이라는 말은 하얀색을 하얀색이라고 이르는 것
　　　과 같은 것인가?

고자 　그렇다.

맹자 　그렇다면 하얀 깃털의 하얀색이 하얀 눈의 하얀색과 같으며, 하
　　　얀 눈의 하얀색이 하얀 옥玉의 하얀색과 같은 것인가?

고자 　그렇다.

맹자 　그렇다면 개의 본성이 소의 본성과 같고 소의 본성이 사람의 본
　　　성과 같다는 것인가?

　고자는 생生, 곧 살기 위한 모든 본능이 본성이라고 말한다. 그 이
외에 사회적으로 형성된 윤리와 같은 것은 그에게 사람의 본성이
아니다. 맹자에게 고자의 견해는 반은 맞고, 반은 틀린 주장이다. 사
람도 다른 동물과 마찬가지로 생존을 위한 여러 본능이 있다. 배고
프면 먹어야 하고 졸리면 자야 하고 번식을 위해 짝을 찾아야 한
다. 이외에도 거의 헤아릴 수 없을 만큼 많은 본능이 있다. 식욕, 수
면욕, 성욕 등과 같은 본능은 사람의 본성일까 아닐까? 그것은 어떤
관점에서 보느냐에 따라 다르다. 사람을 동물의 일종이라 본다면 이
또한 사람의 본성일 것이다. 하지만 맹자가 관심이 있는 사람의 본
성은 동물과 함께 공유하고 있는 본성이 아니라 동물과 다른 사람

만의 본성이다.

맹자는 동물과 사람의 차이는 아주 작다고 이야기한다. 이는 반대로 사람과 동물은 아주 많은 것을 공유하고 있다는 말이다. 그렇게 사람과 동물이 함께 공유하고 있는 것을 사람의 본성이라고 한다면 부정할 이유는 없다. 하지만 동물과 공유하고 있는 부분을 사람의 본성이라고 하는 것이 무슨 의미가 있는가? 동물에게는 없지만 사람은 가지고 있는 아주 작은 부분, 곧 사회를 이루고 살며 획득한 윤리적인 부분이 사람의 본성이라는 것을 밝히는 것이 맹자에게는 중요하다. 그 본성을 잃게 되었을 때 공동체는 위태롭게 되고 그 본성을 간직하고 보존하였을 때 공동체는 안정되게 유지되기 때문이다.

맹자의 논변을 조금 더 들여다보자. 맹자는 하얀 깃털과 하얀 눈과 하얀 옥의 예를 들며 그것들이 공통으로 가지고 있는 하얀색이라는 것이 고자가 이야기하는 본성과 같은 것인지 물어본다. 고자가 그렇다고 하니 그의 주장은 개의 본성이나 소의 본성이나 사람의 본성이 같다는 주장과 마찬가지라고 한다. 그런데 이 대화는 여기서 끝난다. 이에 대한 고자의 반박을 우리는 알 수 없다. 고자가 그렇다고 동의할 수도 있고 다른 식의 반박을 할 수도 있지만 우리는 알 수 없다.

서양철학의 오랜 형이상학적 논쟁 중 하나가 보편universal과 특수particular에 대한 논쟁이다. 지금 맹자가 예로 제시한 하얀색白色이 보편적인 관념으로서 하얀색이고 깃털의 하얀색, 눈의 하얀색, 옥의 하얀색은 모두 특수한 하얀색이다. 우리가 경험하는 하얀색은 모두

'특수'한 하얀색들이다. 그럼 보편적인 하얀색은 있는 것인가? 있다면 어디에 있는가? 이에 대한 서양 중세시대의 중요한 논쟁이 유명론(唯名論, nominalism)과 실재론(實在論, realism)의 논쟁이다. 유명론은 보편적인 하얀색은 존재하지 않고 추상적인 개념, 즉 이름으로만 존재한다는 주장이다. 실재론은 반대로 하얀색이 실재實在한다는, 곧 실제로 존재한다는 주장으로 그 실체가 개별적인 하얀 것들 안에 있어 그것을 하얀색이 나도록 한다는 것이다. 맹자의 논변은 이런 유명론과 실재론의 논쟁을 생각나게 한다. 맹자가 이런 보편과 특수의 문제점을 고려한 것 같지는 않다. 이런 구체적이고 치밀한 논쟁은 세월이 조금 지나 전국시대 중·후기에 명가名家로 불리는 사상가들에 의해 이루어진다.

맹자가 유명론자인지 실재론자인지는 모르겠으나 맹자가 관심을 가진 것은 하얀색 자체가 아니라 깃털의 하얀색, 눈의 하얀색, 옥의 하얀색인 것 같다. 이는 다음에 이어지는 개와 소와 사람의 본성이 같지 않다는 반론에서 알 수 있다. 개나 소나 사람이나 배고프면 밥을 먹는다. 하지만 다 같은 방식으로 먹지는 않는다. 개나 소는 배가 고프면 어떤 것보다 굶주린 배를 채우는 것을 먼저 하는 것이 본성일 것이다. 하지만 사람은 그렇지 않다.

한 그릇의 밥과 국을 먹지 못하면 죽을 상황이더라도 음식을 줄 때 욕을 하거나 그릇을 발로 차는 등 무례하게 한다면 걸인도 그 음식을 받지 않을 것이다.

맹자는 사람에게는 생존보다 더 중히 여기는 것이 있고 죽는 것보다 더 회피하는 것이 있다고 했다. 오랫동안 굶주려 당장 한 그릇의 밥과 국이 없으면 죽을 지경이라도 사람으로서의 존엄과 자존감을 해치게 되는 상황이라면 그것을 거절하는 것이 사람의 마음이다. 몇 년 전 세 모녀가 가난을 견디지 못해 동반 자살을 한 안타까운 일이 있었다. 국민소득이 3만 달러를 넘은 이 나라에서도 가끔 그런 가슴 아픈 소식이 들려온다. 우리가 개나 소와 같은 본성을 가지고 있다면 그런 극단적인 선택을 하지 않았을 것이다. 생존을 위해 남의 것을 빼앗거나 훔칠 것이다. 그리고 그런 행위에 대해 어떤 부끄러움도 느끼지 않을 것이다. 삶의 본능이 가장 먼저이기 때문에. 하지만 사람은 그렇지 않다. 바로 불인지심不忍之心, 곧 차마 어쩌지 못하는 마음이 있다. 아무리 내가 굶주리고 있다 해도 차마 남을 해칠 수 없고, 나와 남에게 부끄러운 행동을 할 수 없는 것이다.

맹자가 이야기하는 본성은 바로 이런 본성이다. 곧 동물과 대부분 공유하고 있는 본성에 덧붙여진, 사람만이 가지고 있는, 사람을 사람이게 하는 그런 본성이다.

고자와의 세 번째 논쟁
— 의義는 바깥에서 온 것이다.

고자 생존과 번식이 본성이다. 인仁은 사람의 내면에 있고, 의義는 사람의 외면에 있다.

맹자 어찌하여 인은 내면에 있고 의는 외면에 있다고 하는가?

고자 내가 나이 많은 사람을 어른으로 섬기는 것은 다른 사람들이 그를 어른이라고 하니까 섬기는 것이다. 그를 어른으로 섬기려는 마음이 내 안에서 나온 것이 아니라 다른 사람에게서 나온 것이니 이것은 마치 저들이 하얀색이라고 부르기에 나도 그것을 하얀색이라고 하는 것과 같다. 하얀색은 내 바깥에 있는 것이니 그러므로 내가 외면에 있다고 하는 것이다.

맹자 하얀 말을 하얀색이라고 하는 것은 하얀 피부를 가진 사람을 하얀색이라 하는 것과 다를 것이 없다. 그런데 나이 많은 말을 나이 많게 여기는 것과 나이 많은 사람을 어른으로 여기는 것도 차이가 없단 말인가? 또한 나이 많음長者이 의義인가 아니면 그를 어른으로 섬기는 것長之者이 의義인가?

고자 나의 아우이면 아끼고 진나라 사람의 아우이면 아끼지 않으니, 이는 나에게 기쁨의 기준이 있는 것이다. 그러므로 아끼는 마음인 인仁이 내면에 있다고 하는 것이다. 나이 많은 초나라 사람을 어른으로 여기며 또한 나의 어른도 어른으로 여기니 이는 나이 많음에 기쁨의 기준이 있는 것이다. 그러므로 의義는 외면에 있다고 하는 것이다.

맹자 진나라 사람도 불고기를 좋아하고 나도 불고기를 좋아하는데 좋아하는 물건이 내 바깥에 있으니 그럼 불고기를 좋아하는 것도 외면에 있는 것인가?

이 대화는 의의 기준이 사람의 바깥에 있는지 안에 있는지에 대한 논쟁이다. 이 논쟁에서 의의 예로 든 것은 윗사람에 대한 섬김長

이다. 우리가 윗사람을 섬기는 것은 외부의 규범 때문인가 아니면 우리 안에 있는 어떤 것 때문인가? 고자는 그 원인이 우리 바깥에 있다고 보고 맹자는 반대로 우리 안에 있다고 본다. 일단 이 논쟁의 요지부터 살펴보자.

고자는 누군가를 아끼고 좋아하는 것을 인仁이라고 보고 그것의 기준은 우리 안에 있지만 논쟁에서 예로 제시된 윗사람에 대한 섬김 같은 도덕규범으로서의 의義 기준은 외부에 있다고 주장한다. 먼저 고자에게 있어서 나이 많은 사람을 섬기는 이유는 그가 연장자이기 때문이고 또 나의 바깥에 연장자를 섬겨야 한다는 기준이 있기 때문이다. 이는 마치 하얀 말白馬이나 하얀 피부를 가진 사람白人의 하얀색을 같은 하얀색이라고 부르는 것과 같다. 내 바깥에 판단의 대상이 있고 또 그것이 하얀색인 것은 내 안에서 나온 것이 아니라 내 바깥의 사람들이 하얀색이라고 부르기 때문이다. 곧 고자에게 의義의 대상과 기준은 모두 내 바깥에 있다.

이에 대해 맹자는 하얀 말이나 하얀 피부의 하얀색을 같이 부르는 것은 문제가 안 되지만 나이 많은 말長馬을 대하는 태도와 나이 많은 사람長人을 대하는 태도는 같지 않다고 말한다. 나이 많은 말은 말로서의 쓸모가 다해서 젊은 말보다 더 소홀히 취급하지만 나이 많은 사람은 젊은 사람들이 섬긴다.

여기에 약간의 언어유희가 있다. 맹자는 고자가 하얀 말인 백마白馬와 하얀 피부의 사람인 백인白人의 하얀색白을 예로 든 것을 빗대어 나이 많은 말인 '장마長馬'와 나이 많은 사람인 '장인長人'을 대하는 태도長가 다름을 이야기한다. 여기서 한 단어에 여러 품사와 뜻을 품고 있는 한자어의 특징이 나타난다. 한자어 장長에는 길다, 크다, 나이가 많다, 오래되다 등의 형용사의 뜻도 있지만 우두머리, 어른, 맏이 등의 명사나 대명사의 뜻도 있고 윗사람이나 어른을 어른으로 섬긴다는 동사의 뜻도 있다. 여기서 맹자는 나이 많은 말인 장마長馬를 대하는 태도에도 장長이라는 동사를 쓰고 나이 많은 사람인 장인長人을 대하는 태도에도 같은 동사인 장長을 쓴다. 이는 백마白馬와 백인白人의 백白은 같지만 의義 중 하나인 장長의 경우에는 장마長馬를 대하는 장長과 장인長人을 대하는 장長은 같지 않음을 들어 의義의 기준이 우리 안에 있음을 주장하기 위함이다. 맹자는 뒤에 또 하나의 언어유희를 선보이는데 고자가 의義라고 하는 것은 나이 많음(장자, 長者)에 있는 것인지 아니면 나이 많은 사람을 섬김(장지자, 長之者)에 있는 것인지 되물으며 나이 많음長은 우리의 외부에 있지만, 섬김長은 우리 안에 있음을 간접적으로 주장한다.

　고자의 두 번째 논변은 이렇다. 인의 기준이 내 안에 있다는 것은 내가 내 가족을 타자의 가족보다 더 아끼는 것에서 알 수 있는데 그 이유는 내 안에 내 가족을 더 아끼는 마음이 있기 때문이다. 반대로 다른 집안의 연장자를 내 집안의 연장자나 마찬가지로 섬기는데 그 이유는 연장자를 섬기는 이유가 내 바깥의 기준인 연장자에 있기 때문이다. 곧 아끼는 마음인 인仁의 기준이 내 안에 있기에 대상에 따라 차별을 두게 되는 것이고 의義의 기준이 바깥에 있어서 대상에 따라 차별을 두지 않는다는 것이다.

누군가를 아끼는 마음은 대상에 따라 차이가 있는 것이 사실이다. 나의 부모를 대하는 마음과 다른 사람의 부모를 대하는 마음이 다르고 내가 아끼는 친구와 나와 관계없는 타자를 대하는 태도가 다르다. 하지만 의義는 나와 가깝거나 멀다고 해서 다르게 적용해서는 안 된다. 일상에서 우리는 이렇게 대상에 따라 차별하는 마음인 인仁과 모든 대상에 차별 없이 적용되어야 하는 의義가 충돌하는 경험을 많이 한다. 고자는 차별하는 마음이 드는 이유는 그 기준이 우리 안의 마음이기 때문이고 차별 없이 대하는 이유는 그 의의 대상과 기준이 우리 바깥에 있기 때문이라는 주장을 반복해서 하고 있다.

이런 고자의 주장에 대해 맹자는 진나라 사람이 불고기를 좋아하는 것이나 내가 불고기를 좋아하는 것에는 차이가 없는데 그럼 음식을 좋아하는 마음의 기준도 우리 바깥에 있는 것인가라고 되묻는다. 고자가 기준이 내면에 있다는 인仁의 예로 들은 한자어는 애愛이다. 어떤 대상을 아끼는 마음이 애愛이다. 이에 빗대어 맹자는 즐기고 좋아한다는 뜻의 기嗜라는 한자어를 사용한다. 고자가 기준이 외면에 있다고 하는 근거는 대상에 따라 차별이 없는 것이라고 하니 만일 나나 진나라 사람이 불고기를 좋아함이 차이가 없다면 즐기고 좋아함嗜의 기준도 역시 나의 바깥에 있어야 한다. 하지만 무언가를 좋아함은 내 마음에서 생기는 것이니 그것을 바깥에 있다고 할 수 없다. 맹자는 이런 모순을 지적하며 대상에 대한 차별이 없다는 것이 기준이 내 바깥에 있다는 근거가 될 수 없음을 보여준다.

그런데 맹자의 논변은 충분하지 않은 것 같다. 고자가 아낀다는 의미를 가진 애愛라는 말을 했기에 비슷하게 기嗜라는 말을 들어 반박을 했지만 고자가 애愛의 대상으로 삼은 것은 사람인 가족과 타인이고 맹자가 기嗜의 대상으로 삼은 것은 사람이 아닌 불고기이다. 지금 이 논쟁의 주제인 인의 대상도 사람이고 의의 대상도 사람이다. 그런데 사람이 아닌 불고기를 대상으로 하여 반박을 하는 것은 조금 궁색한 것 같다. 하지만 대상에 따라 또는 사람에 따라 차이가 없는 것을 의가 바깥에 있다는 근거로 삼은 것에 대한 모순을 지적한 것으로 이해하고 넘어가 보자.

그렇다면 이 논쟁의 의미는 무엇일까? 의의 기준이 안에 있는 것과 바깥에 있는 것이 왜 중요할까? 만일 의의 기준이 바깥에 있다면 그 기준은 시대와 상황에 따라 달라질 것이다. 누군가 몰래 남의 물건을 훔친다면 우리는 그것이 의롭지 않다고 여긴다. 지금 의롭지 않다고 여기는 이 행동이 다른 때에는 의로운 행동으로 여겨질 수도 있을까? 의의 기준이 바깥에 있다면 그럴 수 있다. 그런데 고대 희랍의 스파르타에서는 남의 물건을 몰래 훔치는 것을 권장했다고 한다. 물건을 훔치다가 걸리면 처벌을 받았는데 처벌의 이유는 물건을 훔쳤기 때문이 아니라 훔치는 기술이 부족해서 들켰기 때문이다. 스파르타에서는 모든 생산 활동을 노예들에게 맡기고 시민들은 전사 집단으로 훈련을 받다 보니 이런 규범이 생겼다. 이런 경우를 보면 의義의 기준이 시대와 상황에 따라 달라지는 것 같다. 그런데 그런 스파르타에서도 물건을 훔칠 때 타 부대의 것을 훔쳤지 자신이 속한 부대의 물건을 훔치지는 않는다. 이론적으로는 의義가 모든 대상에 동등하게 적용되어야 하지만 실제는 그렇지 않다. 인권人權은 이론적으로는 인간이라면 모두가 가지는 권리라고 하지만 외국인과 내국인에게 달리 적용한다. 전쟁의 시기에 적군의 시민과 아군의 시민에게 동등하게 의義를 적용하지 않는다. 누구에게나 보편적으로 적용되어야 할 것 같은 의義가 실제로 드러날 때는 모든 대상이 아니라 내가 가정하는 내집단에만 동등하게 적용된다. 방금 예를 들은 스파르타의 경우는 우리보다 의를 적용하는 내집단이 작을 뿐이었다. 타자의 물건을 훔치는 것을 권장하는 규범을 가진 스파르타의 시민들도 그들이 내집단으로 여기는 대상에게는 우리와 비슷한 의의 기준을 적용하였을 것이다. 만일 그렇다면 스파르타 사람들의 마음 안에도 우리의 마음 안에 있는 것과 같은 의義의 기준이 있었을 것이다.

의의 기준에 대한 고자의 주장과 맹자의 주장 중에서 어느 한쪽의 주장이 옳다고 손을 들어주기가 쉽지 않다. 스파르타의 예처럼 어떻게 보면 의의 기준이 시대와 상황에 따라 달라지는 것 같기도 하고 시대와 상황에 상관없이 보편적으로 적용되는 기준이 있는 것 같기도 하다. 어쩌면 이런 문제는 논증의 문제가 아니라 선택의 문제일지 모른다.

◆ 여기서 잠시 생각해 보고 다음으로 넘어가자
1 인의仁義와 같은 사람의 마음은 환경에 의해 만들어진 것인가? 타고난 것인가?

2 사람이 다른 동물과 다른 특징에는 어떤 것이 있는가?

3 사회적 윤리 규범은 시대와 상황에 따라 달라지는가? 예를 들어 보자.

4 만일 사회적 윤리 규범이 시대와 상황에 따라 달라진다면 규범에 어긋나는 행위에 책임을 묻는 근거는 무엇인가?

인간의 본성은 선해야 한다(?)

사람에게는 선하거나 악하거나 하는 본성이 없고 의의 기준은 바깥에 있다는 고자의 주장과 사람에게는 선한 본성이 있고 의의 기준도 그 본성에서 나온다는 맹자의 주장 중에서 어떤 주장이 맞는가라는 물음을 어떤 주장을 선택해야 하는가라는 물음으로 바꿔보기를 제안한다.

인도 신화에 세계가 네 마리의 거대한 코끼리 위에 얹혀있다는 이야기가 있다. 오랫동안 이 이야기를 인도 사람들은 믿어 왔을 것이다. 그런데 누군가 문득 이런 의문을 가지게 된다. 그럼 그 코끼리들은 무엇이 받치고 있을까? 신화에는 네 마리의 코끼리를 받치고 있는 거대한 거북이가 덧붙여진다. 그럼 거북이 아래에는 무엇이 있을까? 똬리를 튼 거대한 뱀이 이 모든 것을 떠받치고 있다. 한번 시작된 물음은 그치지 않는다. 거대한 뱀을 받치는 것은 무엇인가? 아쉽게 신화는 여기서 끝난다. 어쩌면 인간의 본성이나 인의의 기준 같은 근본적인 물음은 인도 신화의 코끼리나 거북이 같은 것인지도 모른다. 실제 세계를 떠받치고 있는 코끼리와 거북이를 직접 확인할 수는 없지만 거대한 세계가 있으려면 코끼리나 거북이와 같이 세계를 떠받치는 존재가 있어야만 한다. 옛 인도인들은 그런 존재를 하필이면 코끼리와 거북이로 상상했을 뿐이다.

마찬가지로 무수한 관계망에서 벌어지는 여러 가지 주장과 생각과 사건을 떠받치는 어떤 것이 있어야 한다. 왜 사람은 이런저런 선택을 하고 이러 저러하게 살아가는가? 왜 도덕이 탄생하고 규범이 만들어지며 사회가 형성되는가? 내 앞에 닥친 여러 문제를 나는 어떤 기준으로 판단하고 선택해야 하는가? 고자나 맹자를 비롯한 전국시대의 많은 사상가는 이런 물음의 토대가 되는 인간 본성에 대해서 고민하였고 그들은 나름대로 코끼리와 거북이를 상상하였다. 인도 신화의 코끼리와 거북이는 실제 세계의 기원으로 먼저 있어서 사람들이 그것을 발견한 것이 아니라 사람들의 필요 때문에 발명된 것이다. 인간의 본성에 대한 전국시대의 많은 주장도 마찬가지로 인간의 본성이 먼저 있어서 그것을 발견한 것이 아니고 '사후事後적으로' 구성한 것이다. 이런 사상을 처음으로 체계적으로 구성한 사람은 서양의 위대한 철학자 중 한 명인 칸트이다. 칸트의 철학은 어렵기로 소문난 철학이기에 이해가 쉽지는 않겠지만 맹자의 윤리를 이해하는 데 도움이 되기에 최대한 간단하고 쉽게 설명해 보겠다.

우리가 보통 가지고 있는 상식은 내가 세계를 인식할 때 인식의 대상이 '객관적으로' 먼저 있고 그것을 내가 '주관적으로' 인식한다는 것이다. 곧 대상이 먼저 있고 인식이 나중에 온다. 하지만 같은 대상에 대해 사람과 동물은 다르게 인식하고 개와 고양이도 다르게 인식한다. 곧 사람의 인식체계와 개나 고양이의 인식체계가 다르고 그렇기에 사람이 보는 세계와 개나 고양이가 보는 세계가 다르다. 칸트가 『순수이성비판』이라는 자신의 저서에서 주장하는 것은 사람이 보는 세계가 다른 동물의 세계와 다른 이유는 사람과 동물이 다른 인식체계를 가지고 있다는 점, 그리고 이 인식체계가 우리가 인식하는 세계를 '구성'했다는 점이다. 그러니 우리는 우리가 인식하기 이전의 세계는 알 수가 없다. 우리가 세계라고 부르는 것, 우리가 자연이라고 부르는 것은 우리와 무관한 '객관적인' 세계가 아니라 우리의 인식체계에 의해 '해석되고 구성된' 세계이다. 이렇게 세계를 해석하고 구성하는 우리의 인식체계는 세계를 시공간적으로 인식하고 양적으로 인식하며 인과적으로 파악한다. 우리가 인식하는 세계는 인과적인 법칙을 비롯한 자연법칙에 의해 굴러간다. 왜 세계는 우리가 인식하고 있는 자연법칙에 의해 운행되는가? 자연법칙이 먼저 있고 인류의 기술 문명이 발달하면서 그것을 나중에 발견하는 것인가? 칸트에 의하면 그렇지 않다. 자연법칙은 우리의 인식체계에 의해 구성된 것이다. 붕어빵은 왜 붕어 모양인가? 붕어 모양으로 생긴 틀로 만들어졌기 때문이다. 마찬가지로 세계는 왜 자연법칙에 의해 운행되는가? 자연법칙이라는 우리의 인식체계의 틀로 세계가 구성되었기 때문이다.

우리의 인식체계에는 인과의 법칙이라는 틀이 있다. 그 틀로 구성한 세계는 인과법칙의 사슬로 묶여있다. 어떤 결과에도 그것의 원인이 있고 또 그 결과는 다른 결과의 원인이 된다. 이런 생각을 점점 밀고 나가면 세계는 이미 필연적인 법칙으로 구성되어 있고 거기에는 자유와 도덕이 있을 틈이 없다. 만일 모든 것이 필연적이라면 불의를 행하는 것도 필연이고 의로운 행위를 하는 것도 필연이니 의로운 행동을 칭찬할 수도 불의한 행동을 비난할 수도 없다. 왜냐하면 의로운 행동과 불의한 행동 모두 나의 의지에 상관없이 필연적인 인과법칙에 의해서 행해진 것이기 때문이다. 하지만 우리는 인간이 자유롭다는 가정에 근거한 규범과 도덕을 가지고 있다. '자유'라는 이 근거는 어디서 나오는가? 어떻게 증명될 수 있는가? 여기서 칸트는 '요청'이라는 단어를 쓴다. 곧, 인간에게 자유가 있는지 없는지는 증명되는 것이 아니라 요청된다. 칸트가 이야기하는 요청에는 세 가지 기준이 있다. 1) 그것은 '인간에게 자유의지가 있다'와 같은 명제이어야 한다. 2) 또한 아무런 명제나 다 요청되는 것이 아니라 그 명제가 인간의 실천법칙과 긴밀히 연관되어 있어야 한다. 3) 그리고 그 명제는 증명될 수 없는 명제이다. 이를 다시 요약하면 인간의 실천법칙과 긴밀히 연관되어 있으면서도 증명될 수 없는 명제가 요청된다. 필연적인 법칙으로 세계의 모든 것이 결정된다는 명제와 인간에게는 자유의지가 있다는 두 가지 상반되는 명제는 어느 것이 옳은지 증명될 수는 없지만 인간의 실천에서는 아주 중요한 명제이다. 그렇기에 칸트는 실천법칙과 도덕법칙을 위해 자유를 '요청'한다. 자유 이외에 칸트는 신의 존재와 영혼의 불멸도 함께 '요청'한다. 그가 구성하려는 실천법칙의 세계에서 그가 요청하는 자유와 신, 그리고 영혼 불멸은 인도인이 우주를 이해하기 위해 구성한 코끼리와 거북이 같은 것이다.

칸트가 요청한 자유나 신이나 영혼 불멸은 증명된 실체가 아니고 실천에 있어서 규제적인 역할을 할 뿐이다. 이는 우리가 풍경화를 그릴 때 원근법을 사용하기 위해 캔버스 바깥에 가상으로 찍는 소실점消失點과 같은 역할을 한다. 소실점은 실제 존재하는 점인가? 그렇지 않다. 하지만 소실점이 있어야 우리는 그것을 기준으로 풍경을 그릴 수 있다. 소실점은 언제 필요한가? 그림을 그릴 때 필요하다. 그림을 그리지 않을 때 우리는 소실점을 '요청'하지 않는다. 칸트에게 신은 그림을 그릴 때의 소실점과 같이 실천을 할 때, 도덕적인 판단과 선택을 할 때 규제적인 역할을 할 뿐이다. 우리는 일상의 삶에서 항상 공간에 가상의 소실점을 상상하며 살지 않는다. 풍경화를 그리거나 건물을 짓거나 길을 닦기 위한 측량을 할 때 가상의 소실점을 찍는다. 칸트에게 신은 항상 '존재'하면서 우리의 삶의 모든 원인이 되는 실체가 아니다. 신의 존재를 증명하고 신을 모든 것의 원인으로 두는 태도는 마치 모든 일상적인 삶에서 공간에 소실점을 찍으며 사는 것과 마찬가지이다.

칸트는 세계를 구성하는 우리의 인식체계를 설명하며 세계는 어떻게 구성되어 있는지 설명하고, 실천적인 세계에서 필요한 자유와 신과 영혼 불멸을 요청하면서 세계가 어떻게 구성되는가를 설명한다. 맹자는 세계가 어떻게 구성되어 있는지는 별 관심이 없다. 하지만 칸트의 실천철학처럼 세계가 어떻게 구성되어야 하는가에 대해서 많은 관심을 가졌으며, 구체적으로 그리기까지 했다. 1부에서 살펴본 그의 정치사상이 구성되어야 하는 세계이다. 2부의 윤리 사상은 구성되어야 할 세계의 토대가 될 코끼리와 거북이에 관한 이야기이다. 칸트가 자유와 신과 영혼 불멸을 요청하였다면 맹자는 사람에게는 누구나 선한 본성이 있다는 성선性善을 '요청'하였다. 당신은 당신이 구성하고 싶은 세계를 위해서 무엇을 '요청'할 것인가?

만일 고자의 주장처럼 의義의 기준이 우리 바깥에 있게 되면 우리는 각자의 행동에 대해 최종적인 책임을 지울 수 없다. 이에 대한 대표적인 예가 2차 세계 대전 당시 독일 나치의 국가 관료였던 아이히만이다. 독일의 정치 철학자인 한나 아렌트는 '예루살렘의 아이히만'이라는 저서에서 '악의 평범성'이라는 말로 이를 표현했다. 아이히만은 2차 대전 당시 나치가 유대인들의 대량학살, 즉 홀로코스트를 자행하는 데 가담했다. 그는 국가 관료로서 홀로코스트와 관련된 여러 행정업무를 수행했다. '예루살렘의 아이히만'은 한나 아렌트가 아이히만의 재판과정을 보고 그의 진술에 충격을 받아 쓴 책이다. '악의 평범성'은 홀로코스트와 같은 끔찍한 반인륜적 범죄가 철저한 악인이나 광신자들에 의해 행해진 것이 아니라 아이히만 같은 평범한 보통 사람의 손으로 이루어졌다는 것을 보여준다. 아이히만은 재판과정에서 자신의 무죄를 주장하면서 자신은 법을 철저히 준수했을 뿐이라고 말했다. 그 법은 나치의 법이고 그 법이 유대인들을 학살하는 근거가 되었다. 아이히만 행동의 기준, 의義의 기준은 자기 바깥의 국가법이었다. 만일 그의 행동에 잘못이 있다면 그 책임은 아이히만 자신에게 있는 것이 아니라 바깥의 법에 있다. 우리에게도 비슷한 역사적인 경험이 있다. 일제강점기 동안 많은 조선인이 일제에 부역했다. 그런데 그들도 아이히만처럼 당시의 법에 충실했을 뿐이라고 변명할 수 있다. 일제강점기에는 독립 운동가들의 행동이 불법이고 그들을 체포하는 순사들의 행동이 합법이었다. 만일 고자의 주장처럼 의의 기준이 바깥에 있다면 우리는 어떤 근거로 아이히만이나 친일부역자들의 책임을 물을 수 있는가? 그것은 의의 기준이 우리 안에 있는 보편적인 인간의 마음에 있을 때 가능하다.

고자의 주장처럼 의의 기준이 바깥에 있는지 맹자의 주장처럼 안에 있는지는 증명할 수 없다. 다만 선택할 수 있을 뿐이다. 그 선택은 마치 제비뽑기를 하는 것처럼 아무래도 좋은 선택이 아니다. 그 선택은 내가 지금 함께 살아가고 있고 나의 후손들이 이어갈 이 공동체가 어떤 공동체가 되어야 하는지의 선택과 긴밀히 연관되어 있다. 타자의 아픔에 공감하고 타자가 겪는 부당함에 분노하고 자기 것을 타자에게 양보하는 사람들의 공동체를 선택한다면 맹자의 '성선性善'을 선택할 수밖에 없다. 경쟁에서 이긴 자가 모든 것을 독식하고 경쟁에서 밀린 자는 모든 고통을 온전히 감수하게 된다. 물론 이긴 자는 자신의 권리를 조금도 양보하지 않는다. 이 상황에서 밀린 자와 이긴 자 사이의 권리는 충돌할 수밖에 없다. 그 충돌을 해소하기 위해 법과 제도에 의존하는 그런 공동체를 선택한다면 아마 맹자의 주장과 다른 인간 본성을 선택해야 할 것이다.

이제 맹자가 성선의 토대 위에 설명하는 구체적인 윤리를 살펴보자.

♦ 여기서 잠시 생각해 보고 다음으로 넘어가자

1 내가 바라는 공동체는 어떤 공동체인가?

2 나의 행동과 선택의 토대가 되는 윤리에는 어떤 것이 있는가? 예를 들어, 사회적 경쟁에 뒤떨어진 자를 공동체는 보살펴야 하는가 아니면 놔둬야 하는가? 공동체의 발전과 유지에 이바지하지 못하는 공동체 구성원을 공동체는 돌봐야 하는가 버려야 하는가.

3 사람과 동물의 인식체계는 다르다. 그런데 사람들 간의 인식체계도 다른 것 같다. 예를 들어 일제강점기를 바라보는 한국인들의 인식체계와 일본인들의 인식체계는 다르고 그에 의해 구성된 결과물도 다르다. 이때 구성된 결과물 중에서 어떤 것이 '옳은' 결과물일까? 그 기준은 무엇인가?

4 우리는 어떤 근거로 일제에 복무했던 친일부역자들의 책임을 묻고 처벌할 수 있는가?

삼강三綱과 오륜伍倫
— 도덕道德과 윤리倫理

유학이라고 하면 삼강과 오륜을 떠올리는 사람이 있다. 흔히들 이것을 유학의 근본적인 윤리적 규범으로 여긴다. 그런데 삼강과 오륜은 엄연히 다르다. 삼강三綱은 도덕에 해당하고 오륜伍倫은 윤리에 해당한다. 아래에 삼강과 오륜에 대한 설명을 위한 간단한 비교를 표로 만들었다.

	삼강(三剛)	오륜(五倫)
누가	동중서(董仲舒)	맹자(孟子)
언제	전한 무제(前漢 武帝)	전국시대(戰國時代)
목록	군위신강(君爲臣綱) 부위자강(父爲子綱) 부위부강(夫爲婦綱)	군신유의(君臣有義) 부자유친(父子有親) 부부유별(夫婦有別) 장유유서(長幼有序) 붕우유신(朋友有信)
목적	통치이념	윤리형식

　삼강三剛은 전한의 7대 황제인 무제 때 사람인 유학자 동중서가 정리하였다. 진나라는 종횡가의 외교술과 법가의 시스템을 바탕으로 전국시대의 혼란을 종식하고 중국을 통일하였지만 얼마 못 가 멸망했다. 그 이후 항우와 유방이 천하의 패권을 다투다가 결국 유방이 항우를 물리치고 중국을 통일하고 한漢나라를 세웠다. 통일 이후 한나라 지배자들의 가장 큰 고민 중 하나는 진나라처럼 일찍 멸망하지 않고 왕조를 오래 유지하는 방법이었다. 한나라 초기에는 고대 전설적인 성군 중 하나인 황제黃帝의 사상과 도덕경道德經으로 알려진 노자老子의 사상을 결합한 황노사상黃老思想을 받아들여 통치하였다. 그러면서도 초기 한나라의 통치자들은 유학 사상에 관심을 가졌고 무제 때 유학은 통치이념으로 자리 잡는다. 이때 활약한 유학자가 동중서이고 그는 선진先秦유학을 재정비하여 통치이념의 이론 틀을 세웠다. 이때부터 유학은 중국의 지배적인 통치이념이 된다. 그런데 한나라 이후 중국에 적용되는 유학은 공자와 맹자의 선진유학이 아

니라 동중서에 의해 변주된 유학이다. 그 핵심적인 차이가 삼강과 오륜에 나타난다. 그 차이를 첫 번째 목록인 군위신강과 군신유의를 가지고 비교해 보자.

삼강의 세 목록에 공통되게 들어가는 강綱은 '벼리'라는 훈이 붙는다. 벼리는 그물의 맨 위쪽 코를 꿰는 굵은 줄을 가리키는 말로 어떤 것의 뼈대가 된다는 뜻이다. 군위신강을 풀이하면 임금이 신하의 벼리, 곧 뼈대가 된다는 말이다. 그럼 임금과 신하의 관계에서 누가 근본이고 더 중요한가? 당연히 임금이다. 다른 목록도 마찬가지이다. 아버지와 자식의 관계에서 아버지가 근본이 되고 부부관계에서는 남자가 근본이고 중심이다. 반면에 군신유의에는 무엇이 더 중요하고 덜 중요하다는 상하관계가 없다. 임금과 신하의 관계는 의義에 바탕을 두어야한다는 뜻이다. 만일 의롭지 않은 관계라면 임금이든 신하든 언제든 그 관계를 파기할 수 있다.

삼강에 의하면 신하는 임금의 명령에 복종하고 자식은 아비의 명령에 복종하며 여자는 남자에게 복종하는 '도덕'이 생긴다. 옳고 그름의 판단 기준이 내 안이 아니라 임금이나 아비나 남자에게 복종하는지, 아닌지에 있게 된다. 이런 것이 '사전事前적'이며 내 바깥에 있는 도덕법칙이다. 맹자의 오륜은 반대이다. 임금과 신하가 의에 바탕을 두어야 한다고 했을 때 무엇이 의인지는 사전에 알 수가 없다. 그 기준은 내 안에 있고 또 '사후事後적'이다. 관계의 바탕이 되는 의義, 친親, 서序, 별別, 신信은 모두 구체적 내용이 있는 도덕법칙이 아니라 아무 내용이 없는 윤리적인 형식들이다. 우리는 사전事前에 무엇이 의롭고 친밀하며 믿음이 있는 것인지 정의할 수 없다. 다만 사건이 일어나고 나서 판단과 선택과 행위를 한 후에 사후적으로 알수 있을 뿐이다. 맹자의 윤리가 형식이라는 것이 어떤 의미인지 다시 칸트를 소환해서 살펴보자.

형식으로서의 윤리

사람에게는 누구나 차마 어찌할 수 없는 마음이 있다는 말은 이렇다. 만일 어떤 사람이 어린아이가 기어서 우물에 빠지려는 모습을 본다면 마음에 깜짝 놀라고 두려운 마음이 일어나서 달려가 그 아이를 구할 것이다. 이것은 그가 아이의 부모와 교분을 맺기 위한 목적이 있는 것도 아니고 주변 사람들에게 칭찬을 받기 위한 목적도 아니고 아이를 구하지 않았을 때 주변 사람들이 욕을 할까 두렵기 때문도 아니다.

앞에서 인용했던 맹자가 측은지심惻隱之心을 설명하는 내용 일부를 다시 인용했다. 측은지심은 우리가 윤리적인 행위를 하게 되는 마음의 단서 중 하나이다. 이처럼 윤리적인 행위에는 다른 목적이 있을수 없다. 인의예지는 그 자체가 목적이지 어떤 것을 위한 수단이 아니다. 내용은 설명할 수 있다. 하지만 형식은 설명할 수 없다. 설명할 수 있다는 것은 우리의 인식의 틀로 해석할 수 있다는 것이다. 곧그것을 초래하는 원인이 있고 그것이 초래할 결과가 있기에 인과론의 틀을 가지고 있는 우리의 인식이 설명할 수 있다.

아리스토텔레스는 『형이상학』이라는 저서에서 안다는 것은 그것의 원인을 아는 것이라고 했다. 즉, 우리가 무언가를 설명한다는 것은 그것의 원인을 설명하는 것이다. 하지만 윤리적 행위의 근거가 되는 자유는 인과론으로 설명할 수 없다. 칸트가 형이상학적으로 설명하는 자유는 원인 없는 행동, 원인 없는 선택이다. 어떤 원인 때문에 선택하고 행동했다면 그 선택과 행동은 그 원인으로 일어난 것이니 자유라고 할 수 없을 것이다. 그러니 원인이 없는 자유는 설명할 수 없다. 그러니 자유가 우리를 어디로 이끌어 갈지는 아무도 알 수 없다. 그런 자유에 대해 칸트는 심연深淵이라 표현한다.

칸트는 이런 자유에 소실점과 같은 하나의 지향점을 설정한다. 그것이 유명한 칸트의 '정언定言명령'이다. 정언명령이라는 것은 어떤 때는 적용되고 어떤 때는 적용되지 않는 것이 아니다. 그리고 이것은 행복이나 건강 등 다른 어떤 것을 위한 수단이 아니라 그 자체가 절대적인 목적이다. 그런데 칸트가 유일하게 제시하는 정언명령은 어떤 내용도 담고 있지 않은 형식일 뿐이다. 그 명령은 다음과 같다. "너의 의지의 준칙이 항상 동시에 보편적 법칙 수립의 원리로서 타당할 수 있도록, 그렇게 행위 하라." 이 명령에는 어떤 행위를 하라는 내용이 없고 오직 형식만이 있을 뿐이다. 사람이 살아가는데 모종의 주관적인 준칙을 가지고 있고, 그와 같은 준칙을 타자가 가지고 있을 때 서로 간에 이해충돌이 일어난다면 그것은 보편적 법칙이 아니다. 예를 들어 누군가가 나에게 자신의 물건을 맡겼는데 그 사실을 아무도 모르는 상태에서 그 사람이 죽었을 경우 물건을 맡긴 사람의 상속인에게 그 물건을 돌려줄까, 아니면 아무도 모르니 내가 가질까를 갈등하는 상황을 생각해 보자. 어떤 선택을 하든지 각각의 선택에 대해 여러 원인과 이유를 댈 수 있을 것이다. 그런 원인과 이유는 내용일 뿐이다. 그런데 칸트는 이런 경우 내용이 아니라 형식에 주목한다. 만일 돌려주지 말아야 한다는 주관적인 준칙을 가지고 있다면, 만일 내가 물건을 맡는 당사자이면 그 준칙이 나에게 이익을 가져다주지만 내가 물건을 맡기는 경우라면 그 준칙을 받아들일 수 없다. 이런 준칙은 보편적인 법칙이 될 수 없다. 이렇듯 원인도 없고, 설명할 수도 없는 심연인 자유가 가져야 할 하나의 유일한 소실점이 바로 이 정언명령이다.

맹자가 이야기하는 사단, 인의예지, 오륜 등은 칸트의 '정언명령'과 '요청' 같은 역할을 한다. 어떻게 살아야 하는지, 어떻게 관계를 형성하며 살아야 하는지, 세상이 어떻게 되어야 하는지의 토대가 되는 사후事後적 구성물이면서 구체적으로 어떻게 행동하라는 내용이 포함되어 있지 않은 형식으로서 행동의 지향점을 제공해준다. 동중서는 이와 같은 윤리형식의 유학을 외적 기준이라는 내용으로 채워진 도덕법칙의 유학으로 바꾸었다.

이제 윤리형식인 오륜의 내용이 『맹자』에서 구체적으로 어떻게 드러나는지 몇 가지 사례로 살펴보자.

맹자의 혁명사상

제선왕이 맹자에게 물었다.

"탕왕湯王이 걸왕桀王을 쫓아내어 가두고 무왕武王이 주왕紂王을 정벌하였다고 하는데, 그런 일이 있었습니까?"

맹자가 대답했다.

"네 그렇습니다."

"신하가 그 군주를 시해하는 것이 괜찮습니까?"

"인을 해치는 것을 적賊이라 하고 의를 해치는 것을 잔殘이라고 하며 잔적殘賊하는 사람을 일개 사내一夫라고 합니다. 일개 사내를 주살했다는 이야기는 들었지만 군주를 시해했다는 이야기는 듣지 못했습니다."

걸왕은 하나라의 마지막 왕이고 주왕은 은나라의 마지막 왕으로 로마의 네로나 칼리굴라와 같은 고대 중국에서 폭군의 대명사로 일컬어진다. 탕왕은 걸왕을 내쫓아 유배를 보내고 은나라를 세웠고 무왕은 주왕을 죽이고 주나라를 세웠다. 탕왕은 걸왕의 신하였고 무왕은 주왕의 신하였다. 서양의 왕권신수설처럼 동양에도 왕이 되는 것은 천명天命에 의한 것이라는 사상이 있는데, 탕왕과 무왕이 신하로서 왕을 쫓아내거나 죽인 것이 천명을 어기는 행위가 아닌가 하는 것이 제선왕의 물음이다. 그런데 맹자는 탕왕과 무왕의 행위는 군주를 시해한 행위가 아니라 더는 군주의 자격이 없는 일개 사내를 징벌한 것뿐이라고 이야기한다. 인을 해치고 의를 해치는 행위는 천명인 인간의 본성을 해치는 것이기에 그런 자들을 징벌하는 것은 천명을 어기는 것이 아니라 반대로 천명을 따르는 것으로 본다.

　우리는 천명을 어떻게 알 수 있는가? 천명이 인간의 언어로 표현되는 것이 아니기에 어떤 것이 천명인지는 증명할 수 없다. 누군가 힘으로 왕의 자리를 빼앗고 나서 그것이 천명이라고 주장하면 천명이 아니라고 어떻게 증명할 수 있는가? 맹자의 덕德 사상에서 우리는 간접적으로 천명을 알 방법을 찾을 수 있다.

　덕德은 득(得, 얻음)과 통한다. 곧 덕으로서 민심民心을 얻을 수 있다. 영산대 교수인 배병삼은 덕을 진공청소기에 비유했다. 덕은 어떤 내용으로 채워지는 것이 아니라 진공청소기처럼 텅 비어있다는 것이다. 비어있는 진공청소기가 사물을 빨아들이듯이 마음을 텅 비운 덕은 타자의 마음을 얻는다. 민심民心은 곧 천심天心이라는 말이 있다. 맹자에게 민심은 천명天命을 보여주는 징표이다. 걸왕과 주왕은 폭정으로 민심을 잃으며 천명을 거역했고 탕왕과 무왕은 민심을 얻어 천명에 따라 천명을 거역한 두 왕을 징벌하였다.

　이것이 맹자의 혁명사상이다. 조선의 역성혁명易姓革命도 맹자 사상에 근거해서 일어났다. 조선의 개국공신인 정도전은 고려말 권신들의 눈 밖에 나서 귀양을 가게 되었는데 친구인 정몽주가 귀양길을 떠나는 그에게『맹자』를 선물한다. 개혁을 관념적으로 생각하던 그는 귀양지에서 백성들의 실제적인 삶과 고통을 함께 겪으면서 구체적인 현실을 알게 되었고,『맹자』를 탐독하면서 실천의 근거가 되는 사상을 서서히 구축해 나간다. 그에게 고려의 왕은 걸왕과 주왕처럼 인의를 해치는 일개 사내였고 이성계는 백성들의 마음을 얻어 천명을 받은 자였다. 그는 혁명을 이룬 후에도 맹자의 사상에 근거하여 나라 전체를 설계한다. 토지제도의 개혁, 왕권을 견제할 수 있는 의정부와 삼사의 설립, 왕이 항상 불인지심不忍之心에 바탕을 둔 불인지정不忍之政을 잃지 않도록 계속 학습을 할 수 있는 제도인 경연經筵의 제도화 등이 대표적이다. 비록 왕자의 난에 의해 그의 개혁은 중간에 멈추었지만 이후 조선은 정도전이 기초를 놓은 근본적인 제도를 그대로 유지하면서 더욱 꽃피워 나간다.

'군위신강'이라는 도덕으로는 혁명이 이루어질 수 없다. 왕이 성군이든 폭군이든 왕이 벼리이고 근본이기 때문에 왕을 쫓아내거나 죽이는 것은 도덕에 어긋난다. 하지만 '군신유의'에서는 가능하다. 군주와 신하는 의義라는 형식에 기초한 관계이기에 그 형식에 어긋난다면 관계를 회복하기 위해 역성혁명도 가능한 것이다. 맹자의 혁명사상을 볼 수 있는 또 하나의 구절을 살펴보자.

맹자가 말하였다.
"백성이 가장 귀하고 사직社稷이 그다음이고 군주는 가볍다. 그러므로 백성들의 마음을 얻는 자가 천자가 되고 천자의 마음을 얻는 자가 제후가 되고 제후의 마음을 얻는 자가 대부가 된다. 제후가 사직을 위태롭게 하면 갈아치운다. 희생제물을 잘 준비하고 제사에 쓰이는 곡식을 정결하게 마련하여 제사를 때에 맞춰 지내는데 가뭄이 들고 홍수가 나면 사직도 갈아치운다."

맹자의 사상을 '민본民本사상'이라고 부르는 사람들이 있다. 이 인용문은 백성을 가장 근본으로 둔다는 민본사상의 근거가 되는 구절이다. 시민이 선거로 대통령과 정치인을 뽑는 현대 사회에서는 아주 당연한 말이겠지만 왕과 귀족의 권력이 서슬 퍼렇게 살아있고 또 왕이 하늘 아래 가장 높은 존재라는 생각이 당연하게 여겨졌던 시대에 왕이 가장 낮고 백성이 가장 귀하다는 생각은 그 자체로 혁명적이다. 이는 맹자만의 생각이 아니다. 맹자의 성선을 비판하며 성악을 주장한 유학자인 순자도 비슷한 말을 했다. 군주를 배에, 백성을 물에 비유하며 물이 배를 띄울 수도 있지만 배를 전복시킬 수도 있다는 표현을 했다. 이 정도면 유학은 보수적인 사상이 아니라 급진적인 사상이 아닌가?

맹자의 혁명사상은 여기에 그치지 않는다. 그는 군주뿐만 아니라 사직도 갈아치울 수 있다고 한다. 조선의 사극을 보면 신하들이 왕에게 종묘사직을 보존해야 한다고 이야기하는 장면을 볼 수 있다. 조선의 궁궐인 경복궁을 등지고 왼편으로 조금 가면 종묘宗廟가 있고 오른편으로 조금 가면 사직社稷이 있다. 종묘는 선왕들의 위패를 모셔놓은 곳이고 사직은 땅 신과 곡식 신에게 제사를 지내는 곳이다. 종묘와 사직에 제사를 지내는 행위는 아주 중요한 정치행위이다. 현대 사회에서도 삼일절이나 광복절 등 중요한 국가행사에서 의례를 행한다. 그런 의례는 단순한 형식이 아니라 그 자체로 중요한 정치적인 메시지이고 나라가 안정되어 있다는 신호이다. 고대 사회에서는 현대 사회보다 의례가 가지는 정치적인 의미는 훨씬 크다. 제사와 의례가 정치의 모든 것이라고 해도 과언이 아니다. 그러니 여기서 맹자가 이야기하는 사직은 단순히 제사를 지내는 한 장소를 말하는 것이 아니라 나라의 시스템이라고 해석해도 무방하다. 그런 사직보다도 백성이 귀하기에 백성을 위해서라면 나라의 시스템도 갈아치울 수 있다는 말이다.

현대 사회에서 벌어지는 여러 이념논쟁을 보면 맹자의 이 주장이 얼마나 혁명적인지 알 수 있다. 어떤 이념이든지 그 목적은 이념 자체에 있는 것이 아니라 사람이 잘살 수 있도록 하는 체제나 사상을 주장하는 것이다. 그런데 사람은 사라지고 이념 자체가 목적이 되는 경우가 대부분이다. 맹자에게 혁명은 그 자체가 목적이 아니라 백성의 삶을 위한 수단일 뿐이다. 맹자의 혁명은 실제 왕을 갈아치우는 행위에 있기보다는 왕도 사직도 백성보다 위에 있지 않다는 생각 자체에 있다.

♦ **여기서 잠시 생각해 보고 다음으로 넘어가자**

1 도덕과 윤리는 어떤 차이가 있는가?

2 윤리에 있어서 내용과 형식은 어떤 관계인가?

3 나는 일상생활을 하면서 어떤 도덕적인, 윤리적인 규범을 가지고 있는가?

4 국가와 통치자와 국가제도와 국민 중에서 무엇이 가장 중요한가? 왜 그런가?

2부

이데아의 플라톤

1

플라톤과 『국가』

정치인에서 철학자로

플라톤의 제자인 아리스토텔레스는 사람의 삶을 생산적 삶인 포이에시스poiēsis, 정치적이고 실천적인 삶인 프락시스praxis, 관조적이고 철학적인 삶인 테오리아thēoria 이렇게 크게 세 가지로 분류하였다. 고대 아테네에서는 노예들이 생산적인 삶을 맡았고 시민들은 주로 정치적이고 실천적인 삶에 집중하였다. 당시 아테네 시민들에게는 두 가지 의무가 있었는데, 그중 하나는 공적이고 정치적인 의무이며 다른 하나는 사적이고 경제적인 의무이다. 첫 번째 의무인 정치를 뜻하는 '폴리틱스politics'라는 단어는 고대 희랍의 공동체를 부르는 명칭인 '폴리스polis'로부터 나왔다. 곧 공동체 구성원의 의무가 정치라는 말의 어원이다. 두 번째 의무는 우리가 경제經濟라고 번역하는 이코노미economy를 뜻하는데, 이 말은 고대 희랍어 '오이코노미아oikonomia'에서 나온 말이다. 이는 가정, 사적 소유, 친척 등을 뜻하는 '오이키아oikia'와 규범, 법칙 등을 뜻하는 '노모스nomos'가 결합한 말로서 개인의 사적인 영역에서 행해지는 일들을 말한다.

지금은 경제 분야가 공적인 영역에서 중요한 부분을 차지하지만 서양에서는 수천 년 동안 경제는 사적인 영역에 속했다. 사적인 영역인 경제가 공적인 영역으로 들어오게 된 것은 근대 부르주아계급의 출현과 맞물려 있다. 부르주아계급이 정치적 영역에서 발언권이 커지고 중요한 역할을 맡으면서 사적 영역인 시장과 경제, 공적 영역인 정치가 결합하게 된다. 경제에 있어서 국가라는 공적 장치가 어떤 역할을 해야 하는가를 체계적으로 그린 대표적인 사람이 『국부론』의 저자인 애덤 스미스다. 이제 근대를 거친 경제는 더는 '오이코노미아'로서의 경제가 아니라 '폴리틱스'와 결합한 '폴리티컬 이코노미political economy', 곧 정치경제이다.

이런 아테네의 분위기에서 나고 자란 플라톤은 또래 젊은이들과 마찬가지로 시민의 공적 의무를 다하기 위해 정치인을 꿈꾸며 자랐다. 이런 그의 인생을 바꾼 것은 소크라테스와의 만남이었고 결정적으로 정치인의 꿈을 버리고 철학자의 길로 들어서게 만든 것은 정치적으로 이루어진 소크라테스의 재판과 사형집행이다. 플라톤은 소크라테스와의 만남에서 철학, 곧 앎을 지향하는 삶의 태도를 배웠고 그의 죽음에서 정치가 중요한 것이 아니고 어떤 정치를 하느냐가 더 중요하다는 것을 깨닫게 되었다. 오랜 고민 후에 그는 정치와 철학이 만나야 한다는 결론에 도달했고 그 사상을 집대성한 작품이 이 글에서 중점적으로 살펴볼『국가』라는 저서이다. 그는 정치 이론만을 펼친 것이 아니라 그의 이론을 현실정치에 적용하려는 적극적인 시도를 하였다. 시라쿠사의 참주인 디오니시오스 2세에게 그의 정치적 이상을 실현할 수 있는 자질을 보고 두 번 그를 방문하여 지도하고 인도하려고 시도했으나 실패하고 결국 목숨을 위협받는 상황을 겪으며 탈출한다. 이런 시도와 실패 후에 그는 '아카데미아Academia'를 설립하여 저술 활동과 제자들을 양성하는 일에 주력한다. 아카데미아를 거친 많은 제자가 플라톤이 죽은 후에 여러 나라에서 그의 사상을 정치적으로 구현하기 위해 많은 활약을 했다고 하니 그의 시도가 반쯤은 성공했다고 볼 수 있겠다.

서양철학에 드리운 플라톤의 그늘

유럽 철학의 전통에 대한 가장 안전하고 일반적인 규정은 플라톤에 대한 일련의 각주로 구성되어 있다는 것이다.

The safest general characterization of the European philosophical tradition is that it consists of a series of footnotes to Plato.

이는 영국의 수학자이자 철학자인 화이트헤드가 그의 저서인『과정과 실재』에서 한 말이다. 플라톤의 철학은 제자인 아리스토텔레스를 비롯한 서양 사상사에 발자취를 남긴 핵심적인 철학자들의 비판 대상이 되었다. 특히 유럽의 많은 현대철학자는 자신을 반 플라톤주의자라 칭하며 플라톤이 구성한 철학 체계를 해체하여 재구성하려고 시도하고 있다. 1부에서 맹자와 고자의 논쟁을 소개하면서 비슷한 언급을 했는데 플라톤 이후의 철학자들이 항상 플라톤을 언급하는 이유는 그의 철학이 여전히 힘과 영향력을 가지고 있기 때문이다.

그의 영향력은 철학에만 국한되어 있지 않다. 플라톤은 서양의 정치, 교육, 문화, 예술 등 거의 모든 분야에 걸쳐 영향력을 미치고 있다. 이는 서양의 조건이자 한계이다. 플라톤을 긍정하며 그의 사상을 받아들이려는 자들은 자신들이 사는 세계의 현재를 이룬 조건과 토대를 이해하려는 것이고 그를 비판하며 극복하려는 자들은 그 한계를 뛰어넘고자 하는 것이다. 그러니 서양인들에게 플라톤은 현재를 이해하기 위해서, 또한 미래를 향해 나아가기 위해서 관통해야 하는 대상이다. 과거 백여 년에 걸쳐서 서양문물을 받아들여 이제 서양식 제도와 문화 속에서 사는 우리도 현재를 이해하며 미래로 가기 위해서는 서양인들과 마찬가지로 플라톤을 거쳐 나와야 한다.

『국가』에 대하여

『국가』는 플라톤의 대표적인 대화편으로 그가 서양에 영향을 미친 모든 분야의 기본적이고 핵심적인 사상이 들어있는 저서이다. 위작논란으로 정확하게 확정할 수는 없지만 지금까지 약 40여 편 정도의 플라톤의 대화편이 발견되었다. 대부분의 대화편은 한 권이 하나의 주제를 담고 있지만 『국가』는 하나의 주제이면서 총 10권의 대화편이 담겨있다. 그의 마지막 대화편인 12권으로 구성된 『법률』을 제외하고는 분량 면에서도 가장 많고 내용도 방대하다.

『국가』의 원제목은 '폴리테이아Politeia'이다. 이 대화편을 우리나라에서 최초로 희랍어 원전을 바탕으로 번역한 박종현 교수가 지적한 것처럼 폴리테이아를 국가로 번역하는 것에는 여러 문제가 있다. 폴리테이아는 고대 희랍의 공동체 형태인 폴리스polis에서 유래한 말로 폴리스의 구성형태, 곧 정치체제라는 의미이다. 이 말이 로마에서는 공화국이라는 의미인 '레스푸불리카respubulica'라는 라틴어로 번역이 되었고 후대에 영미권英美圈에서는 'the republic'이라는 제목으로 번역되었다. 이를 일본학자들이 국가라고 번역하였고 일본이라는 필터를 통해 서양을 알게 된 우리도 지금까지 이 번역어를 사용하고 있다.

그런데 국가라는 말은 고대부터 있던 개념이 아니다. 우리가 국가라고 번역하는 말의 원어는 근대에 탄생한 민족 국가라는 뜻의 '네이션nation'이다. '국가'라는 단어를 들었을 때 우리가 대략 상상하는 여러 가지 형태는 최근 수백 년에 걸쳐 유럽에서 만들어진 근대 민족 국가의 모습이다. 고대 희랍은 물론이고 근대 이전까지 동양은 물론이고 서양에서도 지금 우리가 생각하는 '국가'와는 다른 형태의 공동체를 구성하고 있었다. 고대 희랍에서는 그것이 폴리스polis였고 고대 로마에서는 공화정republica 또는 제국imperium이었고 근대 유럽에서는 국가nation였다. 그러니 근대 유럽의 공동체를 지칭하는 명칭인 '국가'를 고대 희랍에 적용하는 것은 그 자체로 오해와 왜곡을 불러일으킬 소지가 있다. 박종현 교수도 그런 문제점을 인지하여 번역본을 낼 때 '국가'가 아니라 원래의 의미인 정치체제를 줄인 말인 '정체政體'라는 제목으로 번역서를 출간하려 했으나 워낙 오랫동안 '국가'라는 이름으로 불려서 거의 대명사처럼 굳어졌기에 '국가·정체'라고 제목을 붙이는 것으로 타협했다고 고백한다. 이 책에서도 제목의 번역에 문제가 있다는 것만 지적해두고 관행대로 '국가'라고 표기한다.

폴리테이아라는 제목에 훗날 사람들은 '페리 디카이오우Politeia ē peri dikaiou'라는 부제를 붙였다. 희랍어 에ē는 영어의 or와 같은 의미이고 페리peri는 about, 디카이오우는 '국가'의 핵심주제인 디카이오쉬네dikaiosynē와 같은 어원으로 올바름이라는 의미이다. 그러므로 부제는 '정체 또는 올바름에 대하여'라고 번역할 수 있다. 부제에 의하면『국가』는 정치체제에 대한 고민과 올바름이란 무엇인가라는 고민이 함께 이루어지며 결국 올바른 정치체제와 올바른 삶을 찾아가는 내용이 담겨있음을 알 수 있다.

이 대화편의 핵심주제인 올바름dikaiosynē이라는 단어와 번역어에 대해서 잠시 짚어보자. 이 단어는 영어의 '져스티스justice'의 어원으로, 영미권에서 번역된 '국가'를 받아들인 일본인들은 이 단어를 '정의正義'라고 번역하였다. 서양인들에게 정의는 기본적으로 분배의 정의이다. 그리고 정의가 적용되는 범위는 인간 사회에 국한되어 있다. 이는 아리스토텔레스에서 유래한다. 그런데 플라톤이 이야기한 디카이오쉬네는 우리가 생각하는 정의正義보다 좀 더 폭넓은 개념이다. 그에게 디카이오쉬네는 각자가 각자의 본성에 따른 역할을 잘해서 전체가 조화를 이루는 것이다. 이는 정치체제에도 있고 개인의 삶에도 있고 또 자연에도 있다. 나무의 각 부분이 본성에 따라 잘 배치되어 그 역할을 할 때 나무는 올바르게 자란다. 우리는 이런 나무에 대해 올바르다는 표현은 쓸 수 있지만 정의롭다는 표현은 쓰지 않는다. 그러므로 '정의'라고 번역된 '디카이오쉬네'는 플라톤의 본래 의도보다는 협소한 의미로 해석될 가능성이 크다. 폴리테이아와 마찬가지로 디카이오쉬네에 대한 번역문제도 박종현 교수가 먼저 지적한 것임을 밝혀둔다. 이 책에도 그의 제안을 따라 올바름이라는 번역어를 사용한다.

1부에서는 『맹자』를 중심으로 해서 맹자의 사상을 정치사상과 윤리사상으로 크게 구분해서 소개했는데 2부에서는 『국가』를 중심으로 해서 플라톤의 사상을 소개할 예정이다. 그런데 『맹자』와 달리 『국가』는 정체와 올바름이라는 일관된 주제를 가지고 논리적인 순서대로 집필된 책이기에 1부처럼 정치사상과 윤리사상이라는 큰 주제로 묶어서 소개하는 것이 아니라 책의 순서를 따라가면서 중요한 부분을 선택하여 소개할 예정이다. 그럼 이제 플라톤이라는 바다로 안내하는 『국가』의 문을 두드려보자.

2

사태 속으로

어저께 나는 아리스톤의 아들 글라우콘과 함께 피레우스로 내려갔었
네. 그 여신께 축원도 할 겸, 이번에 처음으로 개최하는 축제 행사이기도
해서, 그걸 어떤 식으로 거행하는지도 볼 생각에서였네. 내가 생각하기
엔 실로 본바닥 사람들의 행렬도 훌륭한 것 같았지만, 트라케인들이 지
어 보인 행렬도 그것에 못지않게 근사해 보였네. 우리는 축원과 구경을
마치고 시내로 돌아오고 있었네. 한데, 집으로 서둘러서 돌아오고 있는
우리를 케팔로스의 아들 폴레마르코스가 멀리서 보고서는, 시동을 우리
한테로 뛰게 해서 저를 기다려 주게 시켰더군.

인용한 이 부분은 『국가』의 어디쯤 있을까? 정확히 어느 부분인
지는 짐작하기 어렵겠지만 이야기가 진행되는 중간 어디쯤이라고
추측할 것이다. 하지만 예상과 달리 이 부분은 『국가』의 도입부이
다. 그런데 마치 이 앞에 어떤 내용이 있고 앞선 내용을 놓친 다음에

이야기 중간부터 듣는 기분이 들게 한다. 『국가』뿐만 아니라 플라톤의 대화편은 대부분이 이런 식으로 시작된다. 필자는 이런 플라톤의 방식을 '사태 속으로'라 이름 붙인다.

소설이나 영화 등 대부분의 이야기는 우리에게 익숙한 기승전결의 방식으로 진행된다. 이야기의 서두에 전체 이야기를 이해할 수 있는 배경이나 인물의 소개 또는 내용을 짐작할 수 있는 실마리를 던져준다. 그다음에는 전체 이야기가 하고자 하는 주제를 설명하고 마지막에는 정리하거나 다음을 예고하며 마무리한다. 그런데 우리의 삶이 이런 이야기처럼 기승전결로 진행되었던 적이 있는가? 우리가 세상에 태어날 때 뭔가 예상하고 준비된 상태에서 태어나는가? 누군가는 전쟁의 포화 속에서 태어나기도 하고 누군가는 안락하고 부유한 환경에서 태어나기도 한다. 내가 태어나기 전부터 계속 진행되고 있었던 세계 속으로 우리는 갑자기 뛰어드는 것이다. 아무도 내가 태어나기 전에 어떤 일들이 있었는지 설명해 주지 않는다. 내가 뛰어든 사태 이후부터 이야기를 들으며 이전의 이야기를 구성해 나가야 한다. 이야기의 결론도 준비할 수 없다. 올 때는 순서가 있지만 갈 때는 순서가 없다는 우스갯말처럼 우리의 이야기는 언제 갑자기 끝날지 알 수가 없다. 자신의 이야기가 끝날 때를 알고 준비할 수 있는 행운은 극히 소수에게만 찾아온다.

플라톤이 '사태 속으로' 우리를 밀어 넣는 대화편의 방식은 우리에게 익숙한 이야기가 아니라 우리 삶과 유사하다. 우리에게 익숙한 기승전결이라는 이야기 구조는 실재 세계가 아니라 칸트의 표현을 빌리자면 우리의 인식 틀로 구성한 세계이다. 20세기 초반 독일의 극작가인 브레히트는 관객이 감정이입해서 배우의 연기에 몰입하게 되면 현실을 잊고 비판적인 정신이 없어진다고 하여 관객이 무대를 낯설게 바라볼 수 있는 거리를 두는 장치인 '소격효과alienation effect'를 그의 희곡에 적용하였다. 어쩌면 플라톤의 '사태 속으로'라는 장치는 소격 효과의 원조일지도 모르겠다. 플라톤의 대화편을 통해 우리는 익숙하게 바라보았던 세계를 낯설게 다시 보는 기회를 얻게 된다.

올바름
– 받은 것을 되돌려 주는 것(?)

케팔로스   바로 이 점과 관련해서 재물의 소유가 가장 값있다고 나로서는 보고 있습니다만, 그것도 모든 사람의 경우에 있어서 그런 것이 아니라, 도리를 아는 사람의 경우에 있어서나 그렇지요. 마지못하여 남을 속이거나 거짓말을 하지 않아도 되게 해 준다든가, 또는 신께 제물을 빚지거나 남한테 재물을 빚진 채로 저승으로 가 버리게 되지나 않을까 하고 두려워하는 일이 없도록 한다든가 하는, 이와 같은 점에서는 재산의 소유가 큰 기여를 하니까 말씀입니다.

소크라테스   아주 훌륭한 말씀이십니다, 케팔로스님! 하지만 바로 이것, 즉 올바름dikaiosynē을 정직함과 남한테서 받은 것은 되돌려

주는 것이라는 식으로 단순히 말할 것인지요, 아니면 이런 걸 행하는 것도 때로는 옳지만, 때로는 옳지 못하다고 말할 것인지요? 제 말씀은 이를테면 이런 겁니다. 가령 어떤 사람이 멀쩡했을 때의 친구한테서 무기를 받았다가(맡았다가), 나중에 그 친구가 미친 상태로 와서 그것을 돌려주기를 요구한다면, 그런 걸 돌려주어서도 안 되거니와, 그런 걸 되돌려 주는 사람이 그리고 더 나아가 그와 같은 상태에 있는 사람에게 진실을 죄다 말해 주려고 드는 사람이 올바른 것은 결코 아니라고 누구나 말할 것이라는 겁니다.

글라우콘과 함께 축제에 참여하기 위해 아테네의 외항(外港)인 피레우스를 찾은 소크라테스는 평소에 그를 흠모하던 노인인 케팔로스와 만나 그의 집으로 초대된다. 서로 건강과 안부를 묻다가 노년의 삶에 관한 이야기가 화제가 된다. 어느 정도 재산이 있는 것이 노년의 올바른 삶에 도움이 된다는 케팔로스의 이야기를 듣고 소크라테스는 케팔로스에게 재산이 있는 것이 왜 좋은가를 묻는다. 케팔로스는 재산이 있으면 남을 속이거나 거짓말하지 않아도 되고 신이나 다른 사람에게 재물을 빚진 채 세상을 떠나지 않을 수 있어서 좋다고 대답한다. 고대 아테네에는 두 가지 중요한 격언이 있다. 하나는 소크라테스의 말로 오해되고 있지만, 아폴론 신전에 쓰여져 있던 '너 자신을 알라'이고 또 하나는 '각자의 몫을 각자에게'이다. 1부에서도 잠깐 언급했듯이 여기서 '몫'은 운명을 뜻하기도 하는 모이라 moira라는 단어인데 당시 아테네인들에게 각자의 몫은 운명처럼 신에게 부여받은 것이다. 신에게 제물을 바치는 것도 그것이 원래 신의 몫이기에 돌려주는 것이고 나의 몫이 아닌 타자의 몫을 내가 잠시 맡아 두고 있을 때는 반드시 원래 주인에게 그 몫을 돌려줘야 한다. 재산이 어느 정도 있다면 신과 타자에 대한 이런 의무를 모두 마치고 죽을 수 있다.

소크라테스는 평생 '그것 자체'를 찾기 위해 캐묻고 다녔는데, 이 대화에서도 소크라테스는 '그것 자체', 곧 이 대화편의 주제인 올바름dikaiosynē 자체에 관해 묻는다. 신과 타인에게 몫을 돌려주는 것이 올바름 자체인지 아니면 때로는 올바름일 수 있고 때로는 올바름이 아닐 수도 있는지.

이 대화는 케팔로스의 아들인 폴레마르코스에게 '상속'되어 좀 더 진행되는데 폴레마르코스는 '각자에게 합당한 것을 갚는 것'이 올바름이라는 첫 번째 정의를 한다. 하지만 이 정의는 소크라테스의 캐물음으로 '아포리아aporia'에 빠지게 된다. 아포리아는 반대를 뜻하는 어근 'a-'에 방법, 길, 방책을 뜻하는 '포로스poros'가 결합한 말로 빠져나갈 길이 없는 진퇴양난에 빠진 상태를 뜻한다. 보통 소크라테스와 대화를 나누는 사람은 그동안 자신이 안다고 생각했던 문제에 대해 사실 모르고 있었다는 것을 깨닫게 되어 혼란에 빠지는데 아포리아는 그런 상태를 가리킨다. 그는 다시 빠져나갈 길을 찾다가 '좋은 친구는 잘되게 해 주되 실제로 나쁜 적은 해롭도록 해 주는 것'이 올바른 것이라고 다시 정의한다. 소크라테스는 두 번째 정의에 대해서도 올바름은 훌륭함의 일종인데 훌륭한 자가 남을 나쁜 사람으로 만들 수 없으니 남을 해롭게 하는 것은 올바르지 못한 자의 기능이라는 반론으로 아포리아에서 빠져나오지 못하게 만든다.

트라시마코스와의 논쟁

이 대화를 옆에서 지켜보던 소피스트인 트라시마코스는 소크라테스의 주장에 대해 답답해하며 논쟁에 끼어든다. 트라시마코스는 소크라테스에게 괜히 변죽만 두드리지 말고 직접 올바름이 무엇인지 아는 바를 말하라고 강요한다. 이에 소크라테스는 자신은 '알지도 못하고 안다고 주장하지도 않는다'고 말하며 트라시마코스는 스스로가 '알고 있으며 또 알고 있는 것을 말할 수도 있으니' 직접 올바름에 관해 이야기해 달라고 한다. 이 둘은 소피스트sophist와 철학자philosophos의 전형적인 모습을 하고 있다. 소피스트는 '지혜를 가진 자'라는 뜻으로 트라시마코스처럼 이미 어떤 것에 대한 앎을 가지고 있는 자라는 뜻이고 철학자라 번역된 '필로소포스'는 지혜를 사랑하는 자, 또는 지혜를 향해 가는 자라는 뜻이다. 소크라테스는 자신을 이미 알고 있는 소피스트가 아니라, 무지를 알기에 앎sophos을 향해 가는philia 철학자philosophos라 여긴다.

1) 올바름은 강한 자의 편익

소크라테스의 요구에 트라시마코스는 자신 있게 자신의 앎을 뽐낸다. 그에게 올바름은 '더 강한 자의 편익'이다. 왜냐하면 그가 보기에 법률을 제정할 때 각 정권은 자기의 편익을 목적으로 삼기 때문이다. 현대 사회에서 정권이나 정치인들이 전체 구성원의 편익을 위한 법률보다는 자신이 속하거나 속했던 집단의 편익을 위한 법률을 만드는 모습을 보면 트라시마코스의 주장이 마냥 틀렸다고 보기 어렵다. 소크라테스는 이 주장에 모순이 있음을 보여준다. 이 주장이 맞으면 피통치자들은 통치자의 편익을 위해 그들에게 복종하는 것이 올바르다. 그런데 통치자들도 가끔 실수한다. 통치자의 실수로 만들어진 법률이나 명령은 통치자의 편익에 해가 되기도 한다. 그럼 통치자의 편익을 해치는 법률이나 명령에 복종하는 것은 올바른가 올바르지 않은가? 만일 그 명령에 복종한다면 통치자의 편익을 해치게 되고 복종하지 않는다면 그 자체가 통치자의 명을 어기는 것이니 둘 다 통치자의 편익을 해친다.

이 반론에 대해 트라시마코스는 통치자는 통치자인 한 실수하지 않는다고 강변한다. 만일 의사가 실수한다면 그는 의사가 아니고 돌팔이인 것처럼 통치자가 실수한다면 그는 통치자로 불릴 수 없다. 트라시마코스가 이야기한 올바름의 기준이 되는 '강한 자', 곧 통치자는 자신의 편익에 해가 되는 실수를 하면 더는 통치자가 아니게 된다. 그러니 통치자는 실수하지 않고 자신을 위한 최선의 것을 제정할 수 있다는 것이 그의 주장이다.

소크라테스는 이제 통치자의 문제에서 편익의 문제로 넘어간다. 올바른 통치자는 의사가 의술을 가지고 있고 선장이 항해술을 가진 것처럼 통치술을 가진 자일 것이다. 의사가 가진 의술은 의사의 편익을 위한 것인가 환자의 편익을 위한 것인가? 선장이 가지고 있는 항해술은 선장 자신의 편익을 위한 것인가 함께 항해하고 있는 선원이나 화물을 맡긴 고객들의 편익을 위한 것인가? 당연히 환자 또는 선원이나 고객의 편익을 위한 기술들이다. 모든 기술은 그 기술을 가지고 있는 자의 편익을 위해서가 아니라 그 기술이 관여하는 대상의 편익을 위해서 있다. 의사가 환자보다 강한 자이고 선장이 선원보다 강한 자인데 의술과 항해술은 '강한 자'인 의사나 선장이 아니라 '약한 자'인 환자나 선원의 편익을 위한 기술이다. 어떤 전문적 지식도 더 강한 자의 편익을 생각하거나 지시하지 않고, 오히려 그 기술의 관리를 받는 자, 더 약한 자의 편익을 생각하며 지시한다. 그러니 통치술도 통치자가 아니라 통치를 받는 자의 편익을 위한 기술이다.

이제 트라시마코스의 '올바름이란 더 강한 자의 편익'이라는 주장은 강한 자라는 면에서, 편익이라는 면에서 모두 반박당한다. 트라시마코스는 여기에서 물러나지 않고 새로운 주장을 편다.

2) 올바르지 못한 것이 올바른 것보다 좋다.

"올바름 및 올바른 것이란 실은 '남에게 좋은 것', 즉 더 강한 자 및 통치자의 편익이되, 복종하며 섬기는 자의 경우에는 '자신에게 해가 되는 것'인 반면에, '올바르지 못함'은 그 반대의 것이어서, 참으로 순진하고 올바른 사람들을 조종하거니와, 다스림을 받는 사람들은 저 강한 자에게 편익이 되는 것을 행하여, 그를 섬기며 그를 행복하게 만들지, 결코 자신들을 행복하게 만들지는 못합니다."

"올바르기보디는 올바르지 못함이 개인적으로는 자신에게 일마나 더 이로운지……."

"가장 완벽한 상태의 올바르지 못함은……. 올바르지 못한 짓을 한 자를 가장 행복하도록 만들지만, 반면에 그걸 당한 자들이나 올바르지 못한 짓이라곤 아예 하려고 하지 않는 자들을 가장 비참하게끔 만드는 그런 것, 참주 정치입니다."

"올바르지 못한 짓이 큰 규모로 저질러질 때는, 그것은 올바름보다도 더 강하고 자유로우며 전횡적입니다……. (그러니) 올바른 것은 더 강한 자의 편익이지만, 올바르지 못한 것은 자신을 위한 이득이며 편익입니다."

이제 트라시마코스는 앞서 반박된 올바름이 강한 자의 편익이라는 주장을 거둬들이고 올바르지 못한 것이 올바른 것보다 더 좋다는 주장을 편다. 그는 자신의 주장을 뒷받침할 몇 가지 실례를 이야기한다. 상호 간의 계약 관계에서 남을 속이는 자가 더 큰 이익을 얻고, 세금을 낼 때 들키지만 않으면 세금을 탈루하는 것이 유리하며, 관직을 맡았을 때 그 의무를 다하기보다는 그 자리를 사익을 위해서 이용하는 것은 올바르지 못하지만 자신에게는 이득이 된다. 이런 주장을 듣다 보면 우리는 분열된 존재임을 느끼게 된다. 이해관계가 없는 상황에서는 트라시마코스의 올바르지 못함을 옹호하는 주장에 대해 동의하지 않겠지만 이해관계가 걸린 문제에서는 트라시마코스와 같은 선택을 한다.

얼마 전 대한민국의 부자들이 모여 사는 아파트를 배경으로 우리나라의 사교육 문제를 보여주는 드라마가 화제가 된 적이 있었다. 그 드라마가 방영되는 동안, 그리고 방영이 끝나고 나서도 언론에서는 우리나라의 사교육 문제를 비판하고 문제의 진단에 관한 많은 기사를 내보냈다. 많은 사람이 그 드라마를 보면서 우리나라의 사교육에 문제가 많다는 것에 공감하고 부모가 아이들을 대상으로 자신의 욕망을 분출하는 것을 비판했다. 그런데 이후에 사교육 시장이 줄어들거나 교육 정책이 바뀌는 등의 교육환경에 의미 있는 변화가 있다는 소식은 듣지 못했다. 대다수의 부모는 객관적인 입장에서는 사교육의 문제점을 지적하면서 교육환경이 바뀌어야 한다고 주장하지만 막상 자기 자식의 문제에서는 쉽게 달라지지 않는다.

트라시마코스의 주장은 그렇게 분열된 우리가 만들어낸 주장이다. 자신의 이익을 위해 올바르지 못한 행동을 하는 타자는 비난하지만 내 이익을 위해서 나도 올바르지 못한 선택과 행동을 한다. 이때 우리가 두려워하는 것은 그 행위가 타자에게 알려져 처벌을 받는 것이다. 그렇기에 트라시마코스는 가장 완벽한 상태의 올바르지 못함이 참주 정치라고 말한다. 참주는 고대 중국의 걸왕, 주왕 같은 폭군이다. 참주가 어떤 올바르지 못한 짓을 해도 그것을 처벌할 사람은 없다. 그러니 자신에게 이익이 된다면 올바르지 못한 짓을 마음대로 할 수 있다. 반면에 참주의 지배를 받는 힘없는 백성들은 강한 자에게 복종하면서 자신에게 해가 되고 참주에게 이익이 되는 '올바른 행위'를 할 수밖에 없다. 힘 있는 권력자들은 마음대로 법을 어기더라도 처벌받지 않고 힘없는 서민들은 꼭 법을 지켜야 하는 요즘의 상황과 비슷하지 않은가?

이후 두 사람은 몇 번에 걸쳐 올바른 것과 올바르지 못한 것에 관련된 논쟁 — 올바르지 못한 사람의 삶과 올바른 사람의 삶 중에서 어떤 삶이 더 좋은지, 올바름과 올바르지 못함 중에서 어떤 것이 더 강한지, 올바른 자와 올바르지 못한 자 중에 어떤 자가 더 훌륭하고 행복한지 등등 — 을 이어간다. 이 모든 논쟁을 다 소개하지는 않고 소크라테스의 주장 중에서 우리가 한번 되새겨볼 만한 두 가지만 소개하고 트라시마코스와의 논쟁은 넘어가도록 하겠다.

하나, 기술의 목적은 보수를 얻기 위함이 아니다.

감기에 걸려 병원에 간다고 가정해보자. A병원에 갔더니 주사를 주고 항생제까지 들어간 3일 치의 약을 처방한 후에 3일 뒤에 꼭 다시 내원하라고 한다. B병원에 갔더니 감기증상이 있는데 폐렴과 같은 위험한 다른 증상이 없으니 따뜻한 물을 많이 마시고 휴식을 많이 취하라고 이야기하며 며칠 동안 기다려보고 다른 증상이 생기면 다시 오고 그렇지 않으면 다시 올 필요가 없다고 돌려보낸다. 두 의사 중에서 환자인 나에게 이익이 되는 의사는 어느 병원의 의사일까? 아마 대부분 B병원의 의사라고 답할 것이다. 그런데 어느 병원의 의사가 더 많은 이익을 얻을까? 당연히 A병원일 것이다. 이 예에 트라시마코스의 주장을 적용하면 이렇다. A병원이 올바르지 않고 B병원이 올바르지만 올바르지 못한 A병원은 자신에게 이익이 되는 행위를 했고 B병원은 남에게 이익이 되는 행위를 한 것이다. 그러니 우리가 의사라면 다른 불이익을 받지 않는 한 A병원과 같이 행동해야 한다.

이런 주장에 대해 소크라테스는 이렇게 말한다. 그는 이익을 얻는 기술을 '보수 획득술'이라 이름 붙였다. 이 기술은 모든 기술에 덧붙여진 기술이 아니라 마치 의술과 항해술이 서로 다른 기술인 것처럼 다른 기술일 뿐이다. 의술이 뛰어나다고 항해술이 뛰어날 수 없고 항해술이 뛰어나다고 의술이 뛰어날 수 없는 것처럼 의술이 뛰어난 의사도 보수 획득술은 뛰어나지 않을 수 있고 반대로 의술은 뛰어나지 않으나 보수 획득술이 뛰어나 많은 이익을 내는 의사가 있을 수 있다. 트라시마코스는 이 두 가지 기술을 하나로 보고 소크라테스는 나누어서 본다.

소크라테스가 보기에 어떤 기술이나 다스림도 자기에게 이익이 되는 것을 제공하는 것이 아니라, 그 기술이나 다스림의 대상이 되는 쪽에 이익이 되는 것을 제공해야 하며 그런 방향으로 통치하고, 더 약한 자의 편익을 생각해야 한다. 여러분은 어떤가? 만일 어떤 직업을 선택할 때 그 직업 자체가 아니라 연봉이나 사회적 지위 또는 안정성 등의 다른 보수 때문에 선택한다면 트라시마코스의 입장을 선택한 것이다. 직업 자체가 가지고 있는 목적, 예를 들어 선생님이 된다면 학생들의 편익을 목적으로 하고 소방관이 된다면 위기에 빠진 시민들의 편익을 목적으로 하고 의사가 된다면 환자들의 편익을 목적으로 하면서 보수는 직업 자체와는 무관하다고 생각한다면 소크라테스의 입장을 선택한 것이다.

둘, 올바르지 못한 집단도 내집단 안에서는 올바르다.

> 도척의 부하들이 도척에게 물었다.
> "도둑질에도 도道가 있습니까?"
> 도척이 대답했다.
> "어디엔들 도가 없겠느냐? 무릇 남의 집안에 무엇이 숨겨져 있는지 알아맞히는 것이 성聖이다. 도둑질할 때 남보다 앞장서 들어가는 것이 용勇이요 나올 때는 남보다 나중에 나오는 것이 의義이다. 도둑질해야 할지 아니면 그만둬야 할지 가부를 판단해 아는 것이 지知이며 도둑질한 물건을 고루 나누어 갖는 것이 인仁이다. 이 다섯 가지를 갖추지 못하고서 큰 도둑이 된 자는 천하에 없었느니라."

이 글은 장자 외편의 거협胠篋편에 등장한다. 도척盜跖은 춘추전국시대 도적무리의 두목으로 우리나라의 임꺽정처럼 '대도大盜'의 대명사처럼 불리는 자이다. 도척이 도둑질의 도道라고 이야기하는 성聖, 용勇, 의義, 지知, 인仁은 유가에서 중요하게 여기는 품성들이다. 장자의 이 우화는 유가儒家를 비판하고 풍자하는 여러 우화 중에 한 편이다. 유가에 대한 풍자는 잠시 미루고 우리는 이 우화에서 지금 트라시마코스와 소크라테스의 논쟁과 관련된 부분을 읽어내려 한다.

　트라시마코스는 올바른 개인과 올바르지 못한 개인과 마찬가지로 올바른 집단과 올바르지 못한 집단 중에서 올바르지 못한 집단이 더 강하다고 말한다. 그렇기에 올바르지 못함이 올바름보다 강하다는 것이 그의 주장이다. 이에 반해 소크라테스는 올바르지 못한 일을 도모하는 집단이 서로 간에 올바르지 못한 짓을 저지른다면 하고자 하는 올바르지 못한 일 자체도 수행할 수 없다고 말한다. 이런 소크라테스의 주장을 지금 인용한 도척의 말에서 읽을 수 있다. 도둑질은 올바르지 못한 것이다. 성聖, 용勇, 의義, 지知, 인仁은 올바른 것이다. 도척은 올바르지 못한 행위인 도둑질을 함께하는 무리끼리는 서로 올바르게 대해야 한다고 말한다. 그래야만 올바르지 못한 일을 더 잘하여 큰 도둑이 될 수 있다. 트라시마코스는 바깥 집단의 올바르지 못함만을 봤을 뿐 내집단 안에서의 올바름은 보지 못했다.

3) 아직 발견하지 못한 올바름 자체

　처음에 우리가 검토하던 것을, 즉 '올바른 것이 도대체 무엇인지'를 알아내기도 전에, 그건 내버려 둔 채로, 그것이 '나쁨'이며 무지인가, 아니면 지혜이며 '훌륭함'인가 하는 데 대한 검토에 착수했고, 그러다가 나중에는 다시 '올바르지 못함'이 '올바름'보다도 더 이득이 된다는 주장에 부딪히게 되니까, 나는 앞의 문제에서 이 문제로 다시 옮겨가지 않도록 자제하지도 못했소. 그래서 지금의 나로서는 그동안의 대화를 통해서 아무것도 알게 된 것이 없는 꼴이 되었소. 올바른 것이 무엇인지를 내가 알지 못하고서는, 그것이 일종의 '훌륭함'인지 아닌지를, 그리고 그것을 지닌 이가 불행한지 아니면 행복한지도 내가 알게 될 가망은 거의 없을 것이기 때문이오.

트라시마코스와 소크라테스의 논쟁은 소크라테스의 완승으로 끝난다. 트라시마코스는 변칙복서처럼 이리저리 주장을 바꾸면서 소크라테스를 공격했으나 성공하지 못하고 마지못해 패배를 인정한다. 하지만 논쟁에서 승리한 소크라테스는 이 결과에 만족하지 못한다. 왜냐하면 대화의 원래 목적은 올바름이 도대체 무엇인가를 알고자 하는 것이었는데 대화의 결과는 올바름이 올바르지 못함보다 더 좋고 강하고 훌륭하다는 것이다. 이런 것은 올바름 자체가 아니라 올바름의 현상일 뿐이다. 소크라테스에게는 어떤 것의 현상이 아니라 '그것 자체'를 찾는 것이 중요하다. '그것 자체'가 어떠한지를 알기 위해서는 먼저 '그것 자체'가 무엇인지를 알아야 하기 때문이다. 그러니 '올바름 자체'가 무엇인지 모르는 상태에서 올바름이 훌륭하다고 주장하는 것은 그가 그동안 보여줬던 행적과 모순이 있다. 그러니 만족하지 못할 수밖에.

플라톤의 다른 초기 대화편은 대체로 이 정도에서 대화가 마무리된다. 어떤 것을 안다고 하는 사람이 소크라테스와의 대화를 통해 자신이 그것을 알지 못한다는 것을 깨닫고 아포리아에 빠지게 된다. 그리고 소크라테스는 대화상대를 자신과 마찬가지로 '그것 자체'를 모르는 상태로 만들고 나서 다음 기회에 '그것 자체'를 알아가기 위한 대화를 나누자고 하며 마무리된다. 그런데 『국가』에서는 '올바름 자체'를 찾기 위한 여정을 계속해 나간다. 플라톤을 연구하는 학자들은 플라톤의 모든 대화편에는 소크라테스와 플라톤이 함께 녹아있다고 말한다. 초기 대화편에는 소크라테스의 모습이 상대적으로 더 많이 보이고 중기 이후에는 플라톤의 모습이 더 많이 보인다고 평한다. 중기대화편에 속하는 『국가』에서는 소크라테스가 평생 걸어왔던 '그것 자체'를 찾기 위한 여정을 플라톤이 이어받아 자기 나름대로 그 해답을 제시한다. 우리도 함께 플라톤의 여정을 따라가 보자.

◆ 여기서 잠시 생각해 보고 다음으로 넘어가자

1 나는 태어나면서 어떤 '사태 속으로' 던져졌는가? 나의 삶의 조건에 대해 숙고해보자.

2 내가 안다고 생각했던 것을 모르고 있다는 것을 깨닫는 '아포리아'의 경험을 해본 적이 있는가?

3 올바름은 강자의 편익을 위한 것인가 약자의 편익을 위한 것인가? 논증과 사례로 생각해 보자

4 만일 올바름이 약자의 편익을 위한 것이라면 왜 많은 사람은 올바른 선택을 하지 않을까? 사람들이 올바른 선택을 하지 못하게 하는 원인은 무엇인가?

5 올바른 선택이 나의 이익을 해칠 때 나는 어떤 선택을 할 것인가? 그런 갈등을 겪은 경험이 있는가.

3

플라톤의 이상 정치

올바른 삶의 탐구를 위한 올바른 정체_{politeia}의 탐구

올바름은 한 사람의 것도 있지만, 나라_{polis} 전체의 것도 있다고 아마도 우리는 말할 것 같은데……? 그러니까 어쩌면 올바름은 한결 큰 것에 있어서 더 큰 규모로 있을 것이며, 또 알아내기도 더 쉬울 걸세. 자네들이 원하기만 한다면, 먼저 나라들에 있어서 올바름이 어떤 것인지를 탐구하도록 하세나. 그런 다음에 한결 작은 형태의 것에 있어서 한결 큰 것과의 유사성을 검토해보면서, 역시 각 개인에서의 올바름을 마찬가지로 검토해 보도록 하세나.

이 대화는 올바른 삶이 어떤 것인지를 찾기 위해 시작되었다. 그런데 개개인의 올바른 삶에 관한 대화가 나라의 정체에까지 확대된 이유는 이 인용문에 나온다. 시력이 나쁜 사람이 작은 글씨를 잘 읽지 못할 때는 같은 글자를 크게 쓴 것을 먼저 읽는다면 작은 글씨를 유추하기가 쉬울 것이다. 소크라테스는 이 예를 들어 개개인의 삶에서 올바름을 찾는 것을 작은 글씨에 비유하고 나라의 올바름을 큰 글씨에 비유해서 먼저 나라의 올바름을 탐구하고 그것으로부터 개개인의 올바름을 찾아 나가길 제안한다. 나라의 올바름을 찾기 위한 출발로 그는 나라의 설립에 대한 사고실험을 시작한다.

> "나라가 생기는 것은 우리 각자가 자족하지 못하고 여러 가지 것이 필요하게 되기 때문일세……. 즉 한 사람이 한 가지 필요 때문에 다른 사람을 맞아들이고, 또 다른 필요 때문에 또 다른 사람을 맞아들이는 식으로 하는데, 사람들에겐 많은 것이 필요하니까, 많은 사람이 동반자나 협력자들로서 한 거주지에 모이게 되었고, 이 '생활공동체'에다 우리가 '나라polis'라는 이름을 붙여 주었네."
> "우리 각자는 서로가 그다지 닮지를 않았고, 각기 성향에 있어서 서로가 다르게 태어나서, 저마다 다른 일을 하는 데 적합하다네……. 각각의 것이 더 많이, 더 훌륭하게, 그리고 더 쉽게 이루어지는 것은 한 사람이 한 가지 일을 '성향에 따라' 적기에 하되, 다른 일들에 대해서는 한가로이 대할 때에 있어서이네."

1부에서 잠시 다뤘던 홉스도 국가의 기원에 관한 사고실험을 하였다. 그의 주장에 따르면 국가의 기원은 국가가 없는 자연 상태에서는 개인의 생존과 안녕을 보장할 수 없기에 국가의 구성원들이 자연권을 국가에 양도하고 대신 생존과 평화를 선택하는 데서 비롯

되었다. 반면에 소크라테스는 나라의 기원이 필요에 의한 것이라 말한다. 나 혼자서는 의식주에 필요한 모든 것을 생산할 수가 없으니 다른 사람의 도움이 필요하다. 그리고 사람마다 각기 성향이 달라서 할 수 있는 일들이 다르다. 이런 조건에서 분업이 이루어진다. 어떤 사람은 농사를 짓고 어떤 사람은 농사짓는 도구를 만든다. 어떤 사람은 집을 짓고 어떤 사람은 옷을 만든다. 그런데 한 나라에서도 그 구성원들이 필요로 하는 모든 것을 충족시킬 수 없다. 그래서 다른 나라와 교환하기 위해 더 많은 생산이 필요하고 또 교환을 전문적으로 하는 무역상도 필요하다. 이는 고대 희랍의 특징 때문인데 고대 중국과 달리 고대 희랍의 생활공동체, 곧 폴리스는 작은 지역에 적은 인구로 구성되어 있다. 가장 강력한 폴리스 중 하나였던 아테네 전성기 인구가 노예와 외국인 거주자까지 합쳐서 약 30여만 명 정도였다고 하니 그 규모를 짐작해 볼 수 있다. 또 어떤 폴리스는 해안가에 있고 어떤 폴리스는 산악지역에 있으니 서로 풍부하거나 부족한 물산이 있을 것이다. 이웃끼리 풍부한 것을 주고 부족한 것을 받는 교환이 일어나는 것은 당연한 이치이다. 이렇게 나라의 규모는 점점 커지고 분업도 점점 세분화할 것이다.

이렇게 처음부터 필요 때문에 만들어졌고 또 필요한 만큼 성장한 나라를 소크라테스는 '참된 나라, 건강한 나라'라고 불렀다. 그런데 이런 건강한 나라가 '호사스러운 나라, 병든 나라'로 바뀐다. 그 이유는 사치 때문이다.

기자箕子는 주왕紂王의 친척이다. 주왕이 처음에 상아로 만든 젓가락을 사용하기 시작하자, 기자가 한탄하며 말했다. "그 사람이 상아 젓가락을 사용하면 반드시 옥으로 된 잔을 쓸 것이고, 옥잔을 쓰면 반드시 먼 곳의 진귀하고 기이한 물건들을 그에게 몰고 올 궁리를 할 것이다. 수레와 말, 궁실의 사치가 이것으로부터 점점 시작될 것이니 [나라는] 흥성할 수 없을 것이다.

이 말은 『사기』의 송미자세가 宋微子世家에 나온다. 이 이야기를 현대를 배경으로 각색해보자. 누군가 명품 가방을 나에게 선물했다. 평소에는 간단하고 편한 옷을 입고 다녔는데 비싼 가방을 들고 다니려니 평소에 입던 옷이 어울리지 않는다. 그러니 그 가방에 어울리는 옷을 사야 한다. 그런데 옷만 문제가 아니다. 그 가방과 옷에 어울리는 신발도 사야 한다. 그런 옷과 신발과 가방으로는 대중교통을 탈 수 없으니 그에 어울리는 자동차가 필요하다. 이렇듯 사치는 끝이 없다.

예로부터 동과 서를 불문하고 사치를 경고해왔다. 소크라테스가 볼 때 참되고 건강한 나라에서 호사스럽고 병든 나라로 바뀌는 이유는 사치 때문이다. 필요를 충족시키는 데에는 한계가 있다. 하지만 사치에는 한계가 없다.

복권에 당첨되어 거금을 가지게 된 후에 행복해지기보다는 도리어 분란이 일어나 더욱 불행해진 사례를 가끔 접하게 된다. 이런 가족의 경우 복권에 당첨되기 전에는 아마 각자의 필요를 충족시키며 살았을 것이다. 그런데 복권에 당첨되고 나니 전에는 눈에 들어오지 않던 사치에 대한 욕구가 생겼으리라. 사람이 필요보다 훨씬 많은 재물을 가지게 되면 필요 이상의 것을 쓰기 마련이다. 처음 상아 젓가락을 사용한 주왕이 온 궁실을 사치품으로 가득 채울 때까지 멈출 수가 없었듯이 사치에는 그 한계가 없기에 아무리 많은 재물도 그것을 만족시킬 수 없다. 그러니 필요 이상의 재물을 더 가지기 위한 분란이 생기게 된다.

소크라테스가 볼 때 나라도 마찬가지이다. 필요에 의한 건강한 나라였을 경우 사람들은 농사나 목공, 대장장이, 무역상, 소매상, 임금 노동자 등의 일에 종사했다. 이제 호사스럽고 병든 나라가 되면 사람의 사치를 충족시키기 위한 일들이 생겨난다. 아니 어쩌면 사치를 충족시키는 일이 생겨나는 것이 먼저일지 모르겠다. 소크라테스가 말하는 병든 나라에서 생기는 직업은 사냥꾼, 시인, 음송인, 배우, 합창 가무단원, 연출가, 소품 제작자, 가복(家僕, 귀족집안의 아이를 학교에 데려다주고 데려오는 노예), 유모, 보모, 시녀, 이발사, 요리사, 의사 등이다. 소크라테스에 의하면 의사, 연예인, 헤어디자이너, 요리사, 예능인 등 필요를 충족시키는 일이 아닌 것을 하는 직업이 주목을 받는 요즘 시대는 호사스럽고 병든 시대이다.

전쟁의 기원
— 수호자의 필요

사치의 맛을 본 가족들 간에 사치를 충족시키기 위한 재물을 더 많이 가지기 위한 분쟁이 일어나듯이 나라에서도 필요 불가결한 한 도를 벗어나 끝없이 재화를 소유하고자 하는 경우 나라 안에서는 그 욕망을 충족시킬 수 없기에 남의 나라의 것을 빼앗아야 한다. 이 것이 소크라테스의 사고실험에서의 전쟁의 기원이다. 필자를 비롯 한 지금 대한민국의 대부분의 사람들은 살아오면서 전쟁을 겪지 않 은 정말로 행복한 세대이다. 사족을 붙이자면 앞으로 우리의 후손들 에게도 그런 불행한 일을 겪지 않을 환경을 반드시 물려줘야 하는 것이 우리 세대의 의무이다.

그런데 소크라테스의 입을 빌려서 자신의 사상을 이야기하고 있 는 플라톤은 희랍의 모든 폴리스가 가담했던 27년 동안의 펠로폰 네소스 전쟁을 겪었다. 그가 태어나고 5년 뒤에 시작된 전쟁은 그의 어린 시절과 청년기 동안 계속되었으며 전쟁이 끝났을 때 그는 30 대였다. 그때부터 그는 조국 아테네가 몰락해 가는 과정을 평생 보 게 된다. 그의 마음에 전쟁은 언제든 발생할 수 있는 필연적인 것으 로 자리매김하고 있었는지 모른다. 전쟁이 필연적이든 우연적이든 그 참상은 다르지 않다. 그리고 전쟁을 겪더라도 패배했을 경우 고 통은 더욱 가중된다. 그러니 전쟁이야말로 잘 수행되어야 할 매우 중대한 일이다. 소크라테스는 매우 중요한 이 일을 수행할 자들을 수호자라고 부른다. 그럼 수호자의 구체적인 역할은 무엇이고 어떤 자가 그런 역할을 맡아야 하는가?

> "그렇다면 수호자들의 일은 가장 중요한 것이기에, 그만큼 다른 일들에 대해서는 최대한의 한가로운 태도를 요구하는 반면에, 그 자체로는 최대의 기술과 관심을 또한 요구하는 것일세."
>
> "우리가 할 일은, 우리가 할 수만 있다면, 나라의 수호에 어떤 사람들이 그리고 어떠한 성향들이 적합한지를 가려내는 것일 것 같으이."

소크라테스의 사고실험으로 만들어진 건강한 나라는 각자 다른 성향을 지니고 태어난 사람들이 자신의 성향에 따른 일을 하고 다른 일에 대해서는 한가로운 태도를 보이는 것이다. 그러니 수호자의 일도 수호자의 성향을 지닌 사람이 맡아야 한다. 전쟁의 일을 수행하기 위한 수호자를 찾기 위해서 먼저 수호자의 성향을 알아야 한다. 소크라테스는 수호자가 나라를 지키는 일을 해야 하므로 '지키는 일의 관점에서, 혈통 좋은 강아지의 성향'을 분석한다. 집 지키는 개에게 먼저 요구되는 성향은 외부의 적으로부터 집을 지키기 위한 용맹함이다. 이런 기질을 소크라테스는 '격정' 또는 '기개'라고 부른다. 하지만 아무리 용맹한 개라도 아무나 보고 공격하면 훌륭한 성향을 지닌 개가 아닐 것이다. 마찬가지로 수호자들도 친근한 사람들, 곧 친구에 대해서는 온순하고 적들에 대해서는 거칠게 대해야 한다. 곧 온순하면서 동시에 대담한 성품을 가지고 있어야 한다. 그런데 적과 친구를 어떻게 구별할 것인가? 친구인 줄 알았지만 나중에 적으로 판명되거나 반대로 적으로 알고 지냈는데 친구인 경우는 흔히 볼 수 있다. 이런 경우에는 자칫 잘못하면 적을 친구로 오인해서 온순하게 대하고 친구를 적으로 잘못 보고 거칠게 대할 수 있다. 그러니 수호자의 성향에 '친근한 것과 낯선 것을 구별할 수 있는 지혜를 사랑하는 면'이 당연히 필요하다. 이는 '배움을 좋아하는 성향'이라고 말할 수도 있다. 그런데 왜 소크라테스는 지혜 자체가 아니라 지혜를 사랑하는 것을 말하고 지식 자체가 아니라 배움을 좋아하는 성향을 말할까? 지혜와 지혜를 사랑하는 것의 차이에 대해서는 앞선 필자의 책에서 이미 이야기했으니 생략하고 적과 친구의 구별이 어떻게 가능한지 살펴보며 왜 배움을 좋아하는 성향이 수호자의 성향에서 중요한지 알아보자.

　지혜 또는 지식은 이미 적과 친구가 구별된 상황에서 그것을 아는 것이다. 그런 지식에서는 어제의 적은 오늘의 적이고 또 내일의 적이다. 적과 친구를 착각하는 이유는 잘못되거나 부족한 정보에 의해 원래 적인데 내가 잘못 알고 친구로 오인하거나 친구인데 적으로 잘못 판단하기 때문이다. 만일 적과 친구의 구별이 지식에 해당하는 것이라면 '올바른' 지식을 얻고 나서는 다시 적과 친구를 잘 못 알지 않을 것이다. 하지만 세상은 그렇게 단순하지 않다. 원래부터 적이나 친구였던 대상은 없다. 어제의 적이 오늘의 친구가 되기도 하고 오늘의 친구가 내일의 적이 되기도 한다. 어떤 대상은 적이면서 동시에 친구이기도 하다.

90년대까지 중국은 우리나라와 적대국이었다. 하지만 불과 몇십 년이 지난 지금은 교역량이 가장 많은 나라가 되었다. 그렇다고 중국을 우리의 친구라고만 볼 수 있을까? 앞으로도 지금 같은 관계를 유지할 수 있을까? 일본은 어떤가? 지리적으로 우리나라와 가장 가까운 나라이면서 인적 문화적으로 많은 교류를 하고 있다. 하지만 일제 강점기의 역사적 문제에 대해 여전히 진심으로 반성하지 않는 그들의 태도를 보면 일본을 마냥 친구로 여길 수 있을지 의심스럽다. 그런데 북한과 대치하고 있는 현실에서 미국과 일본은 우리나라의 강력한 우방국이라고 한다. 일본은 우리와 친구인가 적인가?

북한은 더욱 복잡하다. 수천 년의 역사를 함께해 온 동포이면서도 6.25라는 내전을 겪은 후에 수십 년 동안 세계 어느 나라보다 더욱 적대적인 관계를 유지해 왔다. 그런데 최근에 와서는 조금씩 관계를 개선하다 보니 이제는 어떤 나라보다 더욱 가까운 친구처럼 여겨진다. 하지만 그런 북한과 언제 또 갈등이 일어나 적대적인 관계가 될지도 모른다. 북한은 적인가 친구인가? 이런 관계는 국제관계에만 적용되는 것은 아니다. 가장 사랑하는 가족이 갈등이 생기면 원수처럼 되기도 한다. 가장 친한 친구와 가장 많이 다투기도 하지 않는가.

이렇듯 적과 친구를 구별하는 것은 이미 완성된 지혜 또는 지식을 아는 것이 아니고 끊임없이 변화되는 과정에서 알아나가고 판단하는 과정이다. 그러니 수호자에게는 지혜 자체를 알거나 이미 있는 지식을 아는 성향이 아니라 지혜를 사랑하고 배움을 좋아하는 성향이 필요하다.

올바른 나라의 성향들

지금까지 수호자가 될 사람에게 필요한 성향이 무엇인지 알아보았다. 그 성향은 지혜와 기개이다. 그런데 누가 그런 성향을 지니고 있는지 어떻게 알 수 있을까? 타고난 성향은 그대로 놔두면 발휘가 되는 것일까? 맹자는 사람이라면 누구나 불인지심不忍之心을 가지고 있지만 그 마음은 씨앗과 같기에 잘 가꾸고 보존하지 않으면 잃을 수 있다고 말한다. 플라톤이 말하는 타고난 성향도 마찬가지가 아닐까? 플라톤은 수호자의 성향이 무엇인지 밝힌 후에 그런 성향을 지닌 자들을 구별하고 그들의 성향을 키우기 위한 교육과정을 말한다. 플라톤의 교육사상에 대한 자세한 검토는 다음 장으로 미루고 여기서는 그의 교육이 목표하는 영혼의 조화와 이것이 올바름 및 올바른 정체와 어떤 관계인지 먼저 살펴볼 것이다.

1) 첫 번째 성향 – 지혜

"이 나라가 지혜롭고 용기 있으며 절제 있고 또한 올바를 것이라는 건 아주 분명하이."

"이 나라에 있어서 아주 명백한 첫째 것은 지혜sophia인 것 같으이……. 이 나라가 지혜로운 건 분별이 있기 때문이 아니겠는가?…… 분별은 일종의 앎epistēmē인 것이 분명하이. 사람들이 분별 있게 되는 것은 무지에 의해서가 아니라 앎에 의해서라는 게 확실하겠기 때문일세."

"여러 지식 중에서……. 이 나라의 부분적인 것 중의 어떤 것에 관련해서가 아니라, 이 나라 전체와 관련해서 어떤 방식으로 이 나라가 대내 적으로 그리고 다른 나라들과 가장 잘 지낼 수 있을 것인지를 숙의 결정 해 주게 될 그런 지식…… . 그건 나라의 수호술이고 그 기술은 통치자들 에게 〈있다네.〉”

"'성향에 따라 수립된 나라' 전체가 지혜로울 수 있는 것은 이 나라의 최소 집단과 부류에 의해서, 그리고 이들 지도자와 통치자 집단의 지식 에 의해서일세.”

소크라테스는 올바르게 수립된 훌륭한 나라의 성향은 지혜와 용 기와 절제라는 전제에서 출발한다. 우리가 이 전제에 동의하지 못한 다면 앞으로 한 발짝도 더 나갈 수가 없다. 만일 무지하거나 용기가 없고, 절제하지 못하는 공동체가 올바른 나라라고 생각한다면 앞으 로 이어지는 논의는 의미가 없다. 소크라테스에게 이 전제는 올바른 나라의 구조 전체를 받치고 있는 코끼리와 같다.

그가 첫 번째로 검토하는 올바른 나라의 훌륭함은 지혜이다. 수호 자의 성향 중 하나가 '지혜를 사랑하는 자'라고 했고 그 이유가 적과 친구를 구별할 필요 때문이니 지혜는 구별하는 앎이다. 우리가 무언 가를 안다는 것은 앎의 대상을 다른 것과 구별할 수 있다는 것이다. 홍길동을 안다는 것은 홍길동을 홍길동 아닌 사람들과 구별할 수 있기 때문이다. 그런데 이런 앎은 누구나 가지고 있다. 어떤 식물은 먹을 수 있고 어떤 식물은 독이 있는지와 같은 생존을 위한 앎부터 농사나 목공 같은 직업적인 앎, 복잡한 사회관계에서 관계를 적절 히 유지하는 앎 등 단순한 앎부터 여러 변수가 얽힌 복잡한 앎까지 여러 종류의 앎이 있다. 이런 앎들은 대부분 부분에 관한 앎이다. 나의 생존을 위한 앎이거나 나의 직업과 관련된 앎, 또는 내가 속한 집단의 이익에 관련된 앎 등등. 수호자의 지혜는 이런 수많은 앎 중에서 부분이 아닌 나라 전체와 관련된 앎과 관련되어 있다. 나라의 어떤 부분만을 위한 이익이 아니라 나라 전체의 안정과 번영과 이익에 관련된 앎, 그것이 수호술이고 이런 기술을 가지고 있는 자들이 수호자이며 통치자가 되어야 한다. 그리고 이 수호술은 통치자의 편익이 아니라 나라 전체의 편익을 위한 기술이다.

그런데 이런 기술을 가지고 있는 자들은 많지 않다. 방금 이야기했듯이 세상에는 무수히 많은 앎과 기술이 있다. 어떤 사람은 농사일을 잘 아는 성향이 있고 어떤 사람은 목공을 잘하는 성향이 있는 것처럼 수호술도 그중 한 기술이니 이런 기술을 습득하기에 적합한 성향을 가진 사람이 있을 것이다. 맹자의 언어로 이야기하자면 수호술을 가진 자는 노심자勞心者에 해당할 것이고 그들에게 통치를 받는 자들은 노력자勞力者에 해당할 것이다. 그리고 노력자들은 수호술 이외의 여러 다양한 기술을 각자의 성향에 따라 가지고 있을 것이다. 그런데 노심자나 노력자 모두 공통되게 가져야 할 앎이 있다. 그것은 수호술이 부분이 아니라 나라 전체와 관련된 기술이라는 것, 그러므로 부분이 아닌 전체의 편익을 위해서는 수호술을 가진 통치자의 통치를 받아야 한다는 것이다. 수호술 자체가 통치의 기술이기에 만일 피통치자가 통치를 거부하면 수호술이 발휘될 수가 없다. 그런 나라에서는 수호술의 성향이 발휘될 수 없기에 그 나라는 소크라테스가 건강하고 올바른 나라라고 이야기한 '성향에 따라 수립된 나라'가 아니다.

2) 두 번째 성향 - 용기

> "용기는…… 나라를 위해 전쟁을 하고 군인으로 복무하는 이 부류〈에게 필요한 성향이네〉."
>
> "용기란 일종의 보전이란 뜻일세.…… 법에 따른 교육을 통해, 두려워할 것들이 무엇 무엇이며 또 어떠한 것들인지, 이와 관련해서 생기게 된 소신(판단)의 보전일세. 그리고 이를 언제나 보전한다고 함은 고통에 처하여서도, 즐거움에 처하여서도, 그리고 욕망에 처하여서도, 공포에 처하여서도 이를 버리지 않고 끝끝내 보전하여 지님을 의미하네."

지혜 다음으로 나라에 필요한 성향은 용기이다. 우리가 보통 용기 있다고 여기는 행동은 용기가 아니라 만용으로 판명 나는 경우가 있다. 성을 지키라는 명령을 받은 장수가 적군의 도발에 넘어가 불리한 상황에서도 전투를 벌여 패한다면 그것은 용기인가? 감옥에 갇히는 것을 두려워하지 않는다는 것을 보여주기 위해서 범죄를 저지르는 것이 용기 있는 행동인가? 학교에서 나보다 힘이 세다고 여겨진 친구에게 도전해서 이긴 다음에 결국 '일진'이 된다면 나는 용감한 사람인가? 진정한 용기는 무엇인가?

진나라가 멸망한 후에 유방과 항우가 천하의 패권을 다툴 때 유방의 총사령관으로 공로를 세운 한신에 관련된 유명한 일화가 있다. 한신은 큰 뜻을 품고 그것을 잃지 않기 위하여 항상 조상 대대로 물려온 큰 칼을 차고 다녔는데, 동네의 불량배가 그 모습을 보고 비웃으며 시비를 걸었다. 한신이 항상 칼을 차고 다녔지만 그 칼을 뽑은 것을 아무도 보지 못한 것을 비웃은 것이다. 그를 졸장부라 욕하면서 그 자리를 피하려는 한신에게 자신의 가랑이 사이로 지나가라 강요했고 한신은 그 말대로 불량배의 가랑이 사이를 기어서 지나가는 치욕을 참아냈다. 이런 한신의 행동은 용기 있는 행동인가? 비겁한 행동인가? 아마 그 상황을 지켜본 주변 사람은 한신을 비겁한 졸장부라 여겼을 것이다. 하지만 먼 훗날 그의 행동은 치욕을 참지 않고 불량배와 결투를 벌이는 행동보다 더 큰 용기라는 평가를 받는다. 물론 한신이 대장군의 역할을 하지 못했다면 그의 행동은 영원히 비겁한 행동이라는 평가를 받았을 것이라는 반론도 가능하다. 그렇기에 윤리적 행동은 '사후적으로'만 평가할 수 있다. 한신이 가랑이 사이로 기어갈 당시 그 행동이 용기 있는 행동인지 비겁한 행동인지는 한신 자신밖에 모르는 일이다. 그것이 증명되는 것은 그의 '사후적인' 행동이고 삶이다.

이렇듯 어떤 행동에 대해 용기 있는 행동인지 아닌지 '내용'으로 판단하기는 쉽지 않다. 『국가』에서 정의된 용기는 맹자의 윤리와 마찬가지로 내용이 아닌 형식이다. 용기의 형식은 두려워할 것이 무엇인지에 대한 판단을 보전하는 것이다. 그런데 이 형식에는 내용이 없다. 무엇을 두려워해야 하는가? 마땅히 두려워할 것을 두려워해야 한다. 그 대상이 적으로부터의 모욕인지, 주변 사람이 비겁하다고 하는 평가인지, 처벌이나 형벌인지는 알 수 없다. 그 대상이 두려워할 대상인지는 '사전事前'에 판단하는 것이 아니라 '사후事後'에 판단할 수 있다. 적과 친구의 구별에 관한 앎처럼 두려워할 것들에 대한 앎도 끊임없이 변화하는 상황 속에서 끊임없이 판단해야 하는 앎이다. 소크라테스에게 두려워할 대상을 판단하는 근거는 '법에 따른 교육'이다. 이 법은 누가 만드는가? 바로 나라 전체와 관련된 기술인 수호술을 가진 통치자들이다. 곧 용기가 용기일 수 있는 것은 지혜의 인도를 따를 때이다.

용기의 또 하나의 특징은 무조건적이라는 것이다. 고통과 공포에서 벗어나기 위해, 즐거움과 욕망의 유혹에 넘어가서 보전할 것을 버리면 안 된다. 이런 성향은 맹자가 이야기한 무항산無恒産이더라도 유항심有恒心이어야 하는 선비의 정신을 떠올리게 한다.

3) 세 번째 성향 - 절제

"절제란 일종의 질서kosmos요 어떤 쾌락과 욕망의 억제일 걸세."

"혼과 관련해서 인간 자신 안에는 한결 나은 것과 한결 못한 것이 있어서, 성향상 한결 나은 부분(면)이 한결 못한 부분을 제압할 경우, 이를 가리켜 '저 자신을 이긴다'라고 말하고……. 반면에 나쁜 양육이나 교체의 결과로 한결 못한 다수의 부분에 의하여 한결 나은 작은 부분이 제압될 경우, 이를 꾸짖어 나무라되, 이와 같은 상태에 있는 사람을 일컬어 '저 자신에게 진' 무절제한 자라고 하네."

"진실로 많은 온갖 욕구와 쾌락 그리고 고통을 특히 아이들이나 여인

들 그리고 하인들에게서, 또는 소위 자유민들이라고 하는 사람 중에서
도 다수의 미천한 사람들에게서 누군가가 발견할 수도 있을 걸세…….
이에 반해서 단순하며 절도 있는 욕구는, 지성nous과 바른 판단을 아울
러 갖춘 헤아림에 의해 인도되는 것이어서, 소수의 사람에게서, 성향도
가장 훌륭하지만 교육도 가장 훌륭하게 받은 사람들에게서 만나 보게 될
걸세."

"〈자신을 이기는 나라, 곧 절제 있는 나라에서는〉 다수의 미천한 사람
들의 욕구가 소수의 한결 더 공정한 사람들의 욕구와 슬기에 의해 제압
되고 있네."

"절제란 일종의 화성을 닮아서……. 정말로 나라 전역에 걸치는 것으
로서, 가장 약한 소리를 내는 사람들과 가장 강한 소리를 내는 사람들,
그리고 중간 소리를 내는 사람들이 같은 노래를 합창함으로써 전 음정을
통하여 마련되는 것일세……. 그래서 이 '한마음 한뜻'이, 즉 나라에 있
어서나 한 개인에 있어서 성향상 한결 나은 쪽과 한결 못한 쪽 사이에 어
느 쪽이 지배해야만 할 것인지에 대한 합의가 절제라고 말하는 것이 가
장 옳을 것이네."

고대 희랍의 신화는 카오스Chaos에서 코스모스Cosmos로 넘어오면
서 시작된다. 그 이후 희랍 문명은 질서와 조화를 으뜸으로 여겼다.
희랍문화의 정수라 평가되는 파르테논 신전을 비롯해 희랍의 많은
조각, 건축 등 예술작품에는 그런 조화의 정신이 최고로 표현되어
있다. 근대의 문을 연 르네상스renaissance는 바로 이런 희랍의 질서와
조화의 정신으로 다시 태어난다는 의미이다.

소크라테스가 볼 때 절제는 질서이고 무절제는 혼란이다. 곧 절제

있는 나라는 질서 있는 나라이고 모두가 조화를 이룬 나라이다. 그런데 질서와 무질서, 조화와 부조화는 서로 다른 여럿이 함께 있는 경우에 말할 수 있으며, 하나만 있거나 같은 것들만이 모여 있을 때는 쓸 수 없다. 한 나라에는 다양한 여러 구성원이 있다. 그 구성원들은 크게 욕구와 쾌락에 이끌리는 다수의 사람과 지성과 바른 판단을 갖춘 헤아림에 의해 인도되는 소수의 사람이 있다. 여기서 소크라테스가 헤아림이라고 말한 것은 '로고스logos'와 같은 어원이다. 이는 이성理性, 추론, 합리 등으로 번역되는 영어 '리즌reason'의 어원이 되는 말이다. 고대 희랍인들은 욕망, 감정, 감각에 이끌리지 않는 합리적이고 질서 있는 추론에 바탕을 둔 정신적인 능력을 로고스logos라 불렀다. 프랑스의 현대철학자인 데리다가 서양 사상사에 대해 '로고스 중심주의Logocentrism'라고 비판할 정도로 고대 희랍의 로고스 정신은 수천 년 동안 서양인들의 사상에서 중심적인 주제를 차지하였다.

이를 다시 정리하면 한 나라는 로고스를 따르는 소수의 사람과 욕망을 따르는 다수의 사람으로 구성되어 있다는 말이다. 소크라테스는 인간의 영혼에도 마찬가지로 로고스를 따르는 부분과 욕망을 따르는 부분이 함께 있다고 본다. 여기에 로고스를 따를 때 용기로, 욕망을 따를 때 만용으로 드러나는 기개에 해당하는 영역까지, 인간의 영혼은 지혜, 기개, 욕망 이렇게 세 가지 요소로 구성되어 있다. 만일 누군가가 '한결 나은 부분'인 지혜로서 욕망을 제어할 때 그는 '자신을 이긴' 자이고, 반대로 '한결 못한 부분'인 욕망이 지혜를 제압한다면 그는 '자신에게 진' 무절제한 자이다. 한 나라에서도 로고스를 따르는 공정한 사람들이 욕망에 따르는 다수의 미천한 사람들을 제압하고 통치할 때 '자신을 이기는 나라', '절제 있는 나라' 곧 올바르고 훌륭한 나라가 된다.

소크라테스는 절제를 합창에 비유한다. 합창은 독창과 달리 개개인의 능력보다는 모두의 조화가 훨씬 중요하다. 개개인의 목소리(성향)가 조화를 이루기 위해서는 각자의 판단에 따라 소리를 내서는 안 되고 지휘자(수호자)의 지시(통치)에 따라야 한다. 지휘자는 합창단 전체의 목소리가 조화를 이루어 '하나'의 목소리를 만드는 데 자신의 지휘능력(수호술)을 발휘해야 한다. 만일 그가 한 개인이나 부분의 소리만을 위한다면 그는 능력이 없는 지휘자이고 그런 합창단은 무질서하고 무절제한 합창단일 것이다. 그러니 합창단이 하나의 목소리를 내려면 지휘능력을 가진 지휘자와 합창단원 전체가 각자의 주장을 내세우는 것이 아니라 지휘자의 지시를 따르기로 합의해야 한다.

4) 올바름 - 지혜, 용기, 절제의 조화

"그 성향상 장인이거나 또는 다른 어떤 돈벌이를 하는 사람이 나중에 부나 다수 또는 힘으로 또는 이런 유의 다른 어떤 것에 의해 우쭐해져서는 전사의 부류로 이행하려 들거나, 혹은 전사 중의 어떤 이가, 그럴 자격도 없으면서, 숙의 결정하며 수호하는 부류로 이행하려 든다면, 그리하여 이런 사람들이 서로의 도구나 직분을 교환하게 된다면, 또는 같은 사람이 이 모든 일을 동시에 하려 든다면…… 이들의 이 교환이나 참견이 이 나라에 파멸을 가져다줄 것이네."

"세 부류인 이들 사이의 참견이나 상호 교환(기능의 바꿈)은 이 나라에 대한 최대의 해악이며, 따라서 무엇보다도 더한 '악행(잘못함)'이라 불러 지당할 걸세."

"돈벌이하는 부류와 보조하는 부류, 그리고 수호하는 부류, 이들 각각 이 나라에 있어서 저마다 제 일을 할 때의 이 '자신에게 맞는 자기 일을 함'이 앞엣것과는 반대로 '올바름'이고, 또한 이것이 이 나라를 올바르게 하네."

인간의 영혼에 지혜, 기개, 욕망의 세 영역이 있듯이 나라에도 수호자의 부류, 수호자를 보조하여 나라를 지키는 전사의 부류, 욕망을 쫓아 돈벌이하는 부류가 있다. 수적으로는 수호자가 가장 적고 돈벌이를 하는 부류가 가장 많다. 맹자에게서 모든 사람이 노심자勞心者가 되거나 언제나 유항심有恒心하는 선비士가 될 수 없듯이, 플라톤의 올바름은 모두가 수호자가 되는 것이 아니다. 노심자勞心者를 먹이고 그들의 다스림治을 받는 더 많은 수의 노력자勞力者들이 있듯이 수호자보다 더 많은 보조자, 그리고 수호자의 통치를 받으며 돈벌이하는 더 많은 사람이 있다. 노심자의 역할이 다스리는 것이고 노력자의 역할이 다스림을 받으면서 생산 활동을 하는 것인 것처럼, 세 성향을 가진 부류가 각자의 성향에 따른 일을 하면 그것이 올바름이다.

언제부턴가 과거의 주입식이고 경직된 교육을 벗어나기 위해 창의적이고 혁신적 교육을 해야 한다는 주장이 많이 들린다. 그런 흐름 자체는 반길 일이다. 그런데 창의적이지 않은 방식으로 창의적인 교육을 한다고 하고 혁신적이지 않은 낡은 방식으로 혁신적 교육을 한다고 하니 문제이다. 창조는 갑자기 하늘에서 뚝 떨어지는 것이 아니다. 무언가 창조하기 위해서는 두 가지 요소가 필요하다. 하나는 셀 수 없는 반복과 훈련이고 다른 하나는 어떤 조건과 한계에도 구애받지 않을 수 있는 몸과 마음의 상상력이다.

현대 미술계의 거장인 피카소의 창조적인 그림은 그냥 나오지 않았다. 바르셀로나에 있는 피카소 미술관에는 그가 그림공부를 하면서 그린 많은 습작이 전시되어 있다. 그 습작들은 우리가 많이 보던 그의 입체적 작품과는 많이 다른 소위 말하는 전통적인 그림들이다. 우리가 접하는 그의 창조적인 그림들은 그 습작들과 같은 이전의 무수한 반복과 훈련이 없으면 나올 수 없었다. 거기에 수백, 수천 년 동안 이어져 온, 그림은 우리가 세상을 바라보는 방식대로 표현해야 한다는 틀을 넘어설 수 있는 상상력이 있었기에 그런 대작들이 나올 수 있었다.

그럼 무엇을 반복 훈련해야 하고 무엇을 상상해야 하는가? 그것은 사전에 결정될 수 없고, 결정되어서도 안 된다. 오직 반복 훈련과 상상력이 결합해야 한다는 형식만이 있을 뿐이고 그 과정에서의 창조는 사후적으로 드러난다. 그런데 우리의 교육 실태는 어떠한가? 창의력을 가르치는 학원이 있다. 그런 학원에서는 이미 창의력을 발휘할 수 있는 매뉴얼이 준비되어 있다. 창의력을 평가하기도 한다. 아마 그 평가는 미리 '내용'이 채워진 매뉴얼대로 따라가고 또 이미 '내용'이 채워져 있는 평가표대로 했을 때 점수를 더 잘 받는, 그런 종류의 평가일 것이다. 이런 방식의 창조와 혁신에 대한 교육은 과거의 주입식 교육보다 더 나쁜 결과를 낳을 수 있다.

그런 대표적인 교육이 요즘 한창 유행하고 있는 '리더십 교육'이다. 어린이집이나 유치원부터, 대학이나 입시학원까지 모두가 리더십 교육을 내세우지 않는 곳이 없다. 리더십 교육은 맹자와 플라톤의 언어로 표현한다면 치자治者가 되는 교육이고 수호자가 되는 교육이다. 그런데 모두가 치자가 되고 수호자가 된다면 누가 누구를 다스릴 수 있는가? 리더leader는 리디leadee가 있어야 이끌 수 있다. 리디leadee는 면접자(인터뷰어, interviewer)와 대칭되는 단어인 피면접자(인터뷰이, interviewee), 고용인(임플로이어, employer)과 대칭되는 단어인 피고용인employee에 착안해서 이끄는 자leader의 대칭어로 필자가 임의로 만든 말이다. 면접하기 위해서는 면접할 대상이 필요하고 고용하기 위해서는 고용할 대상이 필요하다. 그런데 우리나라의 리더십 교육에서는 이끄는 자만 있고 이끌 대상은 없다. 이는 아마도 리더가 되는 것을 경쟁에 이겨서 얻어야 할 목표로 생각하기 때문인 것 같다. 그런데 맹자에게도 그렇고 플라톤에게도 그렇고 치자나 수호자가 되는 것은 성향에 따른 역할분담일 뿐이다. 각자 다른 성향을 지닌 사람들이 각자의 일을 잘 수행하는 것이 올바름이고 그 올바름은 다스리는 성향을 지닌 수호자에게 그 성향에 맞는 다스리는 역할을 맡겼을 때 가능하다. 지금의 리더십 교육이 지향하는 것처럼 수호자의 자리는 모두가 뛰어들어서 쟁취해야 할 목표가 아니다.

이제 리더십leadership 교육은 이렇게 바뀌어야 하지 않을까? 리더의 역할을 맡을지 결정하기 전에 먼저 나의 성향은 어떤지를 판단해야 한다. 그래서 만일 내가 리더의 성향이라면 나의 편익이 아니라 그 공동체 전체의 편익을 위해 자신의 성향을 발휘하고, 그렇지 않다면 그런 성향을 지닌 자에게 이끄는 역할을 맡기는 데 동의해야 한다. 그리고 리더의 다스림에 따라 나의 성향이 다른 성향과 어울려 조화롭게 발휘될 수 있도록 해야 한다. 이제 '리디십leadeeship 교육'으로 바뀌어야 하지 않을까? 또 남들의 리더가 되기 이전에 욕망의 유혹에 따르기보다 지혜의 인도에 따르는 훈련을 통해 '자신을 이기는' 자로서 나의 리더가 되는 교육이 필요하지 않을까?

플라톤의 이상理想에 몰아치는 파도

"통치자들 가운데서 특출한 한 사람이 생기게 될 경우에는, '왕도 정체王道政體'라 불리겠지만, 여럿일 경우에는, '최선자[들의] 정체(최선자정체, aristokratia)'라 불리겠으니까 말일세."

지금까지 나라의 올바름과 개인의 올바름에 대해 살펴본 소크라테스는 이런 조화롭고 올바른 나라를 '왕도정체' 또는 '최선자最善者 정체'라고 부른다. 수호술을 가진 수호자가 한 명인 정체가 왕도 정체이고 그런 수호자 여럿이 함께 다스리는 정체가 최선자정체이다. 여기서 최선자정체라고 번역한 원어는 '아리스토크라티아aristokratia' 이다. 이는 뛰어나다는 의미를 가진 아리스토aristo와 지배 또는 통치의 뜻을 가진 크라티아kratia가 결합된 말로 때로는 귀족정체라고 번역되기도 한다. 귀족이라는 말 자체가 이중적인 의미가 있는데 하나는 신분제 사회에서 높은 신분을 의미하고 다른 하나는 성향이나 품성이 뛰어남을 의미한다. 부정적인 의미의 귀족정은 능력보다는 신분에 의해 소수의 사람이 권력을 차지하는 것이고 여기서 플라톤이 말하는 귀족정은 신분이 아니라 성향과 품성이 뛰어난 자, 곧 수호술을 가진 수호자가 통치하는 정체이다.

이제 소크라테스는 사고실험을 통해 이상적인 나라와 그 나라의 정체에 관해 말했다. 그런데 소크라테스의 이상을 받아들이기에는 몇 가지 걸리는 것이 있다. 소크라테스의 대화상대인 글라우콘과 아데이만토스는 그런 몇 가지 점에 대해 소크라테스에게 해명을 요구한다. 소크라테스는 이를 세 가지 파도에 비유하며 해명을 시도한다.

1) 첫 번째 파도 - 여자도 수호자가 될 수 있는가?

"우리가 여자들을 남자들과 같은 목적에 이용코자 한다면, 여자들에게도 같은 것을 가르쳐야만 하네……. 여자들에게도 이 두 교과목과 전쟁과 관련되는 것들을 부여해 주어야만 하며, 또한 그들도 똑같이 이용해야만 하네."

"남성과 여성이 만약에 어떤 기술이나 다른 일(업무)와 관련해서 서로 다른 것으로 판명된다면, 그쪽에 이 다른 일(업무)을 배정해야만 한다고 우리는 말할 걸세. 그러나 만약에 그들이 달라 보이는 것이 바로 이 점에 있어서 만이라면, 즉 여성은 아이를 낳으나, 남성은 아이를 생기게 한다는 점에서라면, 우리가 말하고 있는 것과 관련해서 여성이 남성과 다르다는 데 대한 증명이 조금도 잘된 것이 없다고 말할 것이며, 오히려 우리의 남자 수호자들도 그리고 그들의 아내들도 같은 업무에 종사해야만 한다고 우리는 여전히 생각할 걸세."

"나라를 경영하는 사람들의 일(업무)로서 여자가 여자이기 때문에 여자의 것인 것은 없고, 남자가 남자이기 때문에 남자의 것인 것도 없다네. 오히려 여러 가지 성향이 양쪽 성性의 생물들에 비슷하게 흩어져 있어서, 모든 일(업무)에 여자도 '성향에 따라' 관여하게 되고, 남자도 모든 일(업무)에 마찬가지로 관여하게 되는 걸세……. 여자도 성향에 있어서 한 여자는 의술에 능하나, 다른 한 여자는 시가에 능하지 못하다고 우리가 말할 것이라 나는 생각하네……. 여자고 남자고 간에 나라의 수호와 관련해서는 그 성향이 같다네……. 이런 부류의 여자들은 이런 부류의 남자들과 함께 살며 함께 나라를 수호하도록 선발되어야만 하네. 그들이 능히 그럴 수 있고 성향도 남자들과 동류이니까 말일세."

소크라테스와 플라톤이 살았던 아테네에서 여자는 시민이 아니었다. 근대 유럽인들이 이론적으로는 피부색이나 성별, 신분과 관계 없이 누구나 사람의 권리인 인권를 가지고 있다고 여겼지만 실제로는 그 온전한 권리는 백인 남성만이 누릴 수 있었던 것처럼 고대 아테네에서도 성인 남성만이 시민의 권리와 의무를 지고 있었다. 그런 조건에서 플라톤은 수호자의 역할을 여자도 맡을 수 있다고 주장한다. 그러니 이 주장이 당시의 주 독자인 '성인 남자'들에게 강한 반발을 사게 될 첫 번째 파도일 수밖에 없다. 그럼 플라톤은 수천 년의 시대적 한계를 뛰어넘은 '여성주의자'였을까? 필자가 보기에 그런 것 같지는 않다. 앞에서 인용한 욕구와 쾌락을 따르는 미천한 부류에 아이와 하인과 더불어 여자를 넣은 것뿐 아니라 다른 대화편을 보더라도 '여성주의'적인 부분을 찾기 어렵다. 또 그가 여성의 지위나 역할의 향상을 위해서 어떤 활동을 했다는 이야기를 들어본 적이 없다. 그런 플라톤이 『국가』에서 여자도 수호자의 역할을 할 수 있다고 주장할 수 있는 것을 필자는 로고스logos, 곧 이성과 추론의 힘이라 생각한다. 플라톤은 그가 주장했던 것처럼 로고스의 인도에 따라 남자와 여자의 역할을 생각해 볼 때 수호자의 역할에서 여자를 배제해야 할 이유를 발견하지 못한 것이다. 그럼 그는 어떤 추론을 했기에 이런 결론에 도달했을까?

가상의 비판자는 여성도 수호자가 될 수 있다는 소크라테스의 주장에 대해 이런 논변으로 비판한다. 소크라테스가 제안한 가상의 이상적인 나라는 성향에 따라 수립되었고 각자가 자기 성향에 따른 역할을 하는 나라이다. 그렇다면 남자와 여자의 성향이 다를 텐데 어떻게 수호자의 역할을 남자와 여자가 함께 맡을 수 있겠는가? 이에 대한 반론으로 소크라테스는 대머리와 장발의 비유를 든다. 대머리와 장발은 한쪽은 머리가 잘 나지 않은 성향을 지니고 한쪽은 머리숱이 많은 성향을 지니고 있다. 이렇게 성향이 다르다고 해서 대머리는 목공을 해야 하고 장발은 목공이 아닌 제화공을 해야 한다면 동의할 수 있는가? 누가 보더라도 이건 말이 안 된다.

소크라테스는 남자와 여자의 성향이 다른 것도 이와 마찬가지라고 여긴다. 여자는 아이를 낳고 남자는 아이를 생기게 하는, 서로 다른 성향을 가지고 있지만 이것은 수호자의 성향과는 아무 상관이 없다. 수호자의 성향은 지혜를 사랑하고 배움을 좋아하는 성향이다. 아이를 낳는다고 이 성향이 없어지는가? 아이를 생기게 하는 성향과 배움을 좋아하는 성향이 어떤 관계가 있는가? 아이를 낳는 여자 중에서 수호자의 성향을 지닌 자가 있고 그렇지 않은 자가 있다. 아이를 생기게 하는 남자 중에서도 마찬가지이다. 우리가 목공과 제화공의 일을 나눌 때 대머리인지 장발인지 고려하지 않는 것처럼 수호자도 여자와 남자의 다른 성향은 아무 상관이 없다.

2) 두 번째 파도 - 처자 공유의 문제

"이들 모든 남자와 이들 모든 여자는 공유하고, 어떤 여자도 어떤 남자와 개인적으로는 동거하지 못하게 되어 있다네. 또한 아이들도 공유하게 되어있고, 어떤 부모도 자기 자식을 알게 되어있지 않으며, 어떤 아이도 자기 부모를 알게 되어있지 않다네."

"지금으로서는 그것들이 가능한 것들로 치고서, 만약에 자네가 허락한다면, 그것들이 정작 실현되었을 때, 통치자들이 그것들을 어떻게 정리할 것이며, 또한 그것들이 실현되는 것이 나라와 수호자들을 위해서 무엇보다도 제일 유익할 것인지를 생각해 볼 걸세."

첫 번째 파도에 대한 플라톤의 주장은 우리가 충분히 공감할 만하지만 두 번째 파도는 당시의 독자들뿐 아니라 현대인들에게도 공감받기 어려운 주장이다. 후대인들이 '처자 공유'라고 부르는 이 주장은 한 마디로 수호자집단은 가정을 꾸리면 안 된다는 말이다. 그뿐 아니라 그들에게는 사적 소유가 허용되지 않고 모두 함께 공동생활을 해야 한다. 플라톤도 이 주장이 쉽게 받아들여질 것이라고 여기지 않아 일단 가능하다고 치고 그것이 나라와 수호자들에 유익할지를 판단해보자고 한다. 이 글에서는 그의 논변을 자세히 언급하지 않겠다. 다만 이런 무리한(?) 주장을 하는 플라톤의 문제의식은 어디에 있는지 생각해 보자.

앞에서 살펴보았듯이 수호술은 나라 전체의 편익을 위한 것이다. 나 개인이나 내가 속한 부분이 아니라 전체의 편익을 생각하는 것을 공公적인 마음이라고 한다. 반대로 개인이나 부분의 편익을 생각하는 것이 사私적인 마음이다. 그러니 수호자에게 가장 중요한 덕목 중 하나는 공적인 마음일 것이다. 수호자가 공적인 마음을 간직하는 데 방해가 되는 요인은 무엇이 있을까? 여러 요인 중에 가장 큰 요인은 사적 소유와 가족家族이다. 나라의 중요한 직책을 맡은 자가 자신의 재산을 키우고 그것을 자손에게 물려주기 위해서 나라 전체를 위태롭게 만든 사례는 동서고금東西古今의 역사에서 셀 수 없이 많이 찾아볼 수 있다. 우리나라에서도 공적인 마음을 위태롭게 만드는 많은 문제가 있다. 대표적으로 부동산, 사교육, 부패, 부정, 비리 등의 문제들이 있는데 이런 문제들도 결국은 재산과 가족의 문제가 아닌가?

어떤 상황 속에서도 통치자는 공적인 마음을 잃으면 안 된다. 통치자가 공적인 마음을 버리고 사적인 마음을 가지게 될 때 공동체는 위태로워진다. 시대와 지역마다 통치자가 공적인 마음을 간직하도록 하는 여러 장치가 있다. 플라톤이 주장하는 사적 소유의 금지와 처자 공유는 그런 장치 중 하나이다. 왕이 사익인 리利가 아니라 공익인 인의仁義에 의한 불인지정不仁之政을 펼쳐야 한다는 맹자의 주장을 이어받아 조선에서 마련한 왕권의 사적 전횡을 막으려는 장치가 의정부, 삼사三司 ─ 사헌부, 사간원, 홍문관 ─ 등의 왕권견제 시스템과 경연經筵이다.

플라톤의 이런 정신은 토머스 모어와 장 자크 루소를 거쳐 19세기 근대 유럽의 공상적 사회주의에까지 영향을 미쳤다. 토머스 모어는 그의 대표작 『유토피아』에서 당시 유럽지배층의 착취를 폭로하면서 이상적인 나라를 구상하며 그 나라를 '유토피아'라 이름 지었다. 당시 영국의 지주들은 대륙과의 무역에서 큰 이익이 되는 양모를 더 많이 생산하기 위해 농부들을 농토에서 내쫓고 목장으로 만들어 큰 이익을 얻었고, 공장주들은 농토를 잃고 도시로 몰려들어 도시 빈민이 된 노동자들을 저임금과 열악한 노동환경에 몰아넣으며 착취했으며, 위정자들과 법관들은 이런 백성들보다 귀족과 부자들을 위한 법안만을 제정하며 국민을 고통으로 몰아넣었다. 토머스 모어는 이런 통치자들을 신랄하게 풍자하며 이런 영국의 현실과 반대되는 이상적인 나라의 구성원들이 모든 것을 평등하게 공유하는 유토피아를 소개한다. 장 자크 루소는 『인간불평등기원론』에서 원래 평등하게 태어난 인간이 불평등하게 된 것은 사적 소유 때문이고 사적 소유에 의한 불평등이 인간을 자유롭지 못하게 하니, 다시 자유로운 삶을 살기 위해서는 민주적인 질서로 평등을 회복해야 한다고 주장한다.

플라톤의 사적 소유 금지와 처자 공유가 현실에서 실현될 수 있을 것 같지는 않다. 그리고 그런 곳이 '올바른 나라'인지는 모르겠지만 살고 싶은 나라는 아닌 것 같다. 그런데 그의 극단적인 주장을 받아들이지 못한다고 해서 그의 문제의식까지 버릴 필요는 없다. 앞에서 맹자의 정전법을 검토할 때 그 안에 담긴 균등 사상에 관해 말하면서 절대적 빈곤보다 상대적 빈곤이 더 공동체를 위태롭게 할 수 있음을 지적했다. 절대적 빈곤을 벗어나면 모두가 행복할 수 있다는 희망으로, 그리고 자손들에게 행복한 나라를 물려주겠다는 일념으로 우리 이전 세대는 열심히 노력했다. 그 노력으로 우리 사회는 절대적 빈곤을 벗어났을 뿐만 아니라 풍족한 사회가 되었다. 그런데 물질적으로 수십 배나 더 풍족한 사회가 되었지만 상상했던 만큼 행복한 사회는 아니다. 많은 사람은 그 원인이 빈부격차, 곧 상대적 빈곤 때문이라고 진단한다. 이런 불균등함이 나라 전체가 '한마음 한뜻'으로 '한목소리'를 내지 못하게 한다. 플라톤은 불균등함의 원인이 수호자의 공적이지 못한 마음에 있고 그것은 사적 소유와 그것으로 인해 나라 전체가 아닌 나라의 부분인 자기 가족만을 생각하는 마음 때문이라 생각하여 사적 소유의 금지와 처자 공유라는 극단적인 처방을 이야기했다. 그 처방을 우리 사회에 바로 적용할 수는 없겠지만 우리에게도 불균등을 해소할 어떤 처방이 필요한 것은 사실이다. 그의 주장을 참고하여, 그리고 동서양의 여러 현인의 다른 처방도 참고하여 우리의 처방을 시급히 만들어야 하는 과제가 우리에게 놓여있다.

3) 세 번째 파도 – 실현가능성

"우리가 올바름이 어떤 것인지를 찾아내게 되었다고 해서, 우리는 또한 올바른 사람이 '올바름 자체'와 조금도 다르지 않고 모든 면에서 올바름과 같은 그런 것이기를 요구할 것인가? 아니면 가급적 그것에 가깝다면, 그리고 그것에 다른 어떤 것들보다도 최대한으로 관여한다면, 그것으로 우리는 만족할 것인가? ……그러니까 그건 본paradeigma을 위해서였네. 우리가 올바름 그 자체가 어떤 것인지를, 그리고 완벽하게 올바른 사람이 생길 수 있을지, 또한 그런 사람이 생긴다면, 그가 어떤 사람일지를, 그리고 다시, 올바르지 못함과 가장 올바르지 못한 사람에 관해 탐구했던 것은 말일세. 이는 이들이 행복 및 그 반대의 것과 관련해서 어떤 사람들로 보이는지, 이들을 보고서, 우리 자신들과 관련해서도 우리 가운데서 이들을 가장 닮은 사람이 그 행·불행에 가장 닮은 '운명의 몫'moira을 차지하게 될 것이라는 데 대해 우리가 의견의 일치를 보지 않을 수 없도록 하기 위함이었지. 그것들을 생길 수 있는 것들로서 입증하기 위해서는 아니었다네."

천국天國은 종교 여부를 떠나서 모든 인류가 상상하는 이상향이다. 그런데 천국의 모습을 구체적으로 상상해 보면 정말 그곳에 가고 싶은지 다시 한번 생각해 보게 된다. 석가모니는 왕자 시절 궁궐 밖으로 나가 늙고 병들고 죽어가는 백성들을 보고 인류의 근본적 고통을 느껴 수행의 길로 들어서게 된다. 천국에는 이러한 생로병사生老病死의 고통도 없을 것이다. 고통이 없으니 배고픔도 느끼지 못할 것이다. 결핍도 없을 것이니 욕망도 없을 것이다. 그곳에서는 늙음과 질병과 죽음으로 인한 슬픔도 없지만 새 생명이 탄생하는 기쁨도 없다. 배고픔의 고통을 느끼지 못하기에 배고픔 뒤에 오는 식사의 기쁨도 느끼지 못한다. 사자는 사냥을 하지 않을 것이며(만일, 천국에도 사자가 있다면), 만일 양이 풀을 씹는다면 그것은 배고픔을 채우기 위한 행위가 아니라 기계적인 반복일 것이다.

사랑이 사랑인 것은 고통과 함께하기 때문이다. 아이에 대한 사랑은 혹시라도 앞으로 그가 다치거나 아플지도 모르는 가능성에 대한 고통을 수반한다. 이성에 대한 사랑은 이별의 가능성의 고통과 함께한다. 고통과 결핍과 욕망이 사라진 천국에서는 사랑도 사라질 것이다. 자신들이 정한 기준에 부합하지 않으면 천국에 갈 수 없다고 주장하는 자들과 영원히 함께 지내야 할지도 모른다는 끔찍한 가능성은 차치하고도 말이다. 이는 천국을 현실의 삶을 살아가는데 규제적인 역할을 하는 지향점이 아니라 구체적 실체로 생각하기에 나타나는 문제이다. 게다가 아담이 선악과를 따먹은 이후 인간은 육체의 영원성을 잃어버리고 감각적 육체의 관점으로 상상하기 때문이다. 천국은 저기 어딘가에 '실체'로서 존재하는 것이 아니라 우리의 삶이 지향해야 할 어떤 지향점을 알려주는 삶의 소실점이다. 끊임없이 그곳에 다가가기 위해 노력하지만 그곳에 다다르는 것이 목표가 아니라 그곳을 향해 가는 것이 목표인 그런 것이다. 소크라테스의 '올바른 나라'도 마찬가지다.

세 번째 파도, 곧 소크라테스가 이야기하는 최선자정체가 가능한지, 그리고 어떻게 가능한지 알려달라는 요구에 대한 그의 대답은, 자신이 그린 '올바른 나라'는 현실의 올바름의 정도를 잴 수 있는 척도의 역할, 더 올바른 방향으로 가기 위한 본本의 역할을 한다는 것이다. 우리는 1부에서 맹자 사상의 토대가 되는 성선性善설이 칸트의 요청과 같은 '선택'임을, 그리고 칸트의 요청과 맹자의 선택은 구체적 실체가 아닌 회화繪畵의 소실점과 같음을 살펴보았다. 칸트는 자신이 실천철학에서 이야기하는 가상으로서의 이상(理想, Idee)이 플라톤의 이상(理想, Idea)에서 온 것임을 스스로 고백한다. 플라톤이 소크라테스의 입을 빌려 그려낸 '올바른 나라', '이상적인 나라'인 최선자정체는 마치 북극성처럼 우리가 가야 할 방향을 가르쳐주는 지향점일 뿐이다. 우리는 모험을 찾아 길을 떠날 수도 있고 예전에 갔던 곳을 다시 찾아갈 수도 있고, 휴식을 위해 집으로 향할 수도 있다. 새로운 곳을 찾아갈 때, 이미 갔던 곳을 다시 찾아갈 때, 다시 집으로 돌아갈 때 북극성은 우리에게 방향을 가르쳐준다. 북극성은 우리가 갈 곳이 아니다. 하지만 북극성이 없으면 우리는 가고 싶은 곳으로 갈 수 없듯이 소크라테스의 최선자정체는 그 자체를 현실에 구현할 수는 없지만 우리가 가고자 하는 방향의 지침이 되는 북극성이자 소실점이다.

최선자정체의 타락

"정체politeia가 바뀌는 것은……. 그 집단 안에서 내분(내란: stasis)이 생길 때……. 반면에 이 집단이 한마음 한뜻homonoein일 때에는, 그것이 아주 소수로 이루어진 것이라 할지라도, 변혁될 수가 없겠지."

"생성된 모든 것에는 쇠퇴가 있기에……혼과 육신의 풍요로운 생산과 불임·불모의 시기가 있으니 이는 각각의 것들에서의 순환들이 그 주기를 채우게 될 때마다 있느니라."

"철과 은, 청동, 그리고 금이 함께 섞임으로써 닮지 않은 상태와 조화롭지 못한 불규칙성이 생기게 되고, 이것들이 일단 생기게 되면, 그곳이 어디건, 거기에는 언제나 전쟁과 적대심을 낳느니라."

소크라테스는 '올바른 나라'의 본本으로서 최선자정체를 묘사한 다음 그것에게서 멀어지는, 곧 나빠지는 네 가지 정체에 관해 말한다. 결론부터 말하자면 플라톤은 민주정이 최선자정체가 타락하면서 나타나는 여러 정체 중에서 폭군에 의한 독재인 참주정 다음으로 최선자정체로부터 멀어진 정체라고 주장한다. 플라톤의 스승인 소크라테스는 페르시아전쟁을 승리로 이끈 후의 전성기와 펠로폰네소스 전쟁에 패한 후 쇠락하는 아테네를 모두 경험하였다. 반면에 플라톤은 그가 다섯 살 때부터 시작되어 30년 가까이 진행된 펠로폰네소스 전쟁이라는 희랍의 내전을 겪었고 그 이후 스승인 소크라테스의 재판과 사형으로 집약되는 타락한 민주정을 직접 목격했다. 민주정에 관한 그의 평가는 충분히 이해할만하다. 그럼 우리는 플라톤을 반민주주의자라고 이야기할 수 있을까? 이런 결론에 대해서는 조금 유보해두자. 플라톤의 이론에서 민주주의적 요소를 발견할 가능성은 없는지 3부에서 자세히 다뤄볼 예정이다.

완벽한 조화를 이룬 것처럼 보이는 최선자정체는 왜 타락해 가는 것일까? 타락의 원인은 하나의 목소리가 둘 이상으로 갈라져서 내분을 일으키기 때문이다. 그런데 소크라테스도 내분의 이유는 알지 못한다. 즐거움으로 가득한 낙원에서 영원한 생명을 가지도록 창조된 아담이 노동의 고통 속에서 살아가야 하는 필멸의 존재로 타락하는 과정을 그리기 위해서 신화가 필요한 것처럼 완벽한 정체가 타락해 가는 과정에 신의 목소리가 등장한다. 고대 서사시인인 호메로스와 헤시오도스의 전통을 이어받아 소크라테스는 서사시, 서정시, 천문학 등 교양과 문화 전반의 신인 무사Mousa 여신의 목소리를 빌린다. 생성된 모든 것은 쇠퇴하기 마련이고 그 안에 어떤 틈이 순환과 주기, 곧 변화를 일으키게 되며 그 변화로 '순수한' 황금에 철과 은, 청동이 섞이게 된다. 이제 영원한 이상향으로서의 '천국'과

같은 최선자정체는 불규칙성과 변화로 고통, 욕망, 갈등, 전쟁과 적
대심, 그리고 사랑의 가능성이 있는 이 세상의 네 가지 정체로 변해
간다.

1) 최선자정체에서 명예지상정체로

"〈명예지상정체timokratia, timarchia〉는 지혜로운 사람들을 관직에 앉히
길 두려워하는데, 이는 이 정체가 보유하고 있는 그런 사람들이 더는 단
순하지도 열심이지도 않고 혼합되어 있어서일세. 그리고 격정적이며 한
결 더 단순한 사람들 쪽으로, 성향상 평화보다는 전쟁 취향인 사람들 쪽
으로 기울며, 전쟁과 관련되는 계략과 전술들을 존중하고, 전쟁 가운데
온 세월을 보내는 등, 이런 유의 많은 것을 이 정체는 그 자체의 특유한
것들로 또한 갖게 되겠지?"

"〈이 정체는〉나쁜 것과 좋은 것이 혼합된 정체인데 격정적인 것이 우
세한 탓에, 이 정체에서는 한 가지 것만이, 즉 승리에 대한 사랑과 명예
에 대한 사랑만이 가장 뚜렷하게 드러나네."

명예지상정체는 '티모크라티아timokratia' 또는 '티마르키아timarchia'
를 번역한 말이다. 이는 명예나 직분을 뜻하는 티메timē와 지배, 통치
를 뜻하는 크라티아kratia 또는 기원, 근원, 통치를 뜻하는 아르케archē
가 결합한 말이다.

인간의 혼에는 지혜, 기개(격정), 욕망에 해당하는 영역이 있고 나
라에는 수호자, 보조자(군인), 돈벌이를 하는 부류가 있다. 올바른

삶, 올바른 나라에서는 혼의 지혜에 해당하는 수호자가 통치하는데 어떤 이유에 의해 혼의 기개에 해당하는 격정적인 부류의 보조자가 통치에 섞이게 된다. 이제 지혜로운 자보다 격정적이고 승리와 명예를 중시하는 자들의 성향이 통치에 점점 더 반영되면서 명예지상정체로 변해간다.

소크라테스는 명예지상정체와 닮은 사람이 생기는 것을 '잘 다스려지지 않는 나라에 사는 훌륭한 아버지의 어린 아들'에 비유한다. 훌륭한 아버지는 '재물에 대해서도 그다지 관심이 없으며, 개인적으로 법정에서 다툰다거나 남을 비난하는 일도 없이, 이런 종류의 일을 태연하게' 대한다. 당연히 사회적 지위나 명예에도 큰 관심이 없다. '올바른 나라'에서는 이런 아버지가 사회에서 존경받고 인정받으며 때로는 통치자의 역할을 할 것이다. 반면에 '잘 다스려지지 않는 나라'에서는 명예와 재물에 관심을 많이 가진 다른 아버지가 사회적 인정과 부러움을 살 것이고, 어린 아들은 훌륭한 아버지의 보이지 않는 가치보다는 다른 아버지의 보이는 가치인 재물, 사회적 지위와 인정에 더 마음이 쏠리며 그 방향으로 자랄 것이다.

나는 명예와 재물에 관심을 두지 않는 아버지와 그와 반대로 관심을 많이 가진 아버지 중에 어떤 아버지를 더 좋아하는 아들인가? 그리고 앞으로 어떤 아버지가 되고자 하는가? 우리 사회는 '훌륭한 아버지'를 더 존중하는 '올바른' 사회인가 아니면 명예를 사랑하는 아버지를 더 존중하는 '잘 다스려지지 않는' 사회인가?

2) 명예지상정체에서 과두정체로

"〈과두정체(寡頭政體: oligarchia)는〉 평가 재산에 근거한 정체로서, 이 정체에서는 부자들이 통치하고 가난한 사람은 통치에 관여하지 못하네."

"돈벌이를 점점 더 진전시켜 가고, 그들이 이를 더 귀히 여길수록, 그만큼 사람의 홀륭함(덕)은 덜 귀히 여길 것이네. 혹시 홀륭함과 부富는 아주 상반되는 것이어서, 마치 저울의 양쪽 저울대에 놓인 것들처럼, 늘 반대편으로 쏠리지 않는가?…… 나라에 있어서 부와 부자들이 귀하게 대접받게 되면, 홀륭함과 홀륭한 사람들이 덜 귀하게 대접받게 되네."

"이런 나라는 필연적으로 하나 아닌 두 나라, 즉 가난한 사람들의 나라와 부유한 사람들의 나라일 것이니, 같은 곳에 거주하면서 언제나 서로에 대해서 음모를 꾸미는 사람들의 나라일 걸세."

'과두寡頭'라는 문자는 머릿수가 적다는 뜻이다. 과두정체의 원어인 '올리가르키아oligarchia'의 뜻은 적은 수라는 의미의 '올리고스oligos'와 기원, 근원, 통치를 뜻하는 '아르케archē'가 결합한 말로 소수가 지배하는 정체라는 의미이다.

승리와 명예를 더 중시하는 명예지상정체에서는 재산이 승리와 명예를 얻는 데 많은 역할을 하기에 사람들은 재물을 더욱 탐하기 시작한다. 고대 희랍에서는 '아르카이아 모이라archaia moira'라는 제도가 있었다. 단어가 뜻하는 바는 근원적인archē 몫moira이라는 의미로 자유민으로 살아가기 위한 최소한의 재산을 말한다. 그래서 당시의 희랍인들은 아르카이아 모이라를 사고파는 것을 법으로 금지하거나 불명예스러운 일로 간주했다. 이제 사람들은 더 많은 재물을 얻기 위해 수단과 방법을 가리지 않게 되면서 '원래의 배분 재산'인 '아르카이아 모이라archaia moira'까지 사고팔게 된다. 이러면서 나라의 구성원들은 소수의 부자와 가난한 사람으로 나뉘게 되고 재산을 가진 부자들만이 통치하게 되며, 이제 통치는 전체의 편익이 아닌 통치하는 자들의 편익이 된다. 이제 나라는 '하나'가 아니라 부자와 가난한 자들 각각의 나라로 나뉘게 되고 이런 나라에서는 끊임없는 갈등과 분쟁이 있게 마련이다.

맹자의 정치사상에서 '아르카이아 모이라'에 해당하는 것이 정전법에서 한 가구당 나누는 100무畝의 토지이다. 이렇듯 동서양을 불문하고 어떤 공동체이든 공동체 구성원이 최소한의 생활을 해나갈 수 있는 장치를 가지고 있다. 만일 이런 장치가 없거나 무력화된다면 그 공동체는 지속하기 어렵다. 나와 가족의 생활을 위한 최소한의 재산이 없다면 나와 가족의 생존을 위해 타자에게 종속된 삶을 살 수밖에 없다. 만일 생존을 위해서 타자에게 의존할 수밖에 없다면 그런 삶은 자유인의 삶이 아닐 것이다. 소수의 자본가가 생산수단을 소유하고 있고 다수의 노동자가 자신의 노동력을 자본가에게 제공하면서 그에 따른 대가인 임금으로 사는 자본주의 사회는 근본적으로 과두정체적인 요소를 가지고 있다. 당장 플라톤의 이상理想처럼 사유재산을 없애고 모든 것을 공유할 수는 없지만 두 나라로 분열되지 않기 위해서는 맹자의 정전법이나 고대 희랍의 '아르카이아 모이라'와 같이 나라의 구성원들이 타자에게 종속되지 않고 자유인으로 살기 위한 최소한의 장치가 필요하다.

3) 과두정체에서 민주정체로

"과두 정체에서 민주정체로 바뀌는 것은…… 최대한 부유해져야만 한
다는 데 대한 '만족할 줄 모르는 욕망' 때문이 아니겠는가?"

"한 나라에 있어서 부를 귀히 여기면서 동시에 시민들 사이에 절제를
충분히 갖게 되도록 한다는 것은 불가능하고, 필연적으로 이것이나 저것
을 소홀히 하게 될 것이라는 게 이제는 명백하지 않은가?"

"민주정체dēmokratia가 생기게 되는 것은 가난한 사람들이 다른 편 사
람들 가운데 일부는 죽이고 일부는 추방한 다음, 나머지 시민들에게는
평등하게 시민권과 관직을 배정하게 되고, 또한 이 정체에서 관직들이
대체로 추첨으로 할당될 때에 있어서라고 나는 생각하네."

"이 나라는 자유와 언론 자유로 가득 차 있어서, 이 나라에는 자기가
하고자 하는 바를 '멋대로 할 수 있는 자유'가 있지 않겠는가…… 아마도
정체 중에서 이게 가장 아름다운(훌륭한) 것인 듯하이. 마치 온갖 꽃의 수
를 놓은 다채로운 외투처럼, 이처럼 이 정체도 온갖 성격으로 장식되어
있어서 가장 아름다워 보일 걸세……. 이 정체가 '멋대로 할 수 있는 자
유'로 인해서 모든 종류의 정체를 지니고 있기 때문일세."

"〈민주정체와 닮은 이들은〉…… 공경을 어리석음이라 일컬으며……
절제를 비겁이라 부르며…… 적정한 지출을 촌스럽고 비굴한 것이라 설
득하며……오만무례함을 교양 있음이라, 무정부 상태를 자유라, 낭비성
을 도량이라, 부끄러움을 모르는 상태를 용기라 부르네."

민주정체의 사전적인 뜻은 '데모스dēmos에 의한 통치kratia'이다. 고대 아테네의 '데모스'는 아테네 민주정체에서 두 가지 역할을 한다. 하나는 고대 아테네의 지방 행정구역의 단위로서 지역공동체의 역할이고 또 하나는 현대의 의회와 같은 역할을 하는 아테네 500인회인 '불레'에 대표자를 보내는 행정단위의 역할이다. 행정구역으로서의 데모스는 데모스 안에 거주하는 사람들을 지칭하는 말로도 쓰여 오늘날의 '인민(人民, peaple)'과 같은 의미를 함께 지녔다. 데모스에 의한 통치인 민주정체는 데모스에서 선출한 대표자들에 의한 통치이자 데모스들의 직접 통치라는 이중적인 통치체제이다. 현대의 대의민주주의에 해당하는 선출된 대표자의 통치 장치가 500인회인 '불레'이고 직접민주주의의 장치가 모든 시민이 참여해서 의사결정을 하는 민회이다.

민주정체는 사람의 만족할 줄 모르는 욕망 때문에 생긴다. 1부에서 인용한 주왕의 상아 젓가락의 예에서 보듯이 한번 사치를 맛본 사람들의 욕망은 한계가 없다. 과두정체에서 소수의 부자에게 재산과 권력이 독점되면서 다수의 가난한 사람들은 욕망을 채울 길이 없다. 서로 다른 욕망이 있지만 욕망을 채우고자 하는 공통점을 가진 가난한 사람들은 소수의 부자를 일부는 죽이고 일부는 추방한 후에 '평등하게' 자유를 누린다. 플라톤에게 민주정체의 가장 큰 특징은 '자유'이다. 그에게 자유는 이중적이다. 최선자정체에서 나라의 모든 구성원은 자유인으로 살아간다. 민주정체도 자유로 가득하다. 이 둘의 차이는 무엇일까? 하나는 절제와 결합한 자유이고 다른 하나는 욕망과 결합한 자유이다.

욕망과 결합한 자유를 플라톤은 '멋대로 할 수 있는 자유'라 말한다. 아마 플라톤은 당시 아테네의 타락한 민주정체에서 시민들이 보여주는 '자유'를 이렇게 묘사했을 것이다. 그런데 멋대로 하는 자유는 욕망에 이끌려 타락할 가능성도 있지만 반대로 이성과 절제의 방향을 선택해 다시 '하나의 나라'로 회복할 수도 있지 않은가? 플라톤이 보기에 '모든 종류의 정체'를 향해 갈 수 있는 이런 가능성이 민주정체를 가장 아름답게 한다. 민주정체의 여러 가능성에 대해서는 3부에서 더 다룰 예정이다.

민주정체가 무한한 가능성을 가지고 있는 반면, 타락의 길로 가는 명확한 길이 될 수도 있다. 소크라테스가 민주정체를 닮은 사람에 대해 묘사한 대로 공경, 절제, 적절한 지출 같은 훌륭함을 나쁜 것으로 여기며 반대로 오만무례함, 무정부 상태, 낭비, 부끄러움을 모르는 상태와 같은 나쁜 것을 훌륭함으로 여긴다면 그런 자유가 이끄는 길은 참주정체로의 길이다.

4) 민주정체에서 참주정체로

"부에 대한 '만족할 줄 모르는 욕망'과 돈벌이로 인한 그 밖의 다른 것들에 대한 무관심이 이 정체(과두정체)를 파멸시켰네. 그러면 민주정체가 좋은 것으로 규정하게 되는 것, 이것에 대한 만족할 줄 모르는 욕망이 또한 이 정체를 무너뜨리는가? …… 〈그 욕망은〉 자유일세."

"자유가 개개인의 가정들에까지 스며들다가, 마침내는 무정부 상태(무질서)가 동물들에게 있어서까지 자리를 잡게 될 걸세."

"아비가 자식과 같아지도록 버릇 들이고 아들들을 두려워하도록 버릇 들이는 한편으로……선생이 학생들을 무서워하며 이들에게 아첨하고, 학생들은 선생들을 경시하며……젊은이들은 연장자들을 흉내 내며 언행에 있어서 이들을 맞상대하고, 반면에 노인들은 젊은이들에 대해 채신없이 굴기를 기지와 재치가 넘칠 지경이라네."

"이 모든 걸 요약할진대, 그 요점은 이것들이 시민들의 혼을 민감하게 만들어서, 누가 어떤 형태의 굴종을 요구해도 못마땅해하며 참지를 못한다는 것임을 자네는 알아차렸는가?"

"무엇이건 지나침은 곧잘 이에 대응해서 반대쪽으로 큰 변화를 생기게 하네……개인에게 있어서도 나라에서도 지나친 자유는 지나친 예속 이외의 다른 어떤 것으로도 바뀌지 않을 것 같으이."

지나친 자유, 곧 절제를 잃은 자유는 '멋대로 할 수 있는 자유' 마저 허용하지 못하고 예속의 길로 이끈다. 1부에서 맹자의 '하필왈리何必曰利'에 대해 이야기하면서 홉스의 이론에 대해서 잠시 살펴보았다. 여기서 플라톤이 묘사하고 있는 '멋대로 할 수 있는 자유'를 모든 사람이 행할 때의 모습은 홉스의 자연 상태와 비슷하다. 자신의 욕망과 자유가 타자의 그것과 부딪혔을 때 민감한 혼을 가지게 된 시민들은 자신의 욕망과 자유를 절제하는 것을 굴종으로 여기게 되고 그것을 참아내지 못한다. 모두가 자신의 욕망과 자유를 절제하지 못하게 되면 결국은 '자연 상태'인 '전쟁 상태'가 되어서 아무도 최소한의 욕망과 자유도 누리지 못하는 역설적인 상황을 맞이하게 된다. 홉스는 시민들 스스로가 '이성'적인 판단으로 자신들의 자연권을 주권자에게 양도한다고 설명한다. 하지만 플라톤이 그리는 참주정체로의 이행은 주체적이고 이성적인 판단에 의한 것이 아니라 모두가 '멋대로 할 수 있는 자유'를 향해 가지만 마치 나방이 불을 향해 달려들 듯이 결국 예속을 향해 가는 상황이다.

그럼 구성원 대부분이 예속된 참주정체에서 통치자인 참주는 자유로운가? 참주와 백성들의 관계는 주인과 노예의 관계와 유사하다. 그러니 주인인 참주는 자유롭고 노예인 백성들은 자유롭지 못할 것이라 생각하는 것이 일반적이다. 그런데 찬찬히 따져보면 꼭 그렇지만은 않다는 것을 알 수 있다.

헤겔은 그의 주저인 『정신현상학』에서 주인과 노예의 상황이 전도되면서 역설적으로 주인이 노예에 예속되는 상황을 설명하였다. 이를 후대인들은 '주인과 노예의 변증법'이라는 말로 부른다. 헤겔에 의하면 사람은 자기의식을 형성하면서 타자로부터 존중받고자 하는 인정욕구를 가지게 된다. 서로 간의 인정욕구가 충돌하면서 생명을 건 투쟁인 인정투쟁이 일어난다. 이 투쟁 과정에서 생명보다 인정욕구를 더 중요하게 여기는 이들이 투쟁에서 이겨 주인이 되고 생명을 더 소중히 여기는 이들은 패배하여 노예가 된다. 주인과 노예의 관계가 처음 형성되었을 때는 노예가 주인에게 예속되는 관계로 시작된다. 그런데 시간이 지나면서 직접적인 생산 활동을 하는 노예는 노동을 통해 세계와 관계하고 그 세계를 변형하면서 스스로 변화를 겪게 된다. 반면에 주인은 모든 삶을 노예에게 의존하게 되면서 결국은 주인과 노예의 관계가 역전이 된다. 헤겔은 지배자인 주인이 시간이 지나면서 예속되어 가고 피지배자인 노예가 자유롭게 되어가는 과정을 그렸다. 그런데 어쩌면 주인과 노예의 관계는 어느 한쪽이 지배하는 관계가 아니라 양쪽이 다 예속된 관계일지 모른다.

이를 좀 더 쉬운 예를 들어 이해해보자. 오래전부터 가지고 싶었던 한정판 운동화를 생일선물로 받았다고 가정해보자. 운동화의 주인은 나이고 운동화는 나의 소유물이다. 그런데 운동화를 더 소중하게 여기면 여길수록 내가 운동화에 예속되는 것을 느낀다. 운동화를 신고 외출을 하면 혹시라도 신발이 상할까 봐 신고 나가지도 못한다. 집에 운동화를 고이 모셔둔 뒤에 외출했는데 혹시나 동생이 장난하다 망가뜨리거나 엄마가 청소하다가 실수로 흠집 낼까 봐 자꾸 신경이 쓰인다. 집에 돌아와 보니 아니나 다를까 운동화에 작은 흠집이 나 있다. 흠집을 본 순간 동생과 엄마에게 화를 낸다. 밥을 먹을 기분도 아니라 온종일 굶으며 운동화의 흠집을 보며 화를 삭인다. 이쯤 되면 내가 운동화의 주인인지 운동화의 노예인지 구별이 되지 않는다.

또 다른 예를 들어보자. 우리나라의 많은 부모가 자식이 원하든 원하지 않든 자신들이 바라는 바대로 살아가기를 원하면서 자식들의 삶을 통제한다. 이런 경우 부모는 지시하는 주인으로서, 자식은 통제를 받는 노예의 역할을 하는 것 같다. 그런데 이런 관계에서 자식만이 통제를 받는 것이 아니라 부모의 삶도 역시 제한을 받는다.

자식이 자신의 통제에 잘 따르고 있는지 감시해야 하고 공부만을 하길 바라니 공부 이외의 필요한 것은 부모가 대신해줘야 하고 자식의 성적에 일희일비하게 된다. 이런 상황은 부모와 자식 모두 무언가의 노예로서 사는 것이다.

이런 예들을 보면 주인으로 산다는 것이 누군가를 소유하고 지배하는 것은 아니라는 것을 알 수 있다. 소유와 지배의 관계 자체가 지배자나 피지배자 모두를 노예로 만든다. 마찬가지로 참주정체는 참주와 백성 모두를 노예로 만드는 정체이다.

나의 자유는 타자에 대한 지배가 아닌 타자와의 동등한 관계에서 나온다. 그렇다고 나와 타자가 같다는 뜻은 아니다. 부모와 자식이 같을 수 없고 선생과 학생이 같을 수 없다. 부모와 자식이나 선생과 학생의 경우처럼 어떤 관계에서는 지시와 복종이 필요할 때도 있다. 다만 그런 지시와 복종의 관계는 필요에 의한 일시적인 관계일 뿐 영속적인 지배와 피지배의 관계가 아니다. 내가 만일 낯선 곳에 간다면 그 지리를 잘 아는 사람의 인도에 따라야 한다. 그렇다고 내가 그 사람의 지배를 받는 것이 아니다. 내가 그 지역을 잘 알게 되면 나를 인도했던 사람과 나는 대등한 관계가 된다. 나는 내가 인도받았던 것처럼 나보다 늦게 오는 사람들을 안내할 의무를 진다. 플라톤의 '올바른 나라'가 그리는 '한마음 한뜻'의 사람들은 이런 관계를 맺을 것이다. 본질적으로 서로 동등하고 자유로운 사람들이 성향에 따라 때로는 누군가가 인도하고 누군가는 복종하는 그런 관계 말이다.

◆ 여기서 잠시 생각해 보고 다음으로 넘어가자

1 소크라테스가 이야기한 통치자의 성향 이외에 더 필요한 성향이 있다면 무엇일까?

2 적과 친구를 구별할 수 있을까? 마음에 적과 친구를 떠올려 보자.

3 지혜, 용기, 절제에 대해 소크라테스가 말한 정의 이외에 자신의 정의를 내려보자

4 나는 리더의 성향을 가지고 있는가 리더의 성향을 지니고 있는가?

5 여성과 남성은 어떤 다른 성향을 지니는지 생각해 보자

6 사적 소유와 가족 이외에 공적인 마음을 가로막는 어떤 것들이 있는지 생각해 보자

7 민주정체가 두 번째로 나쁜 정체라는 소크라테스의 주장에 동의하는가? 그럼 왜 인류는 나쁜 정체 중 하나인 민주정을 택하고 있는가?

플라톤의 교육사상

플라톤이 그리는 '올바른 나라'에서의 교육시스템은 유학儒學의 교육시스템과 비슷한 부분이 많다. 유학에서는 15세까지 '쇄소응대진퇴灑掃應對進退', 곧 쓸고 닦고 손님을 접대하고 어른에게 나아가고 물러나는 구체적인 일상의 훈련을 통해 누구나 가지고 있는 사람의 선한 본성을 잃지 않고 키워나갈 수 있는 몸과 마음의 근력을 키운다. 이런 사상이 담긴 책이 『소학小學』이다. 『소학』과 같은 교육이 플라톤에게는 시가와 체육교육이다.

보편교육으로서의 시가와 체육

〈수호자들의 교육으로는〉 몸sōma을 위한 교육으로는 체육이 있겠으며 혼psychē을 위한 교육으로는 시가mousikē가 있겠네만."

"어린 사람은 뭐가 숨은 뜻이고 뭐가 아닌지를 판별할 수도 없으려니와, 그런 나이일 적에 갖게 되는 생각들은 좀처럼 씻어 내거나 바꾸기가 어렵기 때문일세. 바로 이런 까닭으로 이들이 처음 듣는 이야기들은 훌륭함(덕: aretē)과 관련해서 가능한 한 가장 훌륭하게 지은 것들을 들도록 하는 것을 어쩌면 아주 중요하게 여겨야만 할 걸세."

"무절제와 질병이 이 나라에 넘칠 때, 많은 법정과 의원이 문을 열 것이고……나라에 있어서 나쁘고 부끄러운 교육의 증거로서는, 정상급의 의사와 재판관들이 하층민들과 수공예가들뿐만 아니라 자유민 풍으로 양육된 척하는 사람들에게도 필요하다는 것, 이 이상으로 큰 것을 자네는 가질 수 없겠지? 자체로 해결할 길이 없어서 남들이 주인이나 재판관으로서 정해 주는 것을 올바른 것으로 삼지 않을 수 없게 된다는 것은 부끄러운 것으로, 그리고 교양 부족의 큰 증거로 생각되지 않는가?"

"〈체육교육은〉 힘을 염두에 두고서 보다도 제 천성의 '격정적인 면'을 염두에 두고 이를 일깨우는 〈교육이네.〉"

"시가와 체육은 혼의 격정적인 면과 지혜를 사랑하는 면을 위해서, 부수적인 경우가 아니고서는, 혼과 육신을 위해서가 아니라, 그 둘을 위해서, 곧 그 둘이 적절할 정도만큼 조장되고 이완됨으로써 서로 조화를 이루기 위한 것일세."

『국가』는 총 10권으로 이루어져 있으며 번역본 기준으로 약 600여 쪽에 이른다. 이 중에 시가와 체육교육에 대한 부분은 80쪽에 가까운 분량으로 2권과 3권에 걸쳐 이야기되고 있다. 여기에는 시가와 체육교육 이후의 수호자를 판별하고 성향을 강화하는 교육은 포함되어 있지 않으니 플라톤이 교육을 얼마나 중요하게 생각하는지,

그리고 모든 젊은이를 대상으로 하는 보편교육에 대해 얼마나 많은 관심이 있는지 알 수 있다. 그가 시가와 체육에 대해 언급한 사항을 여기서 자세히 모두 살펴볼 수는 없다. 이 글에서는 왜 시가와 체육이 보편교육이어야 하는지, 그리고 그의 주장 중에서 지금 우리가 검토해볼 만한 것 중에서 몇 가지를 추려보겠다.

이 절에서 살펴보는 시가와 체육뿐 아니라 다음절에서 살펴볼 교육과정은 수호자들을 위한 교육이다. 그런데 시가와 체육은 미래의 수호자들뿐만 아니라 모든 젊은이가 함께 받는 보편적인 교육이다. 우리는 수호자들의 성향을 타고난 자가 수호자가 되어야 한다는 것은 합의했지만 아직 어떤 자들이 수호자들의 성향을 타고났는지 판별하는 방법에 대해서는 알지 못한다. 시가와 체육교육의 역할 중 하나가 바로 수호자로서의 성향과 다른 성향을 판별하는 것이다. 그리고 보편교육으로서의 시가와 체육은 어떤 성향을 지닌 사람이라도 공동체의 구성원으로 살아가기 위한 성품을 기르는데 필요한 교육이다.

여기서 '시가詩歌'로 번역한 '무시케mousikē'는 교양과 문화의 여신인 '무사Mousa'에서 나온 말로 음악으로 번역되는 현대의 뮤직music의 어원이 되는 단어이다. 당시의 '무시케'는 우리 시대의 문학의 한 장르로서의 시詩 또는 예술의 한 장르로서의 음악보다 훨씬 폭넓은 범위를 가진다. 고대 아테네에서 서사시와 비극공연은 당시의 시민들에게 정치, 사회, 문화, 교육, 예술 등 모든 분야에서 전반적으로 큰 영향을 미쳤다. 이런 전반적인 문화 자체를 표현한 말이 '무시케'

이다. 물론 당시 아테네에서 교육과 문화의 형태가 주로 서사시나 서정시, 비극 등의 시와 그것을 음송하고 공연하는 행위로 이루어졌으니 '시가'라는 번역이 틀리지 않다. 하지만 혹시라도 현대사회의 시나 음악교육처럼 생각되지 않을까 하는 노파심에서 설명을 덧붙인다.

처음에 소크라테스는, 체육은 몸을 위한 교육이고 시가는 혼을 위한 교육이라고 이야기를 시작한다. 그러다가 구체적으로 두 가지의 교육과정을 이야기한 후에 둘 다 혼을 위한 교육임을, 곧 격정적인 부분과 지혜를 사랑하는 부분에 대한 교육이고 이 두 가지 영역이 조화를 이루게 하는 교육이라고 수정한다. 사람을 몸과 혼으로 나눠서 보는 이원론적인 관점은 서양사상의 주류적인 전통이다. 플라톤의 이런 생각은 영혼윤회설을 주장하던 피타고라스의 영향을 받은 것인데 이런 사상이 유대교전통인 헤브라이즘과 만나서 기독교 전통이 만들어진다. 그런 바탕에서 17세기 근대철학자인 데카르트가 그의 주 저서인 『성찰』에서 영혼과 신체가 두 실체임을 보이면서 이원론 전통은 서양사상에서 확고하게 자리 잡는다.

여러 현대철학자가 이런 이원론 전통을 비판하면서 극복하기 위해 많이 노력하지만 여전히 이원론 전통의 그림자는 서양인들의 사고에 짙게 드리워져 있다. 그리고 서양인들은 이원론 전통의 기원을 플라톤에게서 찾는다. 그런데 소크라테스의 입을 빌려 플라톤이 시가와 체육이 혼과 몸을 따로 교육하기 위한 것이 아니라 궁극적으로 혼의 조화를 위한 교육이라고 주장하는 것을 봐서는 플라톤이 이원론 전통의 기원인지 확실하지가 않다. 나중에 플라톤의 형상이론(이데아)을 살펴보면서 더 언급하겠지만 어쩌면 우리는 플라톤이 아니라 플라톤을 해석하는 사람들의 이야기를 들으며 플라톤을 오해하고 있는지도 모른다.

소크라테스는 시가교육의 중요성을 이야기하면서 기존의 신화와 서사시를 비판한다. 희랍신화는 우라노스와 크로노스, 제우스로 신의 제왕 자리가 계승되는 이야기로 시작한다. 그런데 왕좌의 승계는 자연스럽고 평화적으로 이루어지지 않고 자식이 아비를 강제로 폐위시키고 그 자리를 차지하면서 이어진다. 이는 인간 세상에서나 벌어지는 일이지 신들의 세계에서 벌어질 법하지 않은 일들이다. 또 신화에서는 신들끼리 전쟁을 일으키고 서로를 속이며 시기와 질투를 하는 등 인간 사회에서 벌어지는 추한 모습이 똑같이 벌어진다. 이 이외에도 신의 아들이나 영웅이 죽음을 두려워하거나 불경한 짓들을 행한다는 이야기나 오이디푸스처럼 신들이 원인이 되어 인간이 불행해진다는 등의 이야기는 아직 판별하는 능력이 떨어지는 어린 사람들이 들어서는 안 되는 이야기들이다. 이런 서사시의 사례를 들면서 소크라테스는 시가에 대한 사전검열을 정당화한다.

플라톤의 사상 중에서 사전검열을 주장하는 이 부분은 후대인들에게 많은 비판을 받는다. 이런 그의 주장은 20세기에 독일의 나치나 일본의 군국주의 같은 전체주의의 이론을 정당화하는 기초가 되었다. 공동체를 위한 정신으로 모두가 무장해야 하는데 그것을 해칠 염려가 있는 이론, 사상, 문학, 예술은 검열의 대상이었다. 해방을 맞이해서도 일본 군국주의 문화에서 완전히 벗어나지 못했던 우리나라에서도 불과 얼마 전까지 공식적 또는 비공식적인 검열이 이루어졌다. 이런 역사는 위대한 과학철학자 중 한 명인 카를 포퍼가 그의 저서인 『열린사회와 그 적들』에서 플라톤의 사상이 닫힌 사회를 지향하는 전체주의 사상이라고 주장하는 근거가 되었다. 이 책에서는 플라톤이 전체주의자인가 아닌가를 캐묻지 않는다. 그러려면 전체주의란 무엇인가부터 고찰해야 하는데 그건 이 책의 범위를 넘어선다. 다만 플라톤이 시가교육을 설명하면서 왜 이런 주장을 했을지 추측해보겠다.

인간은 모방의 동물이다. 모방의 대상을 반복해서 따라가다 보면 그것이 습관이 된다. 습관이 나와 떨어질 수 없을 만큼 내 몸과 마음과 일체가 될 때 그것을 습성이라고 한다. 이런 습성들이 모여서 나의 인격을 형성한다. 이것이 플라톤과 당시의 아테네인들이 생각하는 인격의 형성과정이다. 이를 도식으로 정리하면 아래와 같다.

모방mimēsis ⇨ 습관hexis ⇨ 습성ethos ⇨ 인격ethos

이 도식에 의하면 사람의 인격은 무엇을 모방하느냐에 따라 형성된다. 훌륭한 것을 모방하면 훌륭한 인격이 만들어질 것이고 나쁜 것을 모방하면 반대가 된다. 이는 어린아이일수록 더하다. 어린 학생들이나 청소년들이 좋아하는 가수를 우상偶像이라는 뜻의 '아이돌idol'이라고 부르는 것은 그들이 숭배의 대상으로 여길 정도로 '아이돌'을 모방하기 때문이 아닌가? 현대사회에서도 방송이나 영화의 경우 시청에 나이 제한을 두고 있다. 이를 우리는 사전검열이라고 부르지는 않는다. 플라톤이 서사시와 신화를 비판하면서 '사전검열'로 해석될 수도 있는 주장을 한 것은 현대의 방송등급처럼 나쁜 인격을 형성할지도 모르는 내용을 특히 어린 사람들에게 노출되지 않도록 하자는 것이다.

몸을 위한 교육인 줄 알았던 체육교육은 알고 보니 혼의 교육이다. 체육교육으로 단련된 혼은 자신의 몸을 다스리고 절세할 줄 안다. 자신의 몸과 마음을 다스리지 못하는 사람들은 질병과 분쟁에 종속되게 될 것이며 이런 사람이 많아지면 이들을 대신해 질병을 다스리고 분쟁을 판단해 줄 병원과 법정이 많아질 것이다. 자신의 몸도 스스로 다스리지 못하거나 타자와의 분쟁을 스스로 해결하지 못해 남들에게 맡겨 그들의 판단에 따르는 자는 자유민이 아니다. 그런 자들이 많아지면서 병원과 법정이 많아지게 된 나라는 자유로운 나라, 건강한 나라가 아니다. 세계에서 의료기술과 법률시스템이 가장 발달한 나라인 미국은 현대인들에게는 세계적인 강국일지 몰라도 플라톤의 시각에서는 건강한 나라가 아니다. 지금의 시대에서는 모든 질병을 스스로 다스리고 모든 분쟁을 개별적으로 처리하는 것만이 건강함의 기준이라고 할 수는 없다. 하지만 의료기술이 가장 발달했어도 가난한 사람들이 그 혜택을 누릴 수 없고 발달한 법률시스템의 대부분을 소수의 부자가 활용하고 있다면 그 사회를 건강하다고 할 수 없을 것이다.

맹자의 보편적 교육은 사람의 마음을 잃지 않도록 하는 윤리교육이고 플라톤의 보편적 교육은 혼의 조화를 위한 시가와 체육교육이다. 우리의 보편적 교육은 무엇을 가르치고 있는가?

이데아Idea — **보편적인 앎**

"의견doxa과 인식epistēmē은 각기 자체의 능력에 따라 서로 다른 별개의 대상에 관계하네."

"'언제나 똑같은 방식으로 한결같은 상태로 있는 것'을 파악할 수 있는 이들이 지혜를 사랑하는 사람(철학자)이며, 그건 파악하지 못하면서 잡다하고 변화무쌍한 것들 속에서 헤매는 이들은 지혜를 사랑하는 사람이 아니니, 도대체 어느 쪽이 나라의 지도자들이어야만 하겠는가?"

플라톤의 스승인 소크라테스는 평생 '그것 자체'를 찾기 위해 캐묻고 다녔으며, 그리고 세상은 보이는 세계와 보이지 않는 세계가 겹쳐있고 소크라테스의 '그것 자체'를 찾기 위한 여정은 보이지 않는 세계를 보기 위한 것이었다. '이데아Idea'는 스승인 소크라테스가 찾으려던 '그것 자체'에 대한 플라톤의 결론이다. 이제 플라톤의 대표적 사상인 이데아란 무엇인지 살펴보고, 그리고 그에 대한 몇 가지 오해를 바로잡아 보겠다.

앎의 대상	가시적인 세계, 감각대상	보이지 않는 세계, 이데아Idea
능력dynamis	감각능력(시력, 청력 등)	지성nous
앎의 종류	의견, 판단doxa	인식epistēmē

이는 플라톤의 인식론을 간단하게 정리한 표이다. 우리는 감각기관을 통해 세계를 경험하고 그에 따라 무언가를 알게 되고 판단한다. 그런데 감각은 때로 우리를 잘못된 앎과 판단으로 이끈다. 또 같은 대상에 대한 앎이 감각하는 사람에 따라 달라지기도 하고, 같은 사람이 같은 대상을 감각하더라도 때에 따라 다른 앎을 가지게 되거나 다른 판단을 하기도 한다. 이렇게 감각을 통해 가시적인 세계를 경험하면서 가지게 되는 앎을 플라톤은 '독사doxa'라고 불렀다. 이 단어는 로마인들에 의해 라틴어 '오피니오opinio'로 번역이 되고 이는 영어의 '오피니언opinion'의 어원이다. 오피니언, 곧 의견으로서의 이런 판단은 때로 맞고 때로 틀리다. 곧 감각으로는 일관되고 객관적인 앎을 얻을 수 없다. 소크라테스가 찾으려는 '그것 자체'나 플라톤의 이데아Idea는 감각에 의한 앎처럼 상황에 따라, 판단하는 사람에 따라 달라지는 것이 아니라 시간과 장소에 상관없이 누구에게나 보편적인 앎을 주는 대상이다.

감각으로 경험할 수 없는 이데아를 우리는 어떻게 알 수 있는가? 우리가 무언가를 보거나 들을 수 있는 것은 시력이나 청력 같은 감각 능력이 있기 때문이다. 이런 감각 능력처럼 사람에게는 이데아를 '볼' 수 있는 능력인 지성이 있다. 여기서 지성이 이데아를 '본다'

고 표현했지만 이는 우리가 눈으로 어떤 대상을 '본다'는 것과는 다르다. 보거나 듣거나 만지는 등의 감각적인 묘사로는 지성이 이데아를 만나게(?) 되는 것을 설명할 수 없기에 시각에 비유해서 표현했을 뿐이다.

감각에 의한 판단이 때로는 맞고 때로는 틀린 독사doxa라면 지성에 의한 앎은 보편적인 앎으로 '에피스테메epistēmē'라고 부른다. 지성으로 번역한 희랍어 누스nous는 라틴어 '인텔렉투스intellectus'로 번역되어 영어의 '인텔렉트intellect'의 어원이 된다. 보편적인 앎인 '에피스테메'는 라틴어 '스키엔티아scientia'로 번역되고 이 단어는 우리가 지금 과학이라고 번역하는 '사이언스science'의 어원이 된다. 사이언스가 '과학科學', 곧 분과학문이 된 것은 근대 이후의 일이고 그 이전까지 사이언스의 뜻은 우리가 과학이라고 부르는 분야만이 아니라 모든 분야에서 보편적인 앎 또는 지식을 가리키는 말이었다. 이런 보편적인 앎은 감각이 아니라 지성을 통해서 알 수 있으며 그 대상도 가시적인 것이 아니다. 예를 들어, F=ma라는 과학적인 앎이 뉴턴에게만 '감각적으로' 주어지는 것이 아니라 모든 인류에게 '보편적으로' 주어지듯이, 공식으로 표현되는 여러 가지 과학적인 앎은 때와 장소에 상관없이 누구에게나 보편적으로 주어진다.

기하학의 예를 통해 지성과 이데아, 그리고 그에 의한 앎인 에피스테메의 관계에 대해 한 번 더 살펴보자.

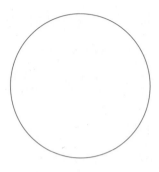

위 그림은 '원(圓, circle)'을 그린 것이다. 그런데 정말 원이 맞는 가? 원의 정의는 '한 점으로부터 같은 거리에 있는 점들의 집합'이다. 점은 길이나 넓이를 가지지 않으니 눈에 보이지 않는다. 보이지 않는 점들이 집합 또한 우리는 볼 수 없다. 그런데 위에 그린 원의 그림을 우리는 눈으로 볼 수 있다. 그러니 그려진 원, 보이는 원은 원이 아니다. 그럼 원은 존재하지 않는 것일까? 그렇다면 기하학은 존재하지 않는 허상들에 대한 학문인가? 만일 존재한다면 어디에 존재하는가? 그리고 우리는 그것을 어떻게 알 수 있는가?

원이 존재하는 방식이 이데아의 존재방식과 비슷하다. 원뿐만 아니라 모든 기하학의 대상을 우리는 감각이 아니라 지성nous을 통해서 알 수 있다. 또한 그려진 원은 작은 원, 큰 원, 찌그러진 원, 빨간 원, 파란 원 등등 구체적 감각의 대상이 되면서 각각의 원을 본 사람마다 다른 앎을 주지만 '원 자체'는 모든 사람에게 공통되고 보편적인 앎을 준다. 이것이 '에피스테메'이다.

철학자들이 배우고자 하는 지혜는 이런 앎이다. 반면에 사람들 대부분은 감각에 의한 '잡다하고 변화무쌍한' 앎인 독사doxa에서 헤맨다. 이렇듯 감각에 의한 앎인 '독사'를 가지고 있는 부류와 보편적인 앎인 '에피스테메'를 가지고 있는 부류 중에서 어느 쪽이 나라의 지도자가 되어야 하는가? 당연히 철학자가 지도자가 되어야 하지만 현실은 그렇지 않다. 소크라테스는 선원의 비유를 통해 철학자가 지도자가 되지 못하는 상황을 설명한다.

선원들이 서로 자기가 배를 조정하겠다고 다툰다면 누구에게 배의 조정을 맡겨야 하는가? 당연히 항해술, 조타술 등의 앎을 가지고 있어서 배를 몰 수 있는 능력이 있는 사람에게 맡겨야 한다. 그런데 그런 능력이 있는 사람을 구분하기 위해서는 그 능력을 알아볼 수 있는 앎을 가지고 있어야 한다. 그런데 선택하는 자인 배의 주인은 그런 능력이 없다. 그래서 실제로는 능력이 있는 사람이 아닌, 능력이 있다고 주장하는 사람을 선택한다. 실제 배를 몰 수 있는 능력이 있는 사람은 자신의 능력을 남에게 '선동(?)'할 수 있는 능력이 없다 보니 배에서 쫓겨나거나 심한 경우 죽임을 당하기도 한다. 여기서 배는 나라polis의 비유이고 선주는 민중demos의 비유이며 배를 조정할 능력이 있다고 주장하는 선원을 소크라테스는 선동가라고 부른다.

여기에 민주주의의 역설이 있다. 민주주의의 대표적인 형태가 대의민주주의이다. 대의민주주의에서는 선거를 통해 시민이 자신을 대표할 사람을 선택한다. 이때 선택하는 자들이 선택되는 자가 나라를 이끌 능력이 있는지 알아볼 수 있어야 올바른 선택을 할 수 있다. 곧 감각적이고 항상 변할 수 있는 앎인 독사가 아닌 보편적인 앎인

에피스테메를 가진 자를 선택해야 한다. 그런데 어떤 사람이 독사를 가졌는지 에피스테메를 가졌는지 알 수 있는 사람은 에피스테메를 가진 사람이다. 문제는 선택하는 자들이 배의 선주처럼 독사를 가진 자들이기에 자신들과 같은 독사를 가진 자들을 선택한다. 이는 마치 학생이 스승을 선택하고 자식이 부모를 선택하는 것과 마찬가지다. 민주주의와 관련된 이 문제는 3부에서 더 다뤄볼 예정이다.

이제 지금까지 알려진 플라톤의 이데아에 대한 몇 가지 오해를 살펴보자. 플라톤의 이데아 사상은 주로 『국가』, 『향연』, 『파이돈』 등의 중기대화편에서 체계적으로 설명한다. 그런데 많은 사람이 플라톤의 대화편을 통해 직접 그의 이데아 사상을 접하는 것이 아니라 이데아 사상을 설명하거나 비판하는 다른 사람들을 통해 듣는다. 이것은 마치 내가 연애를 하는데, 직접 사랑하는 사람을 만나서 이야기를 나누고 밥을 먹는 것이 아니라 중간에 다른 사람을 끼워 넣어서 그 사람을 통해서 사랑하는 사람과 대화를 나누는 것과 마찬가지다. 그것을 연애라고 할 수 있을까? 사귀기 전에는 처음에 다른 사람의 소개를 받을 수는 있지만 소개를 받고 나서는 중간에 매개자를 둘 필요는 없다. 공부도 연애와 마찬가지이다. 처음 내용을 이해하기 어려울 때 먼저 공부한 사람들의 지도를 받을 필요가 있다. 하지만 어느 순간부터는 마치 연애하는 것처럼 언젠가는 내가 공부하고 싶은 대상을 직접 대면해서 파악해야 한다.

플라톤의 사상에 대해서도 많은 사람이 이런 오류를 범한다. 고대 희랍에서부터 수천 년 동안 수많은 사람이 플라톤의 사상에 대해 주석을 붙였다. 그리고 수천 년 동안 수많은 사람이 플라톤이 직접 말한 대화편을 통해서가 아니라 매개자인 주석을 통해 플라톤의 사상을 이해해왔다. 플라톤에 대한 오해는 여기에서 비롯된 것이 많다. 대표적인 사례가 그의 제자인 아리스토텔레스에 의해 벌어진다. 아리스토텔레스는 그의 대표적 저서 중 하나인 『형이상학』에서 플라톤의 이데아 사상을 비판하면서 이데아 사상을 십여 가지로 요약한다. 하지만 그가 요약한 이데아 사상은 플라톤의 것이라기보다는 그가 해석한 이데아이다. 이미 아리스토텔레스의 해석이라는 필터를 거친 이데아 사상은 플라톤이 직접 주장한 것과는 차이가 있다. 플라톤의 대화편에서 직접 그의 목소리를 듣지 않고 아리스토텔레스의 목소리를 통해 해석된 이데아 사상을 듣게 된다면 플라톤의 사상을 오해할 여지가 있다. 이제 플라톤의 이야기를 직접 들으면서 그에 대한 오해를 하나하나 풀어보자.

플라톤의 이데아에 대한 오해 중 하나는 다음과 같은 물음으로 나타난다. '스마트폰의 이데아가 있는가?' 또는 '자동차의 이데아가 있는가?' 플라톤이 살았던 고대 희랍에는 스마트폰도 자동차도 없었다. 그럼 그때 당시에는 자동차의 이데아는 없었을 것이고 자동차가 만들어졌을 때 이데아는 생겼을 것인데 그럼 이데아가 때와 장소에 상관없는 보편적인 앎의 대상이라는 말과 모순된다. 이런 물음은 두 가지 문제를 간과하고 있다. 하나는 이데아는 구체적인 감각의 대상이 아니라 지성의 대상이라는 것이다. 그런데 이 물음에서 자동차나 스마트폰의 이데아는 가장 잘 만들어진 스마트폰, 가장 기능이 뛰어난 자동차를 뜻하고, 그 '이데아'는 지성의 대상으로서의 이데아가 아니라 감각의 대상으로서의 허상이다. 스마트폰이나 자동차의 이데아는 가장 잘 만들어진 어떤 물건이 아니라 그 안에서 구현되는 여러 원리를 지칭한다. 자동차의 바퀴가 굴러가는 원리, 동력이 전달되는 원리, 동력이 만들어지는 원리 등등이 자동차의 이데아이다. 자동차를 있게 하는 이런 원리는 자동차 자체가 있든 없든 상관없이 지성의 대상인 보편적인 앎으로 항상 존재해 왔다.

이 물음이 간과하고 있는 두 번째 문제는 플라톤의 이데아를 규제적인 지침이 아니라 구체적인 실체로 보는 데에 있다. 그러나 플라톤의 이데아는 소크라테스의 '그것 자체'에 대한 물음의 연장선에서 나왔다. 소크라테스가 물었던 '그것 자체'의 대상은 돌멩이, 나무, 물과 같은 사물이 아니라 용기, 경건, 사랑, 절제와 같은 사람의 '훌륭함_aretē'에 대한 것이다. 사물에 대한 관찰이 가치가 없는 것은 아니지만 그의 관심은 사람에게 있었다. 그리고 그 관심은 개개인의 삶이 아니라 함께 어울려 공동체를 이루어 살아가는 사람이 어떻게 살아야 하는가에 있었다. 공동체를 살아가는 사람들의 훌륭함에 대한 소크라테스의 관심을 칸트의 언어로 표현하자면 도덕법칙이자 실천법칙이라 말할 수 있다. 플라톤의 이데아는 칸트의 요청, 곧 자유, 신, 영혼 불멸처럼 도덕적인 삶을 살기 위한 이상_理想과 같은 것이지 어딘가에 구체적으로 존재하는 실체와 같은 것이 아니다.

또 다른 플라톤에 대한 오해는 이데아가 존재하는 초월세계가 따로 있다고 보는 것이다. 즉, 세계는 우리가 사는 현상세계와 초월세계로 나누어져 있다고 본다. 그리고 플라톤이 이 두 가지 세계 중에서 초월세계가 현상세계보다 더 중요하고 본질적이라고 여기며 그의 이데아 사상은 그것을 표현하는 것으로 보는 것이다. 이런 생각은 서양 형이상학의 전통적인 이분법인 본질과 현상으로 세계를 바라보는 사고인데 많은 사람이 이런 생각의 기원을 플라톤의 이데아에서 찾는다. 감각 세계와 이데아의 세계, 감각 능력과 지성, 독사와 에피스테메라는 이분법적인 설명은 현상세계와 초월세계, 본질과 현상이라는 이분법과 아주 잘 맞아떨어지는 것 같다. 그런데 이런 주장은 원인과 결과가 전도된 것일지도 모른다. 플라톤의 이데아 사상이 원인이고 그 결과로서 본질과 현상이라는 이분법이 생겨난 것이 아니라 본질과 현상이라는 이분법적인 관점이 원인이 되어 플라톤의 이데아 사상을 재해석한 것이 결과가 된 것은 아닐까? 헤겔은 이런 현상을 '정립된 전제'라는 말로 표현한다. '전제'가 이미 원인으로 먼저 존재해서 결과에 어떤 작용을 하는 것이 아니라, 결과를 해석하면서 '전제'를 '사후事後적으로' 정립定立한다는 뜻이다. 이를 플라톤의 이데아 사상과 서양의 이분법적인 사고에 적용하면 후대인들의 이분법적인 사고가 플라톤의 이데아 사상을 '전제'로서 '정립'했다는 말이다. 이제 본질 · 현상이라는 이분법적인 해석의 틀을 거두고 플라톤의 이데아를 그 자체로 다루어보자.

이데아Idea의 어원은 '이데인idein'인데 이는 '본다'는 뜻이다. 이데아는 눈으로 볼 수 없는 것인데 그 어원이 본다는 뜻이라니 참 아이러니하다. 그런데 곰곰 생각해 보면 이 단어가 이데아가 가지고 있는 이중성을 잘 표현해 준다. 이데아는 보이지 않는 대상이지만 지성을 통해 '볼' 수 있다. 이는 어떤 의미인가?

플라톤은 소크라테스의 죽음을 다룬 『파이돈』이라는 대화편에서 소크라테스의 입을 빌려 신체를 '영혼의 감옥'이라고 표현했다. 감각기관을 가진 신체는 우리가 이데아 자체를 관조하는 데 방해가 된다. 그런 의미에서 신체는 영혼의 '감옥'이다. 그런데 감각은 지성을 방해하는 작용도 하지만 지성이 이데아를 만날 수 있는 매개의 역할도 한다. 만일 어떤 사람이 태어나서 어떤 감각적인 경험도 하지 않는 환경에만 있게 된다면 그는 감각적 경험을 한 사람보다 더 이데아를 관조할 수 있을까? 아마 이데아에 대한 앎은커녕 어떤 앎도 가지지 못할 것이다.

이데아는 그 자체로서 우리에게 다가오지 않는다. 반드시 현실 세계의 경험, 곧 감각 경험이라는 매개를 거쳐야 한다. 앞에서 본 원그림을 다시 떠올려 보자. 원은 현실 세계에 존재하지 않는다. 그것은 지성으로 '볼' 수 있을 뿐이다. 하지만 현실 세계의 원그림을 경험하지 않는다면 '원 자체'에 대해서도 알 수 없다. 원그림은 때로는 우리가 '원 자체'를 보는 것을 방해하기도 하지만 감각 대상으로서의 원그림이 없다면 '원 자체'를 볼 가능성 자체가 사라진다.

우리는 '영혼의 감옥'인 신체에 갇혀있기 때문에 감각기관을 통해서는 이데아가 구체적으로 존재하는 실체인지 아닌지, 또는 어떻게 존재하는지 알 수 없다. 하지만 우리의 영혼과 지성은 그것이 존재하는 것처럼 작용하고 있음을 안다. 이전 책에서 학교의 효과에 대해 이야기했다. 학교는 건물, 학생, 선생님 등의 집합이 아니다. 학교는 감각기관을 통해 확인할 수 있는 '실체'로서 존재하는 것이 아니라 학교라는 효과로서 존재한다. 이런 효과가 각각의 학교를 학교이게 하는 것이다.

그럼 이데아는 어디에 '존재'하는가? 이데아만이 존재하는 초월적인 세계가 어딘가에 있는가? '영혼의 감옥'인 신체에 갇혀 사는 우리는 그것을 확인할 수 없다. 이는 증명되거나 확인할 수 있는 문제가 아니라 칸트의 신이나 영혼 불멸의 문제처럼, 맹자의 인간 본성에 대한 문제처럼 선택의 문제일지 모른다. 만일 이데아에 대한 문제가 선택의 문제라면 필자는 이런 '선택'을 하고 싶다. 이데아는 초월적인 어떤 곳에 둥지를 틀고 존재하는 것이 아니라 유령처럼 이 세계를 떠돌고 있다고. 그러면서 마치 하나라는 숫자가 눈에 보이지는 않지만 하나의 컵과 하나의 연필에 붙어 있는 것처럼 어떤 대상들에 붙어 있다고. 그리고 감각적 세계인 현실 세계의 틈으로 존재하면서 우리의 지성이라는 눈에 의해 자신의 존재를 가끔씩 드러내고 있다고.

이런 설명은 동양의 도道와 비슷하다. 『중용』에서 공자는 군자의 도를 '모든 곳에 드러나지만費, 감춰져 있다隱'고 표현한다.

이처럼 용기의 이데아는 모든 용기 있는 행동에 눈에 보이지 않게 붙어 있지만 모든 용기 있는 행동을 드러나게 한다. 그렇게 붙어 있는 용기의 이데아가 용기 있는 행동을 용기라 부를 수 있게 한다. 성경에 '눈이 있는 자는 보고 귀가 있는 자는 들으라'는 예수의 이야기가 있다. 눈이 있으면 당연히 보이고 귀가 있으면 당연히 들리거늘 왜 이런 이야기를 했을까? 어쩌면 이 세상에는 플라톤의 이데아처럼 감각적인 눈과 귀에는 보이거나 들리지 않지만 그것보다 더 중요하게 봐야 하고 들어야 할 것이 있기 때문이 아닐까? 보이지 않고 들리지 않는 것을 보고 듣기 위해서는 교육과 훈련이 필요하다. 이제 이데아를 볼 수 있는 지성의 능력을 키우기 위한 구체적인 교육과정을 살펴보자.

수호자를 위한 교육과정

"나라의 수립자들인 우리가 할 일은 가장 훌륭한 성향을 지닌 자들로 하여금 앞서 우리가 가장 큰(중요한) 것이라고 말한 배움에 이르도록, 그래서 '좋음'을 보게끔 그 오르막을 오르지 않을 수 없도록 하되, 이들이 일단 이 길을 올라, 그것을 충분히 보게 되면, 이제 이들이 허용 받고있는 것을 이들에게 더는 허용하지 않는 것일세."

"여보게, 자넨 또 잊었네. 법은 이런 것에, 즉 나라에 있어서 어느 한 부류가 각별하게 잘 지내도록 하는 것에 관심을 두는 것이 아니라, 온 나라 안에 이것이 실현되도록 강구하는 데 관심을 둔다는 걸 말일세."

"우리의 이 나라에서 철학자들로 된 사람들이 다른 사람들을 보살피고 지켜주도록 우리가 강요한다고 해서, 우리가 이들에게 올바르지 못한 짓을 하게 되는 건 아니고, 오히려 올바른 것을 이들한테 말해 주게 된다는 걸세."

소크라테스는 구체적인 교육과정에 관해 설명하기 전에 동굴의 비유를 이야기한다.

그의 비유는 이렇게 시작한다. 땅속에 동굴이 있고 그 안에 사람들이 살고 있다. 이 사람들은 동굴 한쪽의 벽면만을 바라보도록 온몸이 묶여 있고 고개도 돌리지 못하도록 목도 묶여 있다. 벽면을 바라보는 이 사람들 뒤에 불빛이 비치고 있고 불빛과 사람들 사이로 존재하는 모든 것들의 모형이 지나간다. 사람들은 벽면에 비친 그림자가 실재하는 것들이라 여기고 살아간다. 이때 한 사람이 동굴 밖에 나와서 태양에 비친 실재들을 보게 된다. 그동안 실재한다고 생각했던 벽면에 비춘 그림자가 단지 그림자일 뿐 실재하는 것들은 동굴 밖에 있다는 것을 깨닫는다. 한동안 동굴 밖의 실재 세계에 살던 이 사람은 문득 동굴 안의 사람들을 떠올리게 된다. 여전히 그들은 실재하는 것들을 보지 못하고 그림자만을 보면서 그것이 실재한다는 착각 속에 살아가고 있다. 이 사람은 동굴 안의 사람들을 설득해서 실재하는 세계인 동굴 밖으로 인도하기로 한다. 이 사람에게 동굴 안으로 들어간다는 것은 다시 환상을 실재로 알고 살아가야 하는 거짓된 삶으로 돌아가는 것이다. 그런데 동굴 밖의 태양에 비친 실재 세상에 익숙해진 눈으로 다시 어두운 동굴 안에 들어가게 되면 처음에는 어둠에 익숙하지 않기에 행동이 굼뜨게 되고 다른 사람들의 비웃음을 자초하게 된다. 동굴 안의 사람들은 자신들보다 행동이 굼뜬 이 사람을 보며 동굴 밖으로 나갈 필요가 없다고 여긴다. 게다가 앞에서 묘사한 선원의 비유처럼 자신들을 동굴 밖으로 인도하려는 이 사람을 해코지하거나 심지어 죽여 버리려 한다.

동굴의 비유에서 동굴 밖을 이미 경험한 사람은 철학자이며 동굴 안의 사람들은 '독사doxa'를 가진 보통사람이다. 철학자가 수호자가 된다는 것은 동굴 밖을 경험한 사람이 다시 동굴 안으로 돌아가는 것과 마찬가지이다. 철학자는 동굴 안의 사람들을 인도하기 위해 다시 속박된 삶인 동굴 안으로 위험을 무릅쓰고 돌아가야 하는가? 플라톤은 '올바른 나라'에서는 철학자들에게 그런 의무를 부여해야 한다고 주장한다. 그리고 철학자에게 그것을 '강요'하는 것은 올바르지 않은 것이 아니다. 만일 철학자가 수호자의 역할을 맡지 않고 지혜를 탐구하고 배움을 사랑하는 삶을 살아간다면 철학자에게는 좋겠지만, 나라 전체에는 좋지 않은 영향을 미칠 것이다. 그런 나라는 항해술을 가진 자가 아니라 배를 몰 수 있는 앎과 능력을 갖추지 못한 자가 모는 배처럼 위태로운 나라가 될 것이다. 그러니 설사 철학자가 원하지 않더라도 그에게 다른 사람들을 보살피도록 '강요'하는 것이 올바른 것이다.

플라톤의 정치사상을 후대인들은 '철인정치 哲人政治'라고 부른다. 이는 철학자가 통치자가 되어야 한다는 뜻이다. 철학자는 남들이 욕망하는 재물이나 사회적 지위나 인정을 바라기보다는 배움을 좋아한다. 그러니 그는 통치자의 삶보다는 가난하고 사회적 지위가 낮고 인정받지 못하더라도 지혜를 향해 끊임없이 배우는 삶을 선택하길 원한다. 요컨대 플라톤은 통치자가 되기 싫은 사람에게 통치를 맡기라고 말하는 것과 같다.

그런데 현대사회의 선거 과정은 이와는 반대다. 스스로가 통치자가 되고자 하는 욕망을 가진 사람끼리 경쟁하고 그런 자 중에 통치자를 선택해야 한다. 통치자가 되려는 사람 중에 나라 전체의 편익을 도모하는 사람도 있겠지만 그런 사람보다는 자신이 속한 부분의 편익을 도모하는 사람이 더 많다. 통치자를 선택하는 사람들도 마찬가지로 나라 전체의 편익을 기준으로 하기보다는 자신의 편익을 도모하는 데에 유리한 자들을 선택하려 할 것이다. 이 또한 민주주의의 아이러니가 아닌가. 소크라테스가 말하듯이, 나라의 모든 구성원이 영혼의 지혜에 해당하는 자가 통치하는 것에 합의하는 '올바른 나라'가 아닌 한 철학자는 수호자가 되려 하지 않을 것이고 또 수호자로 선택되지도 않을 것이다.

이제 다시 소크라테스의 사고실험을 통해 수립된 '올바른 나라'에서 수호자의 역할로 돌아가 보자. 수호자는 나라 전체를 돌봐야 하는데 수호자의 중요한 역할 중 하나가 교육을 통해 자신의 후계자들을 선택하는 것이다.

1) 수와 계산

"〈수와 계산은〉 모든 기술과 모든 형태의 사고와 지식이 이용하는 공통의 것이며, 모두가 맨 먼저 배워야만 하는 것일세."

"이 교과를 법으로 정해서, 장차 나라에 있어서 가장 중대한 일들에 관여하게 될 사람들로 하여금 산술을 익히게 하되, 이를 이수함에 있어서 사사로운 자격으로 할 것이 아니라, '지성에 의한 이해'만으로 수들의 본성에 대한 고찰에 이르게 될 때까지 하도록 설득하는 것이 적절할 걸세. 말하자면, 무역상이나 소매상들처럼 사고 파는 걸 위해서가 아니라, 전쟁을 위해서 그리고 또 '생성'에서 진리와 존재(본질)로 혼 자체를 향하게 함에 있어서 그 방향 전환을 용이하게 하기 위해서 말일세."

수와 계산은 전쟁을 위한 실용적인 지식이면서 보편적인 앎의 대상인 이데아를 향해 가기 위해 첫 번째로 통과해야 할 관문이다. 소크라테스가 가상의 '올바른 나라'를 수립하는 사고실험에서 수호자가 행해야 하는 가장 중요한 임무 중 하나가 전쟁이다. 그러니 수호자는 전쟁 수행능력을 위한 앎의 기본이 되는 산술능력을 반드시 익혀야 한다. 그런데 수에는 이런 실용적인 면만 있는 것이 아니라 보편적 앎을 향한 기본적인 훈련의 효과도 있다.

여기 컵이 하나 있고, 연필이 하나 있고, 책이 두 권 있다고 가정해보자. 컵과 연필과 책에는 공통점이 없다. 감각 대상으로 컵과 연필은 책과 마찬가지로 서로 다른 대상이다. 그런데 우리는 컵과 연필이 하나씩 있고 책은 두 권이 있다는 것을 알기에 컵과 연필을 하나로 묶고 책을 따로 나눌 수 있다. 이는 '지성'에 의해 수적으로 컵과 연필의 '하나'라는 공통점을 인식하기 때문이다. 그래서 컵과 연필을 수적으로 같이 분류하고 책을 다르게 분류한다. 컵에 '하나'라는 것이 붙어 있는가? 또는 연필에서 '하나'를 볼 수 있는가? '하나'는 눈에 보이지 않고 만질 수도 없지만 우리의 지성에게는 컵과 연필에 붙어 있는 것이다. 이런 수의 특징은 이데아와 유사한 점이 많기에 수와 계산능력은 이데아를 보는 능력인 지성훈련에 기초가 된다.

2) 기하학

"정작 생각해 보아야 할 것은 기하학의 많은 부분이 그리고 그 고급 단계가 '좋음의 이데아'를 더 쉽게 보도록 만드는 데 어떤 점에서 기여하는 면이 있는가 하는 것일세."

"그것이 존재(본질)를 고찰하지 않을 수 없게 한다면 적합하겠으나, 만약에 생성을 고찰하지 않을 수 없게 한다면 그것은 적합하지 않으이."

"그것은 '언제나 있는 것'에 대한 앎을 위한 것이지, 어느 땐가 생성되었다가 소멸하는 것에 대한 앎을 위한 것은 아니라는 걸세."

"그것은 혼을 진리로 이끄는 것일 것이며, 지금 우리가 옳지 않게 아래로 향해 갖고 있는 철학적인 사고를 위쪽으로 향하여 가도록 만드는 것일 걸세."

앞에서 원과 원그림의 관계를 예로 들며 이데아를 설명했을 때 기하학이 가지는 '존재(본질)를 고찰'하는 면과 '언제나 있는 것'에 대한 앎의 측면을 확인했다. 이런 측면이 기하학을 이데아를 향해 올라가는 길의 두 번째로 통과할 관문이 되게 한다.

어떤 학자들은 고대 희랍에서 철학을 비롯한 서양사상의 근원이 될 수 있는 사상이 출현한 것은 기하학 때문이라고 한다. 고대 이집트에서는 매년 되풀이되는 나일강의 범람으로 매번 토지를 다시 측량하고 구획을 정하는 일을 하다 보니 측량술 같은 숫자를 다루는 능력이 발달하였다. 이집트에서 발견된 고대 문서에는 3:4:5, 1:1:1.414와 같이 직각 삼각형의 세 변의 길이를 여러 비율로 나열해 놓은 서류가 있다고 한다. 고대 이집트인들은 현실에 바로 적용할 수 있는 토지측량과 구획정리를 위한 용도로 수를 다루는 능력은 뛰어났지만 피타고라스의 정리 같은 보편적 법칙을 발견하는 데에 이르지는 못했다. 고대 이집트 문명은 이렇듯 실용적 관점에서만 머무르게 되어 고고학적 대상에 머물 수밖에 없었다. 반면에 고대 희랍 문명은 보편적 사고를 통해 서양사상의 근원이 되었고 현재에도 반복해서 연구하고 고민할 대상이 되었다.

3) 천문학

"나로서는 실재 및 '보이지 않는 것'과 관련된 교과 이외의 다른 교과가 혼으로 하여금 위쪽으로 보도록 만든다고는 생각할 수가 없다네."
"하늘에 있는 장식들은, 눈에 보이는 것에 장식되어 있기에, 눈에 보이는 것들 가운데서는 가장 아름답고 가장 정확한 것들이라 믿어지지만,

참된 것들에는 많이 미치지 못한다네. 즉 '실재하는 빠름'과 '실재하는 느림'이 참된 수와 온갖 참된 도형에 있어서 상호 간의 관계 속에서 운동하며, 아울러 그 안에 실재하는 것들을 운동시키는 그런 운동들에는 말일세. 이것들이야말로 이성과 추론적 사고에 의해서 파악되는 것들이지, 시각에 의해서는 파악되지 않는 것들이네."

여기서 소크라테스가 말하는 천문학은 현재의 천문학과는 다르다. 갈릴레이가 망원경을 발명하여 목성의 위성을 관찰한 후로부터의 천문학은 직접 관찰하여 데이터를 모으고 분석하는 학문이 되었다. 하지만 고대 희랍에서는 관찰할 방법이 두 눈밖에 없으니 천문학은 눈에 보이는 일부의 정보를 가지고 '이성과 추론적 사고'에 의해서 눈에 보이는 것들이 아닌 '실재'하는 것들의 상호 간의 관계를 파악하는 학문이다. 그런 천문학을 체계적으로 잘 정리한 아리스토텔레스의 우주관을 보면 당시 희랍인들이 생각하는 우주를 그려볼 수 있다.

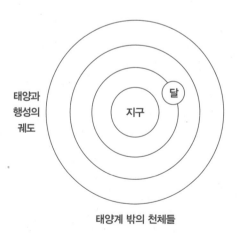

위 그림으로 요약한 그의 우주관은 기본적으로 천동설을 기반으로 한다. 실제 그의 우주관은 위 그림보다는 아주 복잡하다. 그는 관찰되는 별들의 운행을 설명하기 위해 복잡한 여러 개의 천구의 운동을 가정한다. 하지만 우리의 목표는 그의 우주관의 전모를 이해하는 것이 아니라 그가 그런 우주관을 가지게 된 그의 '이성과 추론적 사고'를 살펴보는 것이니 이 정도의 이해에 바탕을 두고 나아가 보자.

아리스토텔레스가 설명하는 우주는 달의 궤도를 경계로 크게 두 부분으로 나뉜다. 지구를 포함한 달의 궤도 안쪽의 세계는 생성 소멸하고 변화하는 세계이고 달의 궤도 바깥은 신과 같은 위상을 가지는 천체들의 완벽한 세계이다. 완벽한 세계를 구성하는 천체들은 한 치의 오차도 없는 완벽한 원운동을 한다. 천체가 완벽한 원운동을 한다는 생각은 수천 년 동안 아무 의심 없이 받아들여졌다. 지동설을 주장한 코페르니쿠스조차도 천체의 운동은 완벽한 원운동이라는 이런 전제에서 벗어나지 못했다. 원운동이라는 전제에서 구성된 그의 태양계 운행 모델은 천동설에 근거한 낡은 프톨레마이오스의 태양계 모델보다 실제 관찰결과와 비교해서 더 많은 오차를 보인다. 완벽한 원운동이라는 전제는 케플러에게 와서야 깨어진다. 그는 이론적으로 구성한 모델이 실제 관측한 데이터와 맞지 않자 수천 년 동안 이어져 온 원운동이라는 전제가 잘못된 것은 아닌지 의심하기 시작한다. 관측 데이터와 맞는 모델을 찾는 중에 원운동이 아니라 타원 운동을 적용했을 때 구성된 모델과 관측 데이터가 맞아떨어지는 것을 발견한다.

아리스토텔레스는 원운동 궤도의 천동설 모델을 제안했고 코페르니쿠스는 원운동 궤도의 지동설 모델을 제안했으며 케플러는 타원 운동 궤도의 지동설 모델을 제안했다. 우리는 케플러가 제안한 모델에 근거한 우주관을 바탕으로 둔 세계에 살고 있다. 이 세 모델은 무엇이 다르고 무엇이 같은가? 원운동과 타원 운동, 천동설과 지동설 등 설명의 결과는 다르다. 하지만 이들 모두 눈에 보이는 관측 결과를 토대로 '이성과 추론적 사고' 통해 보이지 않는 모델을 만들었다. 앞으로 우리는 더 나은 관측 장비와 이론의 발달로 더 잘 구성된 우주관을 만날 수 있을지도 모른다. 그러면 케플러의 우주관도 낡은 모델이 될 수 있다. 그렇게 된다 해도 케플러가 '이성과 추론적 사고'를 통해 관측 데이터와 맞는 모델을 찾는 정신은 사라지지 않는다.

마찬가지로 지금 설명한 아리스토텔레스의 우주관은 실제와 많이 다른 낡은 우주관이다. 그럼 이런 우주관은 아무 쓸모 없는 것이었을까? 소크라테스가 천문학을 수와 기하학 다음으로 수호자들이 배워야 하는 학문으로 둔 이유는 천문학을 통해 실용적인 결과를 얻기 위해서가 아니라 이성과 추론적 사고를 통해 보이지 않지만 실재하는 것들을 파악하는 훈련이 되기 때문이다. 우리가 아리스토텔레스의 우주관을 분석하며 얻을 수 있는 것은 우주모델 자체가 아니라 그런 모델을 구성하기까지의 추론적 사고이다.

4) 화성학

> "눈이 천문학에 맞추어졌듯이, 귀는 화성적 운동에 맞추어져 있으며,
> 이 학문들은 서로 자매 관계에 있는 것들인 것 같으이."

이데아로 향하는 네 번째 관문은 화성학이다. 소크라테스는 이미 '올바른 나라'를 수립하는 사고실험에서 절제를 설명하면서 합창의 비유를 들었다. 부분이 아니라 전체가 '하나'의 목소리를 내는 데에 관심을 두는 지휘자의 지시에 따라 각자의 성향에 따라 맡은 부분을 다른 목소리와 조화롭게 내는 것이 절제이다. 이런 관계는 '올바른 나라'의 시민들이 각자의 성향에 따른 일을 수호자의 통치에 따라 서로 조화롭게 해내는 것과 같다. 이제 소크라테스는 합창뿐 아니라 화성학이 이데아를 향해 가는 학문의 네 번째 단계라고 말한다. 그는 화성학에 대해 구체적이고 자세한 설명은 하지 않고 눈과 천문학의 관계처럼 귀와 화성학의 관계가 이루어진다는 말로 대신한다. 천문학이 눈에 보이는 천체운동을 근거로 '보이지 않는 실재'의 운동을 이성과 추론을 통한 지성의 눈으로 보는 학문인 것처럼, 귀로 들리는 화성을 근거로 들리지 않는 음정들의 관계를 추론하는 것이 화성학을 통한 지성의 훈련이다.

5) 변증술 dialektike

"누군가가 '변증술적 논변'에 의해서 일체의 감각은 쓰지 않고서 '이 성적 논의'(이성: logos)를 통해서 '각각인 것 자체'로 향해서 출발하려 하고, 그래서 '좋은 것 자체'를 '지성에 의한 이해(앎) 자체'에 의해서 파악 하게 되기 전에는 물러서지 않을 때, 그는 '지성에 의해서라야 알 수 있 는 것'의 바로 그 끝에 이르게 되네. 마치 동굴을 벗어난 그 죄수가 그때 '가시적인 것'의 끝에 이르렀듯 말일세."

"변증술적 탐구 방법만이 이런 식으로, 즉 가정들을 [하나하나] 폐기하 고서, 확실성을 확보하기 위해 원리 자체로 나아가네."

이제 수호자가 되기 위한, 지성에 의한 앎을 파악하는 과정의 끝 에 도달했다. 이 최종적인 학문을 소크라테스는 '변증술'이라고 부 른다. 변증술은 마치 계단을 하나하나 밟고서 목표하는 곳까지 올라 가는 것처럼 가정假定과 전제들을 하나하나 딛고서 원리 자체를 만 나는 과정이다. 이 과정을 이해하기는 쉽지 않다. 그는 지금까지 설 명한 교육과정을 거치지 않은 젊은이들이 변증술을 사용하는 것에 대해 경고한다. 자칫 잘못하면 '변증술'이 아니라 '논쟁술'이 될 우려 가 있기 때문이다. '변증술'과 '논쟁술'의 차이는 무엇일까? 이는 마 치 선불교에서 깨달은 자만이 이해할 수 있는 선문답처럼 느껴진다.

원리 자체를 향해 나아가는 방법인 '변증술'도 이해하기 쉽지 않 지만 원리 자체는 더욱 이해하기 어렵다. '원리 자체'는 이데아이며 지성의 대상이기에 감각적인 언어로 설명할 수가 없다. 이는 평생 눈을 본 적이 없는 열대지방의 사람에게 하늘에서 내리는 눈을 설명하는 것과 비슷하다. 그 사람에게 눈에 대해 알려주는 가장 좋은 방법은 무엇일까? 직접 눈을 보고 경험하게 하는 것이다. 원리 자체인 이데아도 마찬가지이다. 지성의 눈이 훈련되지 않은 사람에게 이데아는 한 번도 눈을 보지 못한 열대지방의 사람의 경우처럼 감각적 언어로 상상할 수 없는 대상이다. 그 대상을 보기 위해서는 내가 지성의 눈을 떠서 직접 보는 수밖에 없다. 수호자가 되기 위한 교육 과정은 그렇게 지성의 눈을 뜨게 하는 체계적인 과정이다.

대학大學 ─ 수호자가 되는 과정

플라톤의 교육사상에서 시가와 체육교육은 동양의 『소학』과 비슷하고 수호자가 되는 과정은 『대학』과 비슷하다. 플라톤의 교육 과정이 지성에 의한 보편적인 앎을 향해 가는 것임을 우리는 확인했다. 우리가 대학이라고 번역하는 서양의 '유니버시티university'도 마찬가지다. university는 보편을 뜻하는 라틴어 '우니베르살리스universalis'에서 나온 단어로 보편적인 학문을 하는 곳이라는 뜻이다. 서양인들에게 보편은 곧 우주(유니버스, universe)이고 세상이다. 그들은 왜 최고학문기관인 대학university에서 보편을 공부하는가? 이는 공동체를 이끄는 지도자가 되기 위해서는 감각적이고 개별적인 앎이 아니라 보편적인 앎을 대상으로 해야 한다는 플라톤의 교육사상의 영향이다. 그럼 동양의 대학 정신은 어떤가?

　　대학大學의 도는 밝은 덕을 더욱 밝히고明明德, 백성을 새롭게 하며新民,
　지극한 선에 머무는 것이다止於至善

　　유학의 기본 정신은 사람에게는 누구나 보편적인 마음을 가지고
있다는 것이다. 맹자에게 그것은 '사단四端'이고 '중용中庸'에서는 '천
명天命' 또는 '본성性'이라 표현되어 있고 대학에서는 그것을 '명덕明
德'이라고 표현한다. 치자治者의 중요한 역할은 백성들이 '양생상사
養生喪死'할 수 있도록 돌보는 것이고 사람의 마음을 잃지 않고 보존
하도록 교육하는 일이다. 이를 '대학'에서는 '신민新民'이라고 표현
한다. 그런데 어떻게 백성을 새롭게 할 것인가? 그 방법은 누구나가
보편적으로 간직하고 있는 밝은 덕을 더더욱 밝히는 것이다. 타자
의 밝은 덕을 내가 어떻게 밝힐 수 있는가? 그것은 나의 밝은 덕을
더더욱 밝게 할 때 가능하다. 이는 하나의 소리굽쇠를 치면 소리의
파장이 전해져서 서로 떨어져 있는 다른 소리굽쇠가 울리는 현상인
공명共鳴과 비슷하다. 우리는 '감화感化된다', 또는 '마음을 울린다'라
는 표현을 사용한다. 이런 표현은 모두 마음의 공명현상을 설명하는
말이다. 나의 마음을 누구도 '직접' 조작하지 않는데 어떤 사람의 밝
은 덕이 내 마음에 작용해서 감화시키고 진동하게(울리게) 한다. 밝
은 덕을 더 밝히는 구체적인 방법이 각각의 사회적 관계에서 요구
되는 윤리적 태도에 머무르는 지어지선止於至善이다. 이렇게 세 가지

로 나누어서 설명하는 대학의 3강령 綱領은 설명할 때는 구분되지만 현실에서는 한 가지 모습으로 나타난다. 그것은 치자 治者의 삶이다. 이처럼 동양의 대학이나 플라톤의 교육과정이나 모두 인간의 보편성에 대한 앎을 향해 가는 수호자가 되는 훈련과정이다.

현재 우리의 대학 교육과정은 어떤가? 치자의 삶을 지향하는 과정이기는커녕 개인 욕망의 실현 도구이자 높은 급여와 사회적 지위를 위한 사적 편익의 도구가 된 지 오래다. 그리고 보편적인 학문보다는 취업을 위한 개별적 학문을 다룬다. 에전보다 훨씬 많은 사람이 대학교육을 받는 상황에서 과거처럼 모든 대학생이 치자의 삶을 훈련받아야 한다고 요구하기는 어렵다. 그래도 대학교육을 마친 자가 상대적으로 사회에서 더 책임 있는 역할을 맡게 될 확률이 높다면 나의 사적 이익이나 부분적인 편익이 아닌 공동체 전체의 편익을 생각하는 공적인 마음의 훈련이 필요하지 않을까? 최소한 내가 공부하고 있는 이 대학이 치자 治者 또는 수호자를 기르기 위한 보편적 교육이라는 철학적인 전통에 의해 만들어졌다는 것은 살펴봐야 하지 않을까?

◆ 여기서 잠시 생각해 보고 다음으로 넘어가자

1   영화나 TV프로에 등급을 매기는 것은 사전검열일까?
2   어떤 대상을 모방해서 습관이 형성된 경험이 있는가?
3   나는 지금 어떤 것을 모방하고 있는가?
4   원은 '실재'하는가? 실재한다면 어디에 있는가?

5 구체적인 실체와 규제적인 이상의 차이는 무엇인가?

6 천체의 완벽한 원운동처럼 오랫동안 당연하게 여겨왔던 사실이 잘
   못된 사실로 드러난 예를 생각해 보자.

7 눈이 보이지 않는 자에게 빨간색을 어떻게 설명할 수 있을까?

8 마음의 공명현상을 경험해본 적이 있는가?

3부

민주주의자,
맹자와 플라톤

1

민주주의자, 맹자와 플라톤

맹자는 왕정의 시대에 살았고 플라톤은 민주정에 대해서 부정적이었다. 그런데 맹자와 플라톤을 민주주의자라 부를 수 있을까? 우리는 어떤 사람을 민주주의자라고 부를 수 있는가? 스스로를 민주주의자라고 주장하는 사람일까 아니면 스스로를 무엇이라 부르던 민주주의적 언행을 하는 사람일까? 원시불교 경전인 수타니파타에는 석가가 당시 가장 높은 계급인 브라만에 대해 비판하는 내용이 나온다. 브라만으로 태어나거나 브라만처럼 입고 브라만처럼 머리를 땋는다고 브라만이 아니라 브라만으로서의 언행을 해야 브라만이라고. 이와 마찬가지로 우리는 민주주의자라고 주장하는 사람이 아니라 실제 민주주의자로서의 언행을 하는 사람을 민주주의자라고 불러야 할 것이다.

여기에 덧붙여 맹자와 플라톤이 민주주의자인지 아닌지에 대해 판단하기 위해서는 먼저 민주주의란 무엇인지에 대해 살펴보아야한다. 민주주의는 여러 권의 책으로도 다루기 어려울 만큼 방대한 주제이기에 이 글에서 그 전체를 다루기는 불가능하다. 하지만 인간의 삶 전체를 알 수 없다 하더라도 끊임없이 삶에 대해 묻고 고민해야 하듯이 우리가 살고 있는 공동체의 형식으로서 민주주의라는 주제는 계속 탐구해야만 한다. 이 글에서는 민주주의에 대한 몇 가지 근본 물음을 던지고 맹자와 플라톤을 통해서 윤리적 관점에서 민주주의의 가능성에 대해서 살펴보려 한다.

다시 사태 속으로

2부에서 플라톤의 대화편을 소개하면서 필자가 '사태 속으로'라고 이름 붙인 플라톤의 이야기 방식을 설명했다. 플라톤이 그의 대화편에서 낯선 '사태 속으로' 우리를 끌어들이듯이 우리의 삶은 항상 낯선 '사태 속으로' 진입한다. 우리나라 사람들 대부분은 태어나면서 민주주의라는 '사태 속으로' 진입하였다. 어느 누구도 자신이 태어나는 시간과 공간을 선택할 수 없듯이 우리가 살고 있는 공동체의 삶의 방식인 민주주의도 우리가 선택한 것이 아니다.

그렇다면 우리는 모두 같은 '사태'를 경험하였고, 경험하고 있는가? 일제로부터 해방되고 남한에서 단독임시정부를 수립한 때부터 우리나라는 민주주의라는 정치적 형식을 갖추었으니 그 이후로 줄 곧 우리는 민주주의라는 '사태'를 겪고 있다. 하지만 우리는 청산되지 않은 일제 앞잡이가 지배하는 '민주주의'를 겪었고, 군사쿠데타로 정권을 잡은 군인집단의 통치하의 '민주주의'를 수십 년간 겪었으며, '민주주의'를 외치는 시민을 총칼로 진압한 자가 통치하는 '민주주의'를 겪었다. 또한 어떤 사람들은 우리나라는 민주주의 국가가 아니었고 1987년의 민주화운동으로 얻은 대통령직선제 헌법 개정 이후부터 민주주의를 이루었다고도 한다. 1987년 이후의 '민주주의'도 수십 년 동안 여러 가지 크고 작은 굴곡들이 있어 하나의 틀로 묶기 쉽지 않다. 이 모든 '사태'는 하나의 '민주주의'인가, 아니면 각각 다른 '민주주의'인가 아니면 민주주의가 아닌가?

우리가 어떤 '사태'에 있게 되면 나와는 다른 시공간에 있는 타자들도 내가 겪은 사태와 비슷한 경험을 했거나 하고 있다는 생각을 하게 된다. 내가 겪었고 또 겪고 있는 민주주의의 경험이 다른 민주주의 경험을 판단하는 기준으로 작용한다. 그래서 과거의 어떤 경험에 대해서 '잘못된 민주주의'라는 판단을 하거나 앞으로 '제대로 된 민주주의'를 하려면 이러저러해야 한다는 주장을 한다. 이런 경향에 의한 판단이 바로 플라톤이 이야기한 감각경험에 의한 '독사doxa'이다.

그럼 플라톤이 제안한 대로 지성에 의한 판단을 하려면 어떻게 해야 할까? 지성의 눈으로 민주주의라는 이데아Idea, 또는 본(本, paradeigma)을 보고서 그 본을 척도로 비교하며 판단해야 할 것이다. 그런데 이데아는 그 자체로 우리에게 모습을 드러내지 않는다.

그것은 현실에서 '개별적인$_{singular}$' 현상의 옷을 입고 우리 앞에 나타난다. 우리는 현상을 매개로 해서, 곧 감각을 매개로 해서 이데아를 만날 수 있다. 이데아이자 본으로서의 민주주의를 보기 위해서는 눈에 보이는 것을 통해서 눈에 보이지 않는 것에 도달할 수 있는 훈련인 '하학이상달下學而上達'이 필요하다.

민주주의에 대한 근본물음

1) 민주주의란 무엇인가?

'민주화', '비민주적', '반민주적', '민주공화국' …… 사람들은 때로 자기 입장을 옹호하기 위해서 때로 상대방을 비판하기 위해서 끊임없이 민주주의를 사용한다. 그런데 이렇게 불리는 민주주의는 어떤 실체가 아니라 마치 손에 잡히지 않는 유령처럼 느껴진다. 아우구스티누스는 『고백록』에서 이렇게 고백한다. 자신은 시간에 대해 항상 안다고 생각했지만 막상 시간이 무엇인지 질문을 받고 그것을 설명하려면 시간에 대해 전혀 아는 것이 없다는 것을 알게 된다고 말이다. 우리가 늘 사용하는 민주주의라는 이름도 아우구스티누스의 시간과 마찬가지이다. 여기저기서 민주주의라는 말을 사용하는 것은 모두가 그것의 의미를 알고 있다고 여기기 때문이다. 하지만 막상 민주주의가 무엇인지 묻는다면 대답하지 못하거나 아니면 각자가 처한

'사태'에서 경험한 판단, 곧 독사doxa에 의해 각기 다른 대답을 하게 될 것이다.

물음의 종류는 조금 다르지만 2천 5백여 년 전 소크라테스가 처한 상황도 비슷했다. 당시 아테네는 승리한 전쟁인 페르시아 전쟁과 패배한 전쟁인 펠로폰네소스전쟁이라는 두 번의 전쟁을 겪으면서 급격한 사회변화를 겪는다. 이 때문에 사회의 근간이 되어왔던 규범과 가치가 흔들리면서 오랫동안 이어져 왔던 공동체 질서에 균열이 가는 상황에 처하게 된다. 그런 와중에 인간이 지녀야 할 가치, 곧 용기, 절제, 올바름, 경건 등에 대해 물어왔던 소크라테스는 그것이 무엇인지 알고, 스스로 알고 있는 데로 살아간다는 사람들에게 '그것 자체'를 아는지 캐묻고 다녔지만 아무도 알지 못한다는 것을 알게 된다. 그들이 '그것 자체'를 알지 못했던 이유는 능력이 부족해서가 아니라 '그것 자체'에 대해 아예 묻지 않았기 때문이다. 물론 소크라테스도 그 답을 알지 못했다. 하지만 그는 적어도 항상 '그것 자체'를 알기 위해 묻는 삶을 살았고 그 과정에서 스스로가 그것을 알지 못한다는 것을 자각하면서 살았다.

이런 소크라테스의 삶을 모방해 보면 어떨까. 나를 포함해 누군가가 민주주의를 호명할 때 그가 호명하는 민주주의는 어떤 민주주의인지, 그리고 호명하는 그는 민주주의에 대해서 알고서 호명하는 것인지 따져봐야 한다. 그리고 내가 살고 있는 정치제도인 민주주의에 대한 근본물음을 항상 물으며 살아야 한다. 맹자도 플라톤도 자신들이 살고 있던 시대의 정체에 대해 끊임없이 물으며 그에 대한 나름대로의 해법과 대안을 이야기하였다. 내가 그들처럼 어떤 해법과 대안을 내놓지는 못한다 하더라도 근본물음을 놓지 않고 살아갈 때 항상 깨어있는 삶을 살 수 있다.

2) 민주주의는 '좋은' 제도인가?

이 물음은 우문愚問이다. 좋다는 것이 무엇인가에 대해 우리가 합의하지 않는다면 각자의 좋음이 다를 수 있으니 모두가 공감할 답을 찾을 수 없다. 그런데 때로는 이런 우문이 본질에 다가갈 수 있는 매개역할을 하는 경우가 있다. 과연 민주주의가 좋은 제도인가라는 물음을 던진 이유는 우리에게 주어진 민주주의라는 '사태'를 벗어나서 한번 생각해보자고 제안하기 위해서이다. 우리는 주어진 '사태' 안에서 세상을 바라보고 해석하며 판단하는 경향이 있다. 이미 우리에게는 민주주의라는 '사태'가 주어졌기에 이것저것 따져보기 전에 내가 처한 '사태'가 아닌 왕정이나 귀족정보다 민주주의가 더 '좋은' 제도라는 선입관을 가질 우려가 있다.

내가 다니는 학교의 친구가 이웃 학교의 학생과 싸움이 벌어졌다고 가정해보자. 이런 경우 '객관적'인 입장에서 서로간의 잘잘못을 따져 묻기보다는 보통 친구의 편을 들기 마련이다. 우리나라가 다른 나라와 운동 경기를 하면 당연히 우리나라를 응원하기 마련이다. 이런 판단과 행동은 모두 내가 속한 '사태'에서 행하는 '독사doxa'이다. 대부분의 경우 사람들은 이런 '독사doxa'를 가지고 살아가고 있고 이런 독사는 대부분 좋은 결과를 낳는다. 하지만 지성에 의한 판단이 필요할 때가 있고 그럴 경우 '독사doxa'는 올바른 판단의 장애가 될 수도 있다. 만일 내 친구가 다른 학교 학생의 돈을 빼앗았다면 그래도 친구의 편을 들어줘야 할까? 우리나라가 심판을 매수하거나 용납될 수 없는 방법으로 경기를 이기려 한다면, 그래도 응원해야 할까? 우리가 민주주의를 '좋은' 제도라고 여길 때 민주주의 자체에 대한 판단에 근거하기 보다는 내가 이미 민주주의라는 '사태'에 속해 있기에 그런 판단을 할지도 모른다. 따라서 '민주주의는 좋은 제도인가'라는 물음은 필요하다.

우리가 '민주화'해야 하고 '민주적'인 판단과 행동을 해야 한다고 주장할 때 대부분은 그것이 좋다는 판단을 전제로 한다. 그리고 그 판단은 대체로 민주적이고 민주화된 사회가 더 효율적이고 실용적이라는 생각에 근거한다. 그런데 때로 민주적인 방법이 나쁜 결과를 낳기도 한다. 민주정을 비판한 플라톤이 『국가』에서 말한 것을 예로 들어보자.

의사결정을 할 때 한 사람의 의견보다는 여러 사람의 의견에 따르는 것이 더 민주적일 것이다. 그런데 환자를 돌볼 때 의사 한 사람의 의견을 들어서 치료해야 할까 아니면 가족이나 친구 등 여러 사람의 의견을 들어 치료해야 할까? 당연히 의술을 가진 '소수'의 의견을 따라야 한다. 혹자는 이런 반론을 펼 수도 있을 것이다. 세상에는 의료나 법률, 교육처럼 전문가의 의견을 따라야 하는 경우가 있고 그렇지 않고 다수의 의견을 따라야 하는 경우가 있다. 그러니 상황을 잘 구분해서 소수의 의견을 따르거나 다수의 의견을 따라야 한다고. 그런데 두 가지의 경우는 명확히 구분되는가? 우리가 소수의 의견을 따라야 한다고 판단하는 상황은 그 분야의 전문가뿐만 아니라 전문가가 아닌 다수의 사람도 전문가의 의견에 따라야 한다고 합의한 상황이다. 그런데 소수의 의견을 따라야 하는 상황임에도 다수가 소수를 인정하지 않고 다수의 의견을 좇아 잘못된 결정을 내리는 경우도 있다.

플라톤이 민주정에 비판적인 이유는 여기에 있다. 의술이나 항해술과 같이 통치술도 하나의 기술이기에 소수의 전문가에게 맡겨야 하는데 대부분의 사람들은 그것에 동의하지 않는다. 사람들은 의술을 모르더라도 의사가 의술을 가지고 있기에 몸이 아프면 의사에게 몸을 맡겨야 한다는 것을 알고 있다. 항해술을 모르더라도 배를 모는 것은 항해술을 아는 선장이 해야 한다는 것을 알고 있다. 하지만 공동체의 통치는 통치술을 가지고 있는 전문가에게 맡겨야 한다는 것에 대해서는 동의하지 않는다. 아니, 설사 그것에 동의한다 하더라도 통치술이 무엇인지 모르니 누가 통치술을 가졌는지 판단할 수가 없다. 이렇게 따져본다면 다수의 의견을 좇아 결정하는 것을 원칙으로 하고 있는 민주주의가 과연 '좋은' 제도인지 의문이 든다.

그럼 민주주의가 만일 가장 '좋은' 제도가 아니라면, 민주주의보다 더 '좋은' 어떤 것을 찾아 그것을 선택해야 하는가? 아니면 민주주의가 가장 좋은 제도는 아닐지라도 민주주의를 선택해야만 하는가? 만일 민주주의를 선택해야만 하는 이유가 있다면 그것은 무엇인가? 이런 물음의 답은 쉽게 얻을 수 없다. 하지만 물음을 계속할 필요는 있다.

3) 더 나은 민주주의가 있는가?

앞에서 해방 이후 세대별로 겪었던 민주주의의 '사태'에 대해서 이야기했다. 각각의 '사태' 중에서 어떤 민주주의가 더 나은 민주주의인가? 우리는 더 나은 방향으로 나아가고 있는 것인가? 아니면 무엇이 더 나은지 판단할 수 없는 것인가?

이 물음도 바로 앞의 물음과 마찬가지로 무엇이 더 나은 것인지에 대한 기준이 없다면 각자 다른 판단을 할 수밖에 없는 우문愚問이다. 그런데 적어도 이런 물음을 통해 내가 더 낫다고 여기는 것이 다른 사람에게는 다르게 받아들여질 수도 있다는 자각을 한다면 이 물음이 의미 있을 것이다. 또한 만일 우리가 이상理想적인 민주주의의 본本을 가질 수 있다면 그 본本을 척도로 해서 우리의 상태를 측정하고, 이상적인 방향으로 나아갈 수도 있을 것이다.

이외에도 민주주의에 대한 많은 근본물음이 있을 수 있다. 각자가 속한 '사태'와 경험에 근거해서 여러 다른 물음을 물을 수 있다. 여기 제시한 물음이 다른 여러 물음을 대표하는 것은 아니다. 다만 이 물음들은 필자가 민주주의에 대해 고민하면서 스스로에게 던지는 근본물음들일 뿐이다. 이런 근본물음들은 '사태' 속에 매몰되지 않고 깨어있게 해주며 본本을 향해 갈 수 있는 발판이 되어준다. 이제 이런 근본물음들을 발판으로 삼아 좀 더 구체적인 물음을 덧붙이며 앞으로 한발씩 나가보자.

민주주의라는 단어의 독특성singularity

민주주의民主主義는 영어의 '데모크라시democracy'를 번역한 말이다. 이는 희랍어 데모크라티아dēmokratia가 어원인데 그 뜻은 데모스dēmos 에 의한 통치kratia이다. 민주주의라는 단어는 원어인 데모크라시나, 번역된 민주주의라는 단어 모두 이중의 독특성을 가지고 있다. 플라 톤이 국가에서 분류한 다섯 가지 정체를 보면 대부분 그 이름이 내 용을 담고 있다. 최선자정체는 뛰어난 자 또는 뛰어난 자들aristo에 의한 통치이고 명예지상정체는 명예나 직분timē을 내용으로 담고 있 다. 과두정체는 어원은 소수oligos라는 형식이지만 실상은 재산의 많 고 적음에 따라 통치의 자격이 부여된다는 내용이며 참주정체에는 통치자가 자신의 편익을 추구한다는 내용이 담겨져 있다. 그 중에 오직 민주정체만이 어떤 내용도 없이 데모스의 지배라는 형식만을 가지고 있다. 그래서 플라톤은 민주정체가 모든 종류의 정체의 가능 성이 있으며 온갖 성격으로 장식되어 있어 가장 아름다워 보인다고 말했다. 곧, 형식만을 가지고 있는 민주정체는 더 나은 방향이거나 더 나쁜 방향, 어느 쪽으로든 향할 수 있다.

민주주의가 가지고 있는 두 번째 독특성은 번역어에 있다. 필자는 데모크라시가 어떻게 해서 민주주의로 번역되었는지 그 과정은 알지 못한다. 다만 동아시아에서 19세기 유럽과 미국의 문물을 받아들이면서 개념어를 번역하는 과정에서 데모크라시에 대해 일본은 민주주의라고 번역했고 중국은 민본주의라 번역했는데 두 번역어 중에서 민주주의가 선택(?)되었다는 정도만 몇 가지 문헌을 통해 확인해서 알고 있다. 그런데 보통 우리가 '~~주의主義'라고 번역하는 단어는 '~~ism'이라는 어미를 가지고 있다. 몇 가지 예만 봐도 그것을 알 수 있다. 자본주의는 '캐피털리즘capitalism', 회의주의는 '스켑티씨즘skepticism', 근본주의는 '펀더맨털리즘fundamentalism' 등등. 그런데 이와 달리 어떤 이념이나 주장이 아닌 정치제도일 뿐인 '데모크라시'에 대한 번역어가 이념과 주장의 의미가 담긴 '민주주의'로 번역되었다.

이에 대해서는 필자의 과문寡聞으로 문헌에 의한 구체적인 번역과정을 알지 못하니 추측을 할 수 있을 뿐이다. 아마도 유럽에서 온 문물의 개념어를 번역하는 과정에 참여한 일본인들에게 유럽의 데모크라시는 정치제도로서만이 아니라 이념적인 면도 있다고 판단했기 때문이 아닐까하고 추측해 본다. 고대 희랍의 '데모크라티아'를 '민주정'으로 번역하면서 근대 유럽의 '데모크라시'를 '민주주의'로 번역했다면 그 둘 간의 차이를 발견했기 때문이 아닐까? 그럼 그 둘 사이에 어떤 차이가 있을까?

고대 희랍의 민주정체 vs 근대 유럽의 민주주의

고대 희랍의 민주정체는 대표적으로 아테네에서 구현되었다. 아테네의 전성기인 페리클레스 시대에 아테네의 인구는 약 30여만 명 정도였다고 한다. 이 중에 노예가 약 10만 명, 외국인 거류민이 2만 5천 정도이고 자유민은 20만 명 정도인데 그중에 성인 남자는 대략 5만 명 정도였다. 아테네의 민주정은 바로 이 5만여 명의 성인남자들만의 민주정이었다. 곧 고대 희랍의 민주정은 누구나가 아니라 일정한 자격을 갖춘 사람만이 참여하는 정체이다.

반면에 근대유럽의 민주주의는 이런 자격이 없다. 물론 실제로는 시민권, 선거권, 피선거권 등 일정한 자격조건이 있다. 하지만 이념으로서의 민주주의 자체에는 인간이라면 누구나 가지는 보편적 권리라는 기반 위에서 만들어졌기 때문에 이론적으로 어떤 자격조건도 없이 인간이면 누구나가 참여할 수 있다. 이처럼 고대 희랍의 민주정과 다른 근대유럽만의 민주주의는 어떻게 해서 나타나게 되었을까?

1부에서 근대유럽 인권의 이론적 근거가 되는 루터의 천부인권설에 대해서 잠시 언급했다. 인간이라면 누구나 선천적으로 부여받은 인권이 있다는 천부인권설이 나올 수 있는 배경은 16세기 초 루터에 의해 촉발된 종교개혁이다. 종교개혁 이전의 유럽 기독교에서 사람들은 사제계급이라는 매개를 통해서만 신과 만날 수 있었다. 신에게 죄를 고백하는 고해성사도 신부神父를 매개로 하고 그 죄에 대한

신의 용서도 신부를 매개로 이루어진다. 신의 말씀인 성서에 대한 해석도 사제계급이 독점하며 어떤 행위가 죄인지 여부도 신의 뜻을 독점적으로 알고 있는 사제계급이 판단한다. 이에 반해 루터는 성경에 근거하여 모든 인간은 신 앞에 평등하다고 선언한다. 그래서 중간에 사제계급이라는 매개가 없어도 누구나 직접 신과 만날 수 있다는 것이다. 이 글에서는 신과 만남에 사제라는 매개가 필요한지 아니면 누구나 신과 직접 만날 수 있는지에 대한 신학적 판단을 할 수도 없고 하지도 않겠다. 다만 각각의 경우에 어떤 효과가 있는지만 살펴보고자 한다.

중세 유럽에서 글을 읽을 수 있는 사람의 수는 얼마나 되었을까? 후대인들이 중세라고 부르는 기간이 천 년에 가깝다 보니 시기마다 정도의 차이는 있겠지만 십자군 전쟁 당시 귀족계급 중 하나인 기사 중에서도 90%가 글을 읽지 못했고, 신성로마제국의 황제였던 샤를마뉴도 글을 읽지 못했다고 하니 아마 글을 읽을 수 있는 사람은 전 인구의 1%가 될까 말까 했을 것이다. 글을 읽을 수 있는 대부분의 사람들은 수도원을 통해 교육을 독점하고 있던 사제계급이 차지하고 있었다. 조선 초기 세종대왕이 한글을 만들어 반포했는데도 공식적인 문서를 한글로 배포해서 모든 백성들이 읽을 수 있게 되기까지는 수백 년의 시간이 흘러야 했다. 이와 마찬가지로 중세유럽에서도 각 지역의 말 ─ 영어, 프랑스어, 독일어, 이탈리아어 등등 ─ 이 있었지만 성경을 비롯한 공식적인 문건들은 모두 일상에서는 쓰이지 않는 라틴어로 쓰이고 유통되었다. 그러니 사제계급을 제외한 다른 사람들은 성경을 읽고 직접 신과 만나고 싶어도 그럴 수가 없었다. 게다가 소수의 왕족이나 귀족계급을 제외하고 대다수 사람은 하루 대부분을 노동으로 보내니 자신의 삶을 반성하거나 도덕적인 판단을 내릴만한 기준을 혼자서 찾기도 힘들었다. 이럴 경우 사제계급에 의한 종교적인 지도와 인도는 반드시 필요했을 것이다. 또한 백성들도 사제계급의 도움으로 개인과 공동체의 삶에 보이지 않는 세계를 접할 수 있는 종교적인 영역을 가질 수 있었다. 사제계급이 신의 사도로서, 신과 인간의 만남을 위한 매개자의 역할에 충실할 때 이런 형식은 세속적인 삶이나 영적인 삶에 긍정적인 역할을 했을 것이다.

그런데 언제부턴가 사제들은 인간이 신과 만나도록 매개하는 역할에서 벗어나 자신들이 신의 목소리를 생산하기 시작한다. 이제 신의 뜻과 말씀을 인간에게 전해주기보다 자신들의 뜻이 신의 뜻이 되는 '전도順倒'가 일어난다. 신의 뜻이 아니라 교황의 뜻을 따르지 않는다고 해서 한 나라의 왕을 파문하거나, 교회의 재정을 확보하기 위해 돈을 받고 마음대로 죄를 면해주는 면죄부를 발행하는 행위는 대표적인 전도順倒현상이다.

루터의 종교개혁은 이런 신과 인간의 관계가 전도된 상황에 대한 비판과 반성의 과정에서 나타났다. 그는 자기 뜻대로 신의 뜻을 왜곡하는 사제계급을 배제하고 모든 사람이 신과 직접 대면할 기회를 열었다. 이 과정에서 그가 가장 먼저 한 일은 민중들이 쓰지 않는 언어인 라틴어로 쓰인 성경을 독일어로 번역한 것이다. 아무리 사제계급이 신에게로 향한 길에서 사라진다 해도 인간은 신을 직접 만날 수 없다. 인간이 신과 만날 수 있는 매개가 성경인데 이전에는 라틴어를 읽을 수 있는 소수의 사제계급만이 성경을 읽을 수 있었기에 그 힘으로 신과 인간의 중간에서 독점적인 매개역할을 한 것이다. 이제 민중들이 직접 성경을 읽게 되면서 사제계급 대신 성경이 신과 만남에서 매개역할을 하게 된다.

종교개혁은 이렇게 신의 뜻에 대한 사제계급의 독점적 해석권한을 민중에게 돌려주었는데 이 과정에서 다른 부작용이 나타난다. 종교개혁 이전에는 종교해석이 교황을 정점으로 한 사제계급에 의해 이루어지면서 종교적 질서가 유지되었다. 종교개혁 이후에는 누구나가 신의 뜻을 해석할 수 있게 되면서 서로 다른 해석을 하는 세력들이 부딪히게 된다. 종교개혁 이후 수 세기 동안 계속된 유럽 국가들의 끊임없는 전쟁은 신의 뜻이라는 명분을 내세웠지만 자국의 이익이라는 실리가 이면에 깔려있었다. 이는 마치 춘추전국시대에 천명天命을 부여받은 주나라 왕실이 쇠락하면서 제후국들이 잃어버린 천명을 서로 가져가기 위해 수백 년 동안 전쟁을 이어온 것과 비슷하다.

종교개혁은 이 외에 또 다른 효과를 유럽에 가져왔다. 그것은 모든 인류는 신 앞에 평등하다는 천부인권설에 바탕 한 인권사상이다. 왕과 소수의 귀족이 통치를 독점하는 구체제(앙시앙 레짐, ancien regime)는 평등하지 않은 관계에서 만들어진 올바르지 않은unright 체제이다. 그것을 신의 뜻인 올바른 관계로 만드는 것이 인권, 곧 사람들 간의 올바른 관계human right이다. 근대유럽의 민주주의는 인간은 신 앞에 평등하다는 인권사상을 바탕으로 한다. 이것이 성인남성이라는 자격조건을 가진 시민들에 의한 고대 희랍의 민주정과의 근본적인 차이이다.

누구나 신 앞에 평등하고 동등한 권리(관계)를 가진다는 이 이상理想은 현실에서 이상 자체로 드러나지 않는다. 구체적으로는 선거권으로 집약되는 정치에 참여할 권리와 개인의 생명, 구속받지 않을 권리, 소유권 등이 포함된 재산권poverty right의 형태로 드러난다. 그리고 그런 권리를 가지는 자들은 여성, 아이, 비유럽인, 죄수나 정신병자 등 '정상正常'이 아닌 자들을 배제한 유럽에 거주하는 백인성인 남성에 국한되었다. 이런 권리는 수백 년 동안의 투쟁과정으로 그 범위가 넓어지고 있기는 하지만 여전히 보편적인 모든 인류에 미치지는 못하고 있다. 선거권과 재산권으로 집약되는 이런 제도는 봉건제에서 자본제로 생산관계가 변하는 과정에서 새로 형성된 신흥 부르주아계급의 이해와 일치했다. 종교개혁의 씨앗에서 싹을 트고 인권사상으로 꽃을 피운 근대 유럽의 제도는 수백 년의 시간을 거치면서 부르주아계급의 이해가 잘 반영된 제도로 만들어진다. 어느 정도 완성된 형태를 가지게 된 이 제도는 일본을 거쳐 우리나라에 이식되었다. 이렇듯 민주주의는 모두가 평등하다는 이념(理念, Idea)과 계급 간의 이해관계의 갈등과 조정의 산물로 만들어진 제도라는 '이중성'을 지니고 있다.

이는 근대 유럽의 문제만은 아니다. 우리가 어떤 권리에 대해서 말할 때, 그 권리는 보편적 인권의 측면과 개인이나 개인이 속한 집단의 이해관계라는 측면이 중첩되어있다. 학생들의 '학습권'과 선생님들의 '교권'은 둘 다 학생이나 선생님은 각기 보편적인 인간의 권리를 가진다는 전제에서 나온 것이지만 실제 학교현장에서는 양자 간의 이해관계의 충돌로 나타나기도 한다. 인간이 차별받지 않을 권리는 성性에 상관없이 누구나 보편적 인권을 가지고 있다는 인권사상에 바탕을 두지만 남성과 여성은 현실에서 서로 간의 이해관계가 충돌한다.

이렇게 각각의 권리라는 이름의 이해관계의 충돌문제만이 아니라 권리를 가질 자격의 문제도 간과할 수 없다. 얼마 전에 수백 명의 예맨 난민들이 내전으로 인한 생명의 위협에서 벗어나기 위해 자국을 탈출하여 제주도에 와서 난민신청을 했을 때 격렬한 논쟁이 있었다. 보편적 인권이라는 이념의 관점에서 본다면 우리는 그들을 받아들여야 한다. 하지만 우리 공동체의 안정과 질서가 훼손될 것이라는 현실적인 우려도 간과할 수는 없다. 당시의 예맨 난민들은 이념으로서의 인권은 가지고 있지만 현실적인 인권은 없었다.

언젠가 우리나라 교도소의 열악한 환경을 지적하면서 시설을 개선하고 확충해야 한다고 주장하는 언론기사를 본 적이 있다. 그 기사에는 죄수들의 인권까지 보장해줘야 하느냐는 부정적인 시민들의 댓글이 많이 달려있었다. 죄수들에게 인권은 있는가? 만일 있다면 그 인권은 보통의 시민들과 동등한 인권인가 아니면 어느 정도의 차이가 있는 인권인가? 만일 죄수의 인권과 일반 시민의 인권이 차이가 있다면 인권은 보편적인 권리가 아니라 어떤 자격조건을 갖춘 자의 권리가 아닌가?

이미 시민이라는, 아테네에 거주하는 성인남자라는 자격조건을 가진 자들에 의한 고대 희랍의 민주정에서는 이런 문제가 없다. 하지만 보편적 인권이라는 이념을 토대로 한 근대 유럽의 민주주의는 본질적으로 이런 모순을 가질 수밖에 없다. 그럼 보편적 인권이라는 이념을 버리면 모든 문제가 해결될까? 이론적으로는 가능하지만 그럴 수는 없다. 그것은 구체제로의 회귀가 되기 때문이다. 1부에서 '촛불 혁명'에 대해 언급하면서 혁명은 어떤 정신작용과 실천을 통해 다시 과거로 돌아갈 수 없는 도약이라 말했다. 모두가 신 앞에 평등하다는 생각은 정신의 혁명이다. 그러니 이런 도약 이후에는 특정한 누군가가 신의 선택을 받았다는 과거의 사상으로 다시 돌아갈 수 없다.

세상에 태어나기 전에는 오직 정신만이 있어 감각기관이라는 방해를 받지 않고 '이데아'를 관조할 수 있을지 모른다. 하지만 신체라는 영혼의 감옥'을 가지고 이 세상에 태어난 후에는 태어나기 전의 상태로 되돌아갈 수 없고 신체라는 감옥의 조건 속에서 죽음을 향해 한발 한발 살아갈 뿐이다. 마찬가지로 이런 보편적 인권이라는 이념과 특정 계급의 이해를 위한 제도라는 현실의 모순은 민주주의의 조건이다. 이는 신체와 영혼의 모순에 비유할 수 있다. 이런 모순을 장애로 받아들이기보다는 조건으로 받아들여야 한다. 이런 모순이자 조건을 가지고 있는 민주주의라는 '사태'에 던져진 우리는 이념과 현실이 부딪치며 드러나는 모순을 헤쳐 나가면서 한발 한발 살아갈 수밖에 없다.

똑같이 신체와 영혼이라는 조건 속에서 살면서도 욕망에 이끌리는 삶과 이성의 인도에 따른 삶은 같을 수 없다. 마찬가지로 이념과 현실의 모순을 가진 민주주의라는 조건에서도 '더 나은' 삶이 있을 것이다. 필자는 맹자와 플라톤에게서 그 삶의 가능성을 본다. 그 삶은 윤리적 삶이다.

◆ 여기서 잠시 생각해 보고 다음으로 넘어가자

1 민주주의는 다른 정체에 비해 좋은 제도인가?

2 민주주의는 모두 같은 정체인가 나라 또는 시대마다 다른가?

3 주인은 어떤 의미인가? 주인에게는 어떤 권리와 의무가 있는가?

4 모든 인간은 보편적인 인권을 가진다고 동의하는가? 그렇다면 나는 모든 인간을 동등하게 대하는가?

5 나의 권리와 타자의 권리가 충돌할 때 나는 어떤 선택을 하는가?

정언명령
― 네 이웃을 사랑하라 그리고 경로敬老, 효孝, 인仁

네 마음을 다하고 목숨을 다하고 뜻을 다하여 주 너의 하나님을 사랑하라 하셨으니 이것이 크고 첫째 되는 계명이요 둘째도 그와 같으니 네 이웃을 네 자신 같이 사랑하라 하셨으니 이 두 계명이 온 율법과 선지자의 강령이니라.

위 인용문은 성경의 마태복음에 나온 예수님의 이야기다. 근대 유럽의 철학자인 스피노자는 성경이 우리에게 전하는 메시지를 이 구절에 표현된 하나님에 대한 사랑과 이웃사랑으로 요약할 수 있다고 했다. 만일 스피노자의 주장을 받아들인다면 기독교신앙을 가지는 것은 그리 어렵지 않은 것 같다. 십계명을 비롯한 성경에 나온 많은 실천지침 대신에 이 두 가지만 실천하면 되니 말이다. 그런데 예수님은 왜 그리 어렵지 않아 보이는 두 가지의 계명에 '마음과 목숨과 뜻을 다하라'는 수식어를 붙였을까? 하나님을 사랑하는 것과 이웃사랑이 그만큼 어렵기 때문일까? 구약에 나온 아브라함의 사례는 하나님에 대한 사랑의 어려움을 짐작할 수 있도록 해준다.

하나님에 대한 사랑은 사람을 사랑하는 것과는 다르다. 그 사랑은 하나님의 말씀에 대한 복종으로 드러난다. 성경에 나온 아브라함의 하나님에 대한 복종 사례를 요약하면 이렇다. 아브라함은 노년에 이삭이라는 아들을 얻는다. 하나님은 아브라함을 시험하기 위해 그의 하나뿐인 아들인 이삭을 제물로 바치라고 명령한다. 아브라함은 아무 의심 없이 이 명령에 복종하기 위해 하나님이 시키는 대로 이삭을 제물로 바치기 위한 준비를 마친 후 이삭을 제물로 바치려는 순간에 하나님은 그 명령을 거둔다. 하나님은 이삭 대신 숫양을 제물로 대신 바치라 명령하고 아브라함에게 축복을 내린다.

어떤 사건이든 해석하는 사람의 관점에 따라 다양한 해석이 가능하다. 신화나 성경의 경우는 보통의 사건보다 더 많은 해석의 가능성이 있다. 아브라함의 복종에 대한 수많은 해석의 가능성 중에서 신을 향한 사랑, 곧 신의 명령에 대한 복종에 주목해보자. 자식의 죽음은 부모 자신의 죽음보다 더한 고통을 준다는 것은 자식을 키우고 있는 부모라면 충분히 공감할 것이다. 만일 지금 책을 읽고 있는 독자가 자식의 입장이라면 부모님에게 자식의 죽음을 대신할 수 있는지 물어보라. 대부분의 부모는 두 번 생각할 것도 없이 자신의 목숨으로 자식의 목숨을 대신하는 것을 선택할 것이다. 게다가 이삭은 아브라함이 오랫동안 자식을 가지지 못하다가 하나님의 은총으로 나이 들어 가지게 된 독생자이다. 그러니 얼마나 소중한 자식이겠는가? 그런 자식을 제물로 바치라는 하나님의 명령은 목숨을 바치라는 명령보다 더 복종하기 어려운 명령이다. 만일 하나님이 아브라함에게 이삭을 제물로 바쳐야 하는 이유, 그 의미를 설명해줬다면 아브라함의 선택은 좀 더 쉬웠을 수 있다. 그런데 하나님이 내린 명령은 어떤 이유도, 어떤 의미도 알 수 없는 '무조건적인' 명령이다. 내가 이해할 수 있기에, 나에게 이익이 되기에, 내가 희생을 하더라도 공동체에 이익이 되기에 복종하는 명령은 신의 명령이 아니라 차신의 해석에 복종하는 것이다. 신의 명령에 대한 복종의 윤리성은 여기에 있다. 그것은 어떤 이유도, 어떤 의미도 발견할 수 없더라도 복종하는 것이다.

이웃사랑도 신의 명령과 마찬가지로 윤리적이다. 이웃이 항상 나에게 호의적인 것은 아니다. 어떤 이웃은 내가 기쁠 때 기쁨을 나누고 어려울 때 도와줄 수 있는 친구일 수도 있지만 어떤 이웃은 내 생명과 재산을 노리는 적일 수도 있다. 우리는 보통 친구로서의 이웃은 사랑하지만 적으로서의 이웃은 미워한다. 『국가』에서 소크라테스가 사고실험을 통해 설립한 수호자의 중요한 성향 중 하나가 적과 친구를 구별할 수 있는 지혜이다. 이처럼 현실 세계에서는 모든 이웃에 대한 사랑보다 이웃 중에서 사랑할 대상과 미워할 대상을 구분하는 것이 먼저이다. 그런데 예수님이 이야기하는 이웃사랑은 '어떤' 이웃을 조건적으로 사랑하는 것이 아니라 '무조건적으로' 사랑하는 것이다. '원수를 사랑하라'는 예수님의 말씀도 이와 같은 맥락에서 해석해 볼 수 있다. 이웃에는 친구도 있고 원수도 있다. 친구인 이웃을 사랑하는 것은 굳이 강조하지 않아도 누구나 자연스럽게 할 수 있다. 하지만 원수인 이웃을 사랑하는 것은 쉽지 않다. 아니, 거의 불가능하다. 예수님의 이웃사랑은 원수를 사랑함으로 완성될 수 있다.

기독교 신앙에서 가장 중요한 실천과제인 신에 대한 사랑과 이웃사랑은 이처럼 무조건적인 윤리적 명령이다. 칸트는 이런 실천적인 명령을 정언명령定言命令이라고 불렀다. 이와 대립하는 실천적인 명령은 가언명령假言命令으로 어떤 조건에 따라 행동을 하는 경우를 말한다. 예를 들어 '친구인 이웃은 사랑하고 원수인 이웃은 미워하라'라고 한다면 이는 가언명령이고 어떤 조건도 없이 '이웃을 사랑하라'라는 명령은 정언명령이다. 이런 정언명령의 윤리는 동양에서도 볼 수 있다.

맹자는 치자治者의 역할 중에서 살아서는 생존의 걱정 없이 살 수 있는 조건을 만들어주고 죽어서는 죽음의 예를 다할 수 있도록 하는 '양생상사養生喪死'를 첫째로 꼽았다. '양생상사'의 모습은 여러 형태로 나타나는데 그중 하나는 '머리가 반백인 자가 길에서 무거운 짐을 지거나 이기지 않을 것'이고, '칠십 노인이 비단옷을 입고 고기를 먹을 것'이라는 표현으로 드러난다. 이렇게 나이든 이들에 대한 공경을 한마디로 표현한 단어가 '경로敬老'이다. 『맹자』에는 이 단어가 제환공이 규구葵丘에서 제후들을 소집해서 맺은 결의문에 담겨있는 것으로 나온다. 요즘으로 치면 국가 간의 외교문서에 기입된 것이니 당시에 노인을 공경하는 것을 얼마나 중요한 가치로 여겼는지 알 수 있다. 그런데 요즘에는 과거만큼 '경로'의 가치를 그리 높게 보는 것 같지 않다. 농경사회에서는 나이든 이들의 경험이 젊은 이들에게 큰 교훈이 되지만 산업사회가 되면서 과거의 경험은 낡은 경험이 되고 새로운 경험의 가치가 더 높게 평가되면서 젊은이들의 노인에 대한 공경도 덜해진다.

그런데 노인을 공경하는 이유가 공경받을 만한 자격이 있기 때문인가? 노인들의 경험이 젊은이들에게 소중하다면 공경하고 그렇지 않다면 공경할 필요가 없는가? 또 공경받을 만한 자격이 있는 노인은 공경하고 그렇지 않은 노인은 공경할 필요가 없는가? 만일 '경로'가 가언명령이라면 어떤 노인은 공경하고 어떤 노인은 그럴 필요가 없다. 하지만 맹자가 이야기하는 경로는 정언명령으로서의 윤리이다. 비단옷을 입고 고기를 먹을 자격이 있는 칠십 노인이 따로 있고 그런 자격이 없는 노인이 따로 있는 것이 아니다.

우리가 일상에서 실천하는 정언명령은 부모와 자식 간의 관계이다. 부모가 자식을 사랑할 때 사랑받을 만한 자격이 있는 자식만을 사랑하는가? 신체적 장애가 있거나 사회적 능력이 남들보다 떨어지는 자식은 사랑하지 않는가? 부모의 자식사랑은 무조건적인 사랑이다. 자식의 부모에 대한 사랑도 마찬가지다. 동양에서는 이를 '효孝'라는 독특한 개념으로 설명한다. 부모 중에 효의 대상이 될 자격이 없는 부모가 있는가? 다른 부모보다 가난하다고, 사회적 지위가 낮다고 효를 행하지 않는가? 부모의 자식사랑이나 자식의 부모에 대한 효나 모두 어떤 조건도 개입되지 않는 무조건적인 정언명령이자 윤리이다.

유가儒家에서 효를 사회적 윤리인 인仁의 근본으로 본 이유가 여기 있다. '피는 물보다 진하다'는 속담이 있듯이 사회적 관계에서보다는 가족 간의 관계에서 우리는 상대적으로 정언명령을 실천하기가 쉽다. 가정에서의 정언명령인 효孝를 사회로 확대했을 때 나타나는 정언명령이 인仁이다. 인을 타자와의 공감이라고 해석한다면 우리가 공감할 타자가 있고, 공감하지 않을 타자가 있는 것이 아니다. 공감의 대상인 타자가 나와 어떤 이해관계가 있든, 그(그녀)의 성, 인종, 계급 등과 무관하게 공감하는 것, 그것이 인仁이다.

기독교의 신에 대한 사랑 그리고 이웃사랑과 같은, 동양의 경로, 효, 인과 같은 민주주의의 정언명령으로서의 윤리에는 어떤 것이 있을까? 그것은 자유와 평등이다.

자유 – 조건 없는 선택

자유는 어떤 복종의 의무로부터도 벗어난 상태를 말하는 것이 아니라 무엇에 복종할 것인가를 선택하는 것이다. 『국가』에서 트라시마코스는 욕망에 복종하기로 선택했고 소크라테스는 이성에 복종하기로 선택했다. 두 가지 길 중에서 이성에 복종하는 삶이 자유의 유일한 길이다. 자유와 복종의 관계에 대해서는 이전 책에서 충분히 설명하였으니 이 글에서는 조금 다른 관점에서 윤리로서의 자유에 대해 이야기해 보겠다.

1부에서 맹자의 인간 본성에 대한 '선택'을 설명하면서 칸트의 자유에 대해 이야기했다. 칸트에게 자유는 증명될 수 없는 것으로, 실천적인 이념으로 '요청'되는 것이다. 그리고 자유는 원인 없는 행동, 원인 없는 선택으로 설명할 수 없을뿐더러 그 선택으로 어떤 결과가 나타날지 모르는 심연深淵과 같다. 이런 자유로운 선택에는 윤리적인 책임이 따른다.

누군가 내 가족을 납치한 다음에 나에게 범죄행위를 하라고 강요한다고 가정해보자. 이때 나는 이 범죄행위에 얼마나 책임이 있을까? 내가 나의 의지로 같은 범죄를 저질렀을 때와 비교해서 책임의 크기는 덜 할 것이다. 왜냐하면 내가 한 행위의 원인이 내 의지 이외에 다른 곳에 있기 때문이다. 어떤 결과의 책임은 그 원인에 있다. 그 원인이 내 바깥의 타자에게 있다면 나의 책임은 줄어들 것이다. 하지만 '자유'는 어떤 원인도 없는 선택이기에 나 이외에 책임을 미룰 수 없다.

군자君子는 원인을 자기에게서 구하고, 소인小人은 남에게서 구한다.

이 구절은 『논어』에 등장하는 군자와 소인을 비교하는 많은 아포리즘 중 하나이다. 스스로가 원인이 되는 선택을 자유라고 한다면 군자는 자유로운 자이고 소인은 반대로 자유롭지 못한 자이다. 치자治者와 치어자治於者의 관계에서, 또 통치자와 피통치자의 관계에서 치자와 통치자가 자신의 판단과 행동에 더 책임을 지는 더 자유로운 자이다. 반대로 치자와 통치자를 선택할 때 타자에게 원인을 구하지 않고 스스로 원인을 구하는 더 자유로운 자가 선택되어야 한다.

필자는 초등학교 시절 늦잠 때문에 자주 지각을 했다. 매번 선생님에게 혼나면서도 잘못된 습관이 쉽게 고쳐지지 않았다. 그런데 지각을 할 때마다 그 책임을 제시간에 깨워주지 않았다고 어머니에게 돌렸다. 하지만 어머니는 세 자녀의 아침 등교준비를 하는 바쁜 와중에도 매번 필자를 깨웠다. 그럼에도 제시간에 일어나지 못했으니 지각의 책임은 어머니가 아니라 필자의 게으름에 있었다. 당시의 필자는 내 행동의 원인을 외부에서 찾는 자유롭지 못한 사람이었다. 나이가 어려 부모의 보호를 받는 위치에 있기에 자유롭지 못하다는 의미가 아니라 나의 행동에 대한 원인을 나 스스로가 아니라 남에게서 찾기에 자유롭지 못하다는 것이다. 어린 시절의 필자처럼 많은 사람이 자신의 행동 원인을 내 바깥에서 찾고 있지는 않은가?

윤리로서의 자유는 홉스가 자연 상태에서 가정한 자연권이 가지는 '무엇이든지 할 수 있는 자유'와는 다르다. 홉스의 자연권에는 아무런 책임이 따르지 않는다. 자연권의 행사를 제약하는 것은 타자의 자연권으로 인한 내 생명과 안전이 위협받을 가능성이다. 하지만 윤리로서의 자유를 제약하는 것은 책임이다. 나의 자유가 타자에게 상처를 줄 가능성에 대한 책임. 공동체의 안정과 질서를 위협할 가능성에 대한 책임. 그것은 차마 어쩌지 못하는 마음인 불인지심不忍之心과 어떤 조건도 없는 선택의 가능성 간의 긴장관계에서 발생한다.

그런데 여기서 한발 더 나아가면 어떤 선택이든 본질에서는 조건 없는 선택일 수밖에 없다. 이는 모든 선택은 내가 인식하든 아니든 결과적으로는 원인을 알 수 없는 '자유로운 선택'이라는 뜻이다. 여기서의 '자유로운 선택'은 역설적인 표현이다. 이는 어떤 선택에 대해 내가 아닌 다른 것에서 원인을 찾는다 하더라도 결국은 그 결과에 대한 책임은 온전히 나에게 있다는 말이다. 이를 이웃에 대한 환대를 예로 들어 설명해보자.

가언명령으로서의 조건적인 환대는 친구인 이웃은 환대하고 적인 이웃은 박대하는 것이다. 이런 경우 환대와 박대를 선택하는 원인은 내가 아니라 그 대상인 이웃에 달려있다. 이웃이 친구라면 환대할 것이고 적이라면 박대할 것이다. 그런데 우리는 이미 2부에서 적과 친구의 구별이 얼마나 어려운지에 대해 살펴보았다. 사실상 그 구별은 불가능에 가깝다. 그렇다면 어떤 이웃을 적이라 여기는 이유는 그 이웃이 원래 적이기 때문일까 아니면 내가 적이라는 시선으로 이웃을 바라보기 때문일까? 곧 적이라는 객관성이 원인인가 아니면 적이라 여기는 나의 판단이 원인인가? 우리는 보통 나 바깥에 객관적인 원인이 있어서 내가 어떤 관념을 가진다고 생각하며 살지만 실상은 이와는 반대로 내가 이미 어떤 관념을 가지게 되면서 내 바깥의 대상을 규정하는 경우가 대부분이다. 내가 이웃을 친구로 여기면 친구가 되고 적으로 여기면 적이 된다.

오랫동안 친구로 지낸 이웃이 한 순간의 오해로 적으로 바뀌거나 반대로 적이었던 이웃이 어떤 계기로 친구가 되는 경우가 있다. 이 때 친구와 적이 서로 뒤바뀌게 되는 계기는 미리 규정될 수 없다. 그 것은 사소한 오해일 수 있고 근본적인 생각의 차이일 수 있고 어떤 사건일 수도 있다. 이럴 경우의 적과 친구라는 관념이 바뀌게 되는 원인은 알 수 없다. 다만 '사후事後'적으로 내 자신에게 설명할 뿐이다. 대부분의 그런 설명은 나의 행동과 판단을 합리화하는 방향으로 일어난다. 이렇듯 우리가 적과 친구의 구별을 나 바깥의 객관적인 원인에 의해 구분했다고 하는 가정은 환상일 수 있다. 실상은 어떤 원인인지 알 수 없는 내 안의 관념이 그것을 구분한다. 자유를 조건 없는 선택, 원인 없는 판단이라고 한다면 이렇게 내가 원인이 되어서 하는 적과 친구의 구별을 '자유로운 선택'이라고 할 수 있다. 나 바깥의 객관적 원인에 의한 것이라고 가정했던 선택이 결국은 나의 선택이기 때문이다. 다만 내가 원인과 결과를 전도시키면서 내가 만든 가상을 원인으로 삼았을 뿐이다.

이런 생각을 다른 모든 선택으로 확대한다면 이제 모든 선택은 내가 스스로 한 것이며 그 결과에 대해서도 내가 책임져야 하는 '자유로운 선택'임을 알게 된다. 이것을 인식하지 못하고 내 선택으로 만들어진 가상을 내 선택의 원인으로 착각하는 사람은 자유롭지 못한 사람이다. 이것을 인식하고 자신의 윤리적 선택에 책임질 자세가 되어 있는 사람이 자유로운 사람이다. 민주주의에서 자유는 이런 자유이다. 민주주의에서 자유로운 자는 스스로가 통치의 한 주체로서 모든 선택은 나의 '자유로운 선택'임을 인식하고 그 선택이 타자와 공동체에 끼치는 결과에 대해 온전한 책임을 질 자세가 되어있는 자이다. 자유로운 선택의 결과는 사전에 알 수 없고 오직 사후적으로만 알 수 있기에 그 선택은 윤리적인 선택이다. 그리고 사후적 결과에 대한 책임은 마치 심연深淵과 같이 예측할 수 없기에 가볍지 않다. 그런 선택의 책임을 감수할 준비가 되어있는 자가 민주주의 사회에서의 자유로운 자이다.

평등 - (불)가능한 이상

평등平等은 영어의 이퀄리티equality를 번역한 말로 '같음'을 뜻한다. 반대말인 불평등은 이퀄리티에 부정을 뜻하는 접두사 인in 이 붙은 인이퀄리티inequality로 '다름'을 뜻한다. 그러므로 우리가 평등을 지향한다는 것은 다른 상태에서 같은 상태로 간다는 의미이다. 지금까지 이 땅에 살거나 살다 간 사람 중에서 똑같은 사람은 없고 앞으로도 없을 것이다. 그런데 어떻게 평등, 곧 같음을 이룰 수 있을까? 모든 것이 같을 수 없다면 어떤 것이 같아져야 하는가? 같을 수 없는 것을 같게 하는 것은 같아야 하는 것을 다르게 하는 것과 같이 폭력이 될 수도 있지 않을까? 민주주의 사회에서 당연하게 받아들여지는 평등은 이런 답하기 어려운 여러 가지 물음을 우리에게 던져 준다.

서양철학에서 수천 년 동안 고민해왔던 근본적인 주제 중 하나인 '같음'과 '다름'의 고민으로부터 이 문제를 풀어나가 보자. 이 문제는 처음에는 적과 친구의 구별처럼 다름을 어떻게 구분할 수 있는지에 대한 고민에서 시작되었다. 아리스토텔레스의 종種과 류類에 대한 분류에서부터 시작된 고민은 근대 유럽의 과학science에서 절정을 이룬다. 2부에서 사이언스science가 고대 희랍에서 앎을 뜻하는 에피스테메epistēmē의 라틴어 번역인 스키엔티아scientia를 어원으로 가진다는 설명을 하였다. 그런데 이 어원은 '자르다, 나눈다'는 의미가 있다. 모든 지식은 지식의 대상을 다른 것들과 구분하면서 시작된다. 소금이 하얀색이며 짠 맛이 나는 것을 안다는 것은 하얀색이 아닌 다른 것과 구분할 수 있기 때문이고 짜지 않은 다른 것과 구분할 수 있기 때문이다. '사이언스'는 처음에는 다른 것과 구분한다는 의미의 '지식'의 뜻으로 쓰였다. 그러다가 중세에는 체계적으로 정리된 '학문'의 뜻으로 쓰이다가 근대에 들어와서는 전체 학문을 영역별로 구분한 '분과학문'의 의미로 쓰이게 된다. 근대의 과학문명은 앎의 한 가지 측면, 곧 '다름'을 분별하는 측면을 계속 추구하면서 현재의 기술문명을 이루게 된다. 과학적 지식과 그에 바탕을 둔 기술문명의 급속한 발전을 경험한 근대유럽문명은 이제 나눔의 한계에 부딪히게 되며 다시금 '같음'으로 시선을 돌리게 된다. 우리나라에 '통섭'이나 '융합'이라는 말로 소개되는 분과학문 간의 교차연구는 이런 경향의 일부 모습이다.

사람들은 세상의 모든 것이 변한다고 말한다. 변한다는 것은 같음일까 다름일까? 이전과 달라졌기에 변한 것이고 변했다는 표현 자체가 그 안에 변하기 전과 같은 어떤 것이 있어서 가능하다. 단풍이 붉게 변할 수는 있어도 토끼가 거북이로 변할 수 없다. 단풍이 물들기 전의 잎과 붉게 물든 후의 잎이 '같은' 잎이기에 변했다는 말을 쓸 수 있지만 토끼와 거북이는 '같음'이 없기에 변할 수 없다.

곧 변한다는 것은 같음과 다름의 동시적인 표현이다. 태어나서부터 죽을 때까지 '나'는 끊임없이 변한다. 어린 시절의 '나'와 지금의 '나', 그리고 앞으로 늙어갈 미래의 '나'는 같은 '나'인가 다른 '나'인가? '나'는 외모가 변할 수 있고 가치관이나 성격이 변할 수 있고 그 외에 나의 여러 속성은 변할 수 있다. 만일 '나'를 '나'라고 규정할 수 있는 모든 속성이 변했다면 변한 '나'는 변하기 전의 '나'와 같은 '나'인가 다른 '나'인가? 우리는 모든 것이 변하더라도 '나'를 '나'이게 만드는 변하지 않는 '나' 자체가 있다고 전제한다. 이는 작은 떡갈나무의 씨앗이 큰 나무로 자랐을 때 그 씨앗과 나무가 같은 것이라고 할 수 있는 어떤 것이 있다는 것을 전제하는 것과 마찬가지이다.

'나'를 '나'이게 하는 어떤 것, 씨앗과 나무의 같음을 보장해주는 어떤 것은 자유와 마찬가지로 증명될 수 없는 이념Idea이다. 이 이념이 모든 변화를 가능하게 한다. 이를 다른 말로 표현하면 '같음'은 보이지 않는 영역에 있으며 증명될 수 없고 '다름'은 보이는 영역으로 확인될 수 있는 것이다. 그런데 보이는 '다름'을 가능하게 하는 것이 보이지 않는 '같음'이다. 우리에게 모든 것은 다르게 보이지만 그것이 다를 수 있는 것은 모든 것 안에 있는 보이지 않는 같음이 있기 때문이다. 이를 평등의 문제에 적용해 보자.

우리가 사는 세상에서 모든 눈에 보이는 관계는 불평등한 관계, 곧 서로 다른 사람들끼리의 관계이다. 학생과 선생의 관계가 평등한가? 부모와 자식의 관계가 평등한가? 직장상사와 부하직원의 관계가 평등한가? 친구도 서로 집안 환경이 다르고 능력이 다르니 평등equality, 곧 같다고 할 수 없다. 서로 다른, 불평등한 관계를 조화롭게 하는 것은 눈에 보이지 않는 같음, 곧 평등이다. 우리를 평등하게 하는 보이지 않는 것들 중에서 맹자가 이야기하는 불인지심不忍之心이나 사단四端이 있을 것이고 대학에서 표현된 명덕明德이 있을 것이며 플라톤이 이야기하는 지혜와 기개가 있을 것이다.

필자가 좋아하는 가수 중 한 명인 휘트니휴스턴의 'The greatest love of all'이라는 노래에 이런 가사가 나온다. "그들이 나에게 무엇이든지 다 가져갈 수 있더라도 나의 존엄한 가치만은 빼앗아 갈 수 없을 것이다. (No matter what they take from me, they can't take away my dignity)" 우리를 불평등하게 만드는 어떤 것도 누군가에게 빼앗길 수 있다. 하지만 우리를 평등하게 하는 눈에 보이지 않는 것

중에 하나인 존엄dignity은 누구도 빼앗아 갈 수 없다. 근대유럽의 민주주의가 이야기하는 평등도 이처럼 보이지 않는 영역에서의 같음에 있고 그것을 표현한 말이 보편적 인권(人權, human right)이다. 이를 주장한 존 로크는 인권이 보이지도 않고 증명될 수도 없는 것이기에 그 근거를 하늘에 둘 수밖에 없었다.

우리는 무엇을 평등하게 하려고 하는가? 무엇을 같게 하려고 하는가? 혹시 정말로 평등한 것을 훼손하면서 불평등할 수밖에 없는 것을 억지로 평등하게 만들려하고 있지는 않은가? 성별, 인종, 계급 등이 서로 다르다고 해서 존엄이나 인권을 훼손하는 것도 문제이지만 애초에 서로 다를 수밖에 없는 보이는 영역을 억지로 같게 만들려는 시도도 평등을 해치게 된다.

눈에 보이지 않는 평등과 눈에 보이는 불평등의 조화는 과연 가능한 과제일까? 평등 자체가 눈에 보이지 않는 영역이라면 우리는 어떻게 평등함을 알 수 있을까? 평등은 애초에 불가능한 것처럼 보이지만 민주주의의 바탕을 이루는 우리가 끊임없이 지향해야 하는 가치이기도 하다. 이런 이중성을 표현한 말이 (불)가능성(im)possible 이다. 이는 프랑스 현대철학자인 데리다에게 빌려온 말로 가능성과 불가능성이 겹쳐 있다는 표현이다.

이런 가능성과 불가능성의 겹침은 언어에서 잘 드러난다. 지금 필자는 언어를 통해 필자의 생각을 표현하고 있다. 그런데 어떤 언어로도 필자의 생각을 100% 표현할 수 없다. 그럼 언어 이외에 내 생각을 타자에게 전달할 방법이 있는가? 우리가 타자와 의사소통할 수 있는 경로는 언어가 유일하다. 여기서 말하는 언어는 문자로서의 글과 말뿐만 아니라 눈빛, 손짓, 발짓 등 모든 언어적인 표현을 포함한다. 그런 언어로의 의사표현이 잘못 전달될 때도 있다. 이런 경우 내 생각이 타자에게 왜곡되게 전달되어 오해를 불러일으키기도 한다.

판소리 춘향전에 이런 가사가 있다. '이리 오너라 업고 놀자, 이리 오너라 업고 놀자. 사랑 사랑 사랑 내 사랑이야, 사랑이로구나, 내 사랑이야.' 이때 춘향을 업은 이도령은 춘향을 무겁다고 느꼈을까? 그는 아마 '솜털처럼' 가볍게 느꼈을 것이다. 이도령이 춘향이를 업었더니 그 무게가 솜털처럼 가볍다고 말한다면 그 말을 듣는 사람은 문자 그대로 춘향이 몸무게가 솜털 정도밖에 안 된다고 여기지는 않을 것이다. 이 말의 이면에는 이도령이 춘향을 사랑한다는 눈에 보이지 않는 표현이 겹쳐 있다. 그런데 어떤 사람은 이 표현을 문자 그대로 받아들이고 춘향을 업고 나서 솜털보다 훨씬 무겁다고 느껴서 이도령이 거짓말을 했다고 말할 수 있다. 우리의 언어는 모두 이런 식이다. 표면에 드러나는 보이는 표현과 그 이면에 보이지 않는 표현이 겹쳐져서 표현된다. 이런 모순과 조건이 언어가 의사소통을 가능하게 하는 수단이면서 의사소통을 가로막는 장애로써 작용하게 한다. 이런 이중성의 표현이 (불)가능성이다.

민주주의에서의 평등도 언어와 마찬가지로 민주주의를 가능하게 하는 근본 가치이면서 민주주의를 가로막는 장애가 되기도 한다. 보이지 않는 평등을 해치거나 보이는 불평등을 억지로 평등하게 만들려는 시도가 그 장애물이다. 그럼 이런 가능성과 불가능성의 조건에서 어떤 실천적 지침이 가능할까? 필자는 '자발적 불평등'이라는 하나의 지침을 제안하려 한다.

우리가 눈에 보이는 불평등한 관계를 불편해하면서 그것을 개선하려고 노력하는 경우는 대부분 내가 그 관계에서 낮은 조건에 있을 때이다. 예를 들면 남보다 나에게 더 많은 의무가 주어지거나 또는 같은 노력을 들였는데 남보다 못한 대우를 받거나 할 때에 그렇다. 그런데 이미 우리는 본질적으로 불평등한 세상에서 살고 있다. 이를 다른 말로 표현한다면 우리는 세상이라는 '사태 속으로' 불평등하게 던져졌다. 누구는 전쟁이 벌어지고 있는 나라에서 태어나고 누구는 평화로운 환경에서 태어난다. 누구는 부잣집에 누구는 가난한 집에 태어난다. 누구는 머리가 좋게 태어나고 누구는 신체적 조건이 좋게 태어난다. 이 모두가 불평등하지 않은가? 물론 이런 '불평등'한 조건은 사람의 힘으로 어찌할 수 없기에 체념하며 받아들일 수밖에 없다. 그런데 어떤 사람은 이런 선천적인 조건을 받아들이지 못하고 세상에 불만과 분노를 드러내기도 한다. 이런 태도는 그런 조건을 변화시킬 수 있을까? 그의 삶을 더 낫게 이끌어 갈 수 있을까? 보통 이런 태도는 조건을 개선하기 보다는 자신과 주변을 해치는 경우가 많다.

그런데 이런 '선천적'인 불평등과 우리가 사회적 관계에서 느끼는 '후천적'인 불평등의 차이는 무엇일까? 어쩌면 우리가 바꿀 수 있다고 생각하는 '후천적'인 불평등도 '선천적'인 불평등과 마찬가지로 어찌할 수 없이 받아들일 수밖에 없는 조건은 아닐까? 그에 대한 불만과 분노가, 그 관계를 바꾸려는 노력이 나와 주변을 해치는 것은 아닐까? 보이는 관계를 평등하게 하려는 노력이 보이지 않는 평등을 해치지는 않을까? 이에 대한 답을 내리기는 쉽지 않다.

다나카 요시키의 SF장편소설인 『아루스란 전기』에 보면 이런 부분이 나온다. 이 소설의 배경이 되는 가상의 시대는 노예제가 보편적 생산관계이다. 소설의 주인공 중에 나르사스라는 인물이 있는데 이자는 노예주의 자식으로 아버지가 죽고 나서 노예들을 비롯한 재산을 물려받은 후에 모든 노예들을 해방한다. 그냥 해방한 것이 아니라 노예들을 제외한 모든 재산을 처분한 뒤에 그 재산을 노예들에게 나누어 줘서 그들이 자립할 수 있을 때까지 생활할 수 있도록 배려도 하였다. 그런데 몇 달이 지나면서 해방된 노예들이 하나 둘씩 다시 나르사스에게 돌아와서 자신들을 다시 노예로 삼아달라고 요구한다. 이들은 나르사스가 나누어 준 재산으로 무엇을 할지 몰라 어떤 이는 먹고 마시는 데 흥청망청 쓰고 어떤 이는 도박에 날리기도 하고, 또 어떤 이는 누군가에게 사기를 당하기도 한다. 결국 1년도 되지 않아 모든 해방된 노예는 다시 나르사스에게 돌아온다.

이는 무엇을 말하는가? 노예는 노예로서 살아야지 해방할 필요가 없다는 메시지인가? 그렇지 않다. 노예제는 전형적인 '후천적'으로 불평등한 제도이다. 당연히 그런 불평등한 제도는 사라져야 한다. 그런데 어떤 제도나 조건도 '선의善意'만 가지고 개선되지 않는다. 『아루스란 전기』에서 인용한 에피소드는 대표적인 예이다. 무지無知에 의한 선의가 나와 남을 해칠 때가 많다. 불평등을 개선하려는 노력도 마찬가지이다. 그것이 바꿀 수 있는 관계인지, 바꿀 경우 그 관계는 지금보다 나아질 수 있는지, 그것이 보이지 않는 평등 자체는 해치지 않는지 등에 대한 물음이 없이 바꾸려 시도한다면 현재의 상태보다 더 나쁜 결과를 낳을 수도 있다.

보이는 불평등의 또 하나의 문제는 이렇다. 내가 겪는 불평등에 대한 불만은 대부분 질투의 감정을 수반한다. 질투의 대상은 나보다 더 나은 조건을 가진 자이다. 그런데 지금 당장 내 눈앞에 보이는 대상과의 불평등한 관계를 개선하면, 곧 내가 그의 조건과 같아지거나 더 나은 조건이 된다면 불평등한 관계는 완전히 해소되는가? 이제 또 다른 불평등의 대상, 질투의 대상이 눈앞에 나타난다. 보이는 세계에서의 본질적인 불평등은 결코 완전히 해소될 수 없다. 하나의 불평등이 해소되면 다른 불평등이 눈에 들어오고 지금 해결된 불평등은 미래에 다시 되돌아온다.

이것이 보이는 세계에서의 불평등의 조건이다. '선천적' 불평등과 '후천적' 불평등을 구분하기 쉽지 않을뿐더러 모든 불평등이 완전히 해소될 수 없다. 이런 조건에서 필자가 제안하는 '자발적 불평등'은 맹자가 이야기한 예禮의 씨앗인 사양지심辭讓之心에 바탕을 두고 있다. 이는 나의 것을 거절하고 양보하는 마음의 바탕 위에서 보이지 않는 평등에 주목하며 보이는 불평등에 무심한 태도를 말한다. 이미 내가 타자보다 낮은 조건에 있다면 그 조건이 '선천적'인 불평등인 것처럼 가정하며 겸허히 받아들이고 반대로 타자보다 나은 조건에 있다면 그것을 거절하거나 타자에게 양보한다. 그리고 불평등보다는 누구나 보편적으로 가지고 있는 인간의 본성의 평등에 시선을 돌리는 태도이다.

> 맹자가 말했다.
> 〈벼슬에는〉 하늘에게 받은 벼슬天爵이 있고 사람에게 받는 벼슬人爵이 있는데 인의仁義와 충신忠信을 행하고 선善을 즐거워하며 게을리 하지 않는 것이 하늘에게 받은 벼슬이고 공경대부公卿大夫는 사람에게 받는 벼슬이다. 옛사람들은 하늘에게 받은 벼슬을 닦으니 사람에게 받는 벼슬이 따라왔으나 요즘 사람들은 하늘에게 받은 벼슬을 닦는 이유가 사람에게 받는 벼슬을 얻기 위함이니 그것을 얻은 후에는 하늘에게 받은 벼슬을 버린다. 이는 미혹됨이 심하기 때문이니 마침내 사람에게 받는 벼슬도 반드시 잃게 될 뿐이다.

맹자가 말하는 하늘에게 받은 벼슬인 '천작天爵'을 다른 말로 표현하면 사람이라면 누구나 하늘에게 부여받은 인간의 본성本性이요 인권人權이고 사람을 평등하게 하는 조건이다. 반면에 사람에게 받는 벼슬인 '인작人爵'은 눈에 보이는 불평등의 한 단면이다. 천작을 닦다보면 인작을 받을 수도 있고 받지 못할 수도 있다. 옛사람들에게 인작은 나에게 달려있지 않았다. 그렇기에 거기에 연연할 필요가 없이 오직 하늘로부터 받은 천작을 닦을 뿐이다. 만일 인작이 천작을 해칠 가능성이 있다면 언제든 인작을 버릴 수 있다. 그런데 요즘 사람들에게 천작은 인작을 얻기 위한 수단일 뿐이니 인작을 얻은 후에는 천작이 더 이상 필요 없다. 하지만 인작을 가능하게 하는 것은 천작이니 천작을 버리게 되면 필연적으로 인작도 잃게 된다.

　이를 평등과 불평등의 언어로 바꾸어보자. 우리가 주목해야 할 것은 눈에 보이는 불평등보다는 하늘로부터 부여받은 보편적인 평등의 조건이다. 이런 보편적인 조건이 눈에 보이는 불평등한 세계가 조화롭게 굴러가도록 하는 것이다. 보이는 세계의 불평등한 관계에서 나의 위치는 나에게 달려있지 않다. 때로는 남보다 낮은 위치에 때로는 남보다 높은 위치에 있게 된다. 만일 내가 남보다 높은 위치에 있게 되어 그런 불평등한 관계가 나의 보이지 않는 평등의 조건을 해치게 된다면 언제든 그 위치를 사양辭讓하고 낮은 위치로 내려와야 한다. 반대로 남보다 낮은 위치에 있게 된다면 그런 불평등에 주목하기보다는 하늘로부터 부여받은 '천작'의 평등에 시선을 돌려야 한다. 불평등한 관계의 세계에서 높은 위치인 인작을 차지하기 위해 평등의 조건인 천작을 해쳐서는 안 된다. 이런 삶의 태도를 필자는 '자발적 불평등'이라 부른다.

　맹자가 말했다.
　군주君의 모든 인사에 대해 부적절함을 지적할 수 없으며 모든 정책에 대해 일일이 간언할 수 없다. 오직 대인大人이라야 군주의 잘못된 마음을 바로잡을 수 있으니, 군주가 인仁하면 인仁하지 않은 다스림이 없을 것이고 군주가 의義롭다면 의롭지 않은 다스림이 없을 것이고 군주가 바르면正 바르지 않은 다스림이 없을 것이니 한번 군주가 바르게 되면 나라가 바르게 된다.

한 나라에는 여러 분야의 일이 있다. 경제, 교육, 국방, 환경 등등. 분야마다 인사와 정책도 수없이 많다. 그중에는 잘 된 것도 있고 잘 못된 것도 있을 것이다. 맹자가 관심을 가지는 것은 각각의 정책의 잘잘못이 아니다. 마치 강의 수원지水源池처럼 정책의 근원이 되는 것이 그의 관심사이다. 상류의 물이 오염되어 있으면 하류의 여러 지천을 하나하나 깨끗이 하려해도 소용이 없으며 먼저 상류를 맑게 해야 한다. 마찬가지로 나라가 바로 서기 위해서 모든 인사와 정책의 잘잘못을 하나하나 따지기보다는 먼저 군주기 바르게 되어야 한다. 이를 맹자는 정군正君이라고 표현했다. 맹자가 말하는 정正은 구체적 내용이 아니다. 1부에서 이야기한 불인지심不仁之心을 바탕으로 한 불인지정不忍之政의 형식이고 그 형식을 다른 말로 표현한 것이 인의仁義이다. 맹자가 양혜왕과의 대화에서 그렇게 강조했던 오직 인의仁義에 바탕을 둔 다스림을 행하는 군주가 바른 군주正君이다.

맹자가 살았던 시대에는 다스리는 자가 소수였다. 소수의 다스리는 자 중에 정점에 있는 자가 군주이다. 맹자의 정치사상을 한마디로 요약하자면 '정군이국정正君而國正', 곧 군주를 바르게 해서 나라를 바로 세우는 것이다. 그가 살았던 전국시대는 군주들의 탐욕으로 인한 전쟁이 끊이지 않는 혼란된 시대였다. 당시의 지식인들은 그런 혼란을 끝내고 나라를 안정되고 평화롭게 하는 것이 목표였다. 그런 활동의 결과물이 제자백가諸子百家라는 이름으로 정리되는 사상가들이고 그들은 같은 이름의 사상에서 여러 가지 방법을 제안했다. 그 중에서 맹자가 제안하는 방법은 먼저 군주를 바르게 하는 것正君이다. 성군과 폭군의 다스림에 따라 나라의 흥망성쇠興亡盛衰가 좌우되었던 동서의 역사를 살펴보면 맹자의 주장이 설득력이 있다.

왕정시대에는 다스리는 자가 왕을 중심으로 한 소수에 집중되어 있었다면 민주주의 사회에서는 다스리는 자가 다수demos이다. 이를 우리는 민民이라는 말로 번역한다. 데모크라시의 원래 의미는 다수에 의한 통치라는 뜻이다. 이를 그대로 번역한다면 민치民治가 되어야 할 텐데 메이지 유신시대의 일본인들은 이를 민주民主로 번역하였다. 이는 아마도 동양고전에 나오는 군주君主라는 말에서 유래하지 않았을까 추측해 본다. 주主라는 말에는 여러 의미가 담겨있다. 그중에 필자가 주목하고 싶은 의미는 어딘가에 종속되지 않은 자신의 주인이라는 의미와 그에 대한 책임을 진다는 의미이다. 군주가 다스리는 시대에 백성은 군주의 판단에 의지했으며 그 판단에 대한 책임도 지지 않았다. 오직 군주만이, 그리고 군주를 보필하며 공동체를 통치했던 소수의 치인治人만이 책임을 졌다. 이제 우리는 군君이 다스리는 사회가 아닌 민民이 다스리는 사회에 살고 있다. 아니 군이 주인이 아닌 민이 주인이 되는 사회이다. 다스림에는 주체적인 판단과 그에 따른 책임이 따른다. 맹자가 군주君主의 바른 판단을 위한 형식적 원리로 인의仁義를 말했다면 민주民主의 원리는 무엇인가?

다스리는 자가 소수에서 다수로 바뀌었을 뿐 다스리는 자가 바르게 되어야 공동체가 바르게 선다는 원칙은 변함이 없다. 그렇다면 맹자의 '정군이국정正君而國正'을 이 시대에 맞게 '정민이국정正民而國正', 곧 백성이 바르게 서야 나라가 바르게 선다는 말로 바꿀 수 있다. 맹자의 인의와 같은 민주주의 사회에서의 바른 판단의 형식적 원리는 무엇일까? 필자의 소견으로는 그 원리는 조금 전까지 살펴본 자유와 평등일 것이다. 나 바깥의 원인에 의한 선택과 판단이 아니라 나 자신이 원인이 되는 선택과 판단을 하고 그에 따른 결과에 책임지는 자유, 눈에 보이는 불평등을 통해 드러나지만 그 안에 감추어져 있는 인간의 보편적 평등, 이것이 민주주의 사회에서의 주인으로서 판단과 행동의 형식적 원리이다. 이익이 아닌 인의에 바탕을 둔 다스림을 하는 군주가 정군正君이라면 '자발적 불평등'에 기초한 자유로운 인간이 정민正民이다.

뮤지컬 레미제라블에 나오는 노래의 가사 중에 이런 구절이 있다. "내일이면 모두가 왕이 될 것이다.Every man will be a King" 이제 모두가 왕이 되는 세상은 내일의 희망이 아니라 오늘의 현실이 되었다. 그대는 성군聖君이자 성민聖民이 되고자 하는가, 폭군暴君이자 폭민暴民이 되고자 하는가.

◆ 여기서 잠시 생각해 보고 다음으로 넘어가자

1 정언명령과 가언명령의 차이를 다시 한번 정리해보자. 그리고 일상에서 각각에 해당하는 규범들을 생각해 보자.
2 자유란 무엇인가?
3 나는 자유로운 삶을 살고 있는가?
4 나는 타자가 자유로운 존재라는 것을 인정하고 있는가?
5 평등이란 무엇인가?
6 모든 인간은 평등하다고 생각하는가? 그렇다면 나는 모든 인간을 평

등하게 대하는가?

7 민주주의 사회에서 민주시민은 어떤 덕목을 가져야 하는가?

다시 묻는 물음

3부는 맹자와 플라톤을 민주주의자라 부를 수 있는가라는 도발적인 물음으로 시작하였다. 민주주의란 무엇인가라는 물음에서부터 출발하여 민주주의자로서의 조건까지 살펴본 지금 다시 물음을 반복해본다. 맹자와 플라톤은 민주주의자인가? 민주주의에 대한 고민을 관통한 후에도 이 물음에 대해 쉽게 답을 얻기 어렵다. 어쩌면 이 질문은 끊임없이 물어야 하는지 모르겠다. 민주주의와는 반대에 있는 정체인 왕정의 시대에 살았던 맹자와 민주정에 대해서 반대했던 플라톤을 왜 민주주의를 고민하면서 불러내야 하는가? 그들은 어떤 '민주주의자'들 보다 민주주의가 고민해야 할 요소에 대해서 고민했기 때문이다. 그들을 민주주의자라고 부를 수 있는지 없는지는 중요하지 않다. 내가 민주주의자로서 살기 위해 어떻게 해야 하느냐는 물음에 그들의 고민이 해답의 실마리를 던져준다. 이제 '맹자와 플라톤은 민주주의자인가'라는 질문을 다음과 같이 바꾸어보자.

나는 민주주의자인가?

15쪽　述而-10 子謂顏淵曰 用之則行 舍之則藏 惟我與爾有是夫

19쪽　公冶長-12 子貢曰 夫子之文章 可得而聞也 夫子之言性與天道 不可
得而聞也
陽貨-2 子曰 性相近也 習相遠也

24쪽　然則治天下는 獨可耕且爲與아 有大人之事하며 有小人之事하니 且
一人之身 而百工之所爲 備하니 如必自爲而後에 用之면 是는 率天下
而路也니라 故曰或勞心하며 或勞力이니 勞心者는 治人하고 勞力者
는 治於人이라 하니 治於人者는 食人하고 治人者는 食於人이 天下
之通義也니라 (孟子 滕文上-04)

30-31쪽　孟子 見梁惠王하신대 王曰叟 不遠千里而來하시니 亦將有以利吳國
乎잇가 孟子 對曰王은 何必曰利잇고 亦有仁義而已矣니이다 王曰何
以利吳國고 하면 大夫 曰何以利吳家오 하며 士庶人曰 何以利吳身고
하야 上下 交征利면 而國危矣리다 萬乘之國에 弑其君者는 必千乘之
家오 千乘之國에 弑其君者는 必百乘之家니 萬取千焉하며 千取百焉
이 不爲不多矣언마는 苟爲後義而先利면 不奪하야는 不饜이니이다
未有仁而遺其親者也며 未有義而後其君者也니이다 王은 亦曰仁義而

已矣시니 何必曰利잇고 (梁惠上-06)

35쪽 旣使我與若辯矣,若勝我,我不若勝,若果是也,我果非也邪? 我勝若,若不
吾勝,我果是也,而果非也邪? 其或是也,其或非也邪? 其俱是也,其俱非
也邪? 我與若不能相知也,則人固受其黮闇,吾誰使正之? 使同乎若者正
之? 旣與若同矣, 惡能正之! 使同乎我者正之? 旣同乎我矣,惡能正之!
使異乎我與若者正之? 旣異乎我與若矣,惡能正之! 使同乎我與若者正
之? 旣同乎我與若矣,惡能正之! 然則我與若與人俱不能相知也,而待彼
也邪? (莊子 齊物論)

38쪽 孟子 曰人皆有不忍人之心하니라 先王이 有不忍人之心하사 斯有不
忍人之政矣시니 以不忍人之心으로 行不忍人之政이면 治天下는 可
運之掌上이니라 所以謂人皆有不忍人之心者는 今人이 乍見孺子 將
入於井하고 皆有怵惕惻隱之心하나니 非所以內交於孺子之父母也며
非所以要譽於鄉黨朋友也며 非惡其聲而然也니라 由是觀之컨댄 無惻
隱之心이면 非人也며 無羞惡之心이면 非人也며 無辭讓之心이면 非
人也며 無是非之心이면 非人也니라 (公孫上-06)

39-40쪽 王曰王政을 可得聞與잇가 對曰昔者文王之治岐也에 耕者를 九一하
며 仕者를 世祿하며 關市를 譏而不征하며 澤梁을 無禁하며 罪人을
不孥하시니 老而無妻曰鰥이오 老而無夫曰寡오 老而無子曰獨이오
幼而無父曰孤니 此四者는 天下之窮民而無告者어늘 文王이 發政施
仁하사대 必先斯四者하시니 詩云 哿矣富人어니와 哀此煢煢獨이라
하니이다 (梁惠下-05)

49쪽 子曰 道之以政 齊之以刑 民免而無恥 道之以德 齊之以禮 有恥且格
(論語 爲政-3)

55쪽 王曰吾惛하야 不能進於是矣로니 願夫子는 輔吾志하야 明以教我하
소서 我雖不敏이나 請嘗試之하리다 曰無恒產而有恒心者는 惟士 爲
能이어니와 若民則無恒產이면 因無恒心이니 苟無恒心이면 放辟邪
侈를 無不爲已니 及陷於罪然後에 從而刑之면 是는 罔民也니 焉有仁
人이 在位하야 罔民을 而可爲也리오 (梁惠上-07)

58쪽 景春이 曰公孫衍張儀는 豈不誠大丈夫哉리오 一怒而諸侯 懼하고 安居
而天下 熄하니라 孟子 曰是焉得爲大丈夫乎리오 子 未學禮乎아 丈夫之
冠也에 父 命之하고 女子之嫁也엔 母 命之하나니 往에 送之門할새 戒
之曰往之女家하야 必敬必戒하야 無違夫子라 하나니 以順爲正者는 妾
婦之道也니라 居天下之廣居하며 立天下之正位하며 行天下之大道하야
得志하얀 與民由之하고 不得志하얀 獨行其道하야 富貴 不能淫하며 貧
賤이 不能移하며 威武 不能屈이 此之謂大丈夫니라 (滕文下-02)

61쪽 孟子 見梁惠王하신대 王이 立於沼上이러니 顧鴻雁麋鹿 曰賢者도 亦
樂此乎잇가 孟子 對曰賢者而後에 樂此니 不賢者는 雖有此나 不樂也
니다 詩云經始靈臺하야 經之營之하니 庶民攻之라 不日成之로다 經
始勿亟하니 庶民子來로다 王在靈囿하니 麀鹿攸伏이로다 麀鹿濯濯이
어늘 白鳥鶴鶴이로다 王在靈沼하니 於牣魚躍이라 하니 文王이 以民
力爲臺爲沼하나 而民이 歡樂之하야 謂其臺曰靈臺라 하고 謂其沼曰
靈沼라 하야 樂其有麋鹿魚鼈하니 古之人이 與民偕樂故로 能樂也니
이다 (梁惠上-02)

63-64쪽 莊暴 見孟子曰暴 見於王호니 王이 語暴以好樂이어시늘 暴 未有以對
也호니 曰好樂이 何如잇고 孟子 曰王之好樂이 甚則齊國은 其庶幾乎
인저 他日에 見於王曰王이 嘗語莊子以好樂이라 하니 有諸잇가 王이
變乎色曰寡人이 非能好先王之樂也라 直好世俗之樂耳로라 曰王之好
樂이 甚則齊其庶幾乎ㄴ저 今之樂이 由古之樂也니이다 曰可得聞與

잇가 曰獨樂樂과 與人樂樂이 孰樂이니잇고 曰不若與人이니이다 曰
與少樂樂과 與衆樂樂이 孰樂이니잇고 曰不若與衆이니이다 臣이 請
爲王言樂호리이다 今王이 鼓樂於此어시든 百姓이 聞王의 鐘鼓之聲
과 管籥之音하고 擧疾首蹙頞而相告曰 吾王之好鼓樂이여 夫何使我
로 至於此極也오 하야 父子 不相見하고 兄弟妻子 離散하며 今王이
田獵於此어시든 百姓이 聞王의 車馬之音하며 見羽旄之美하고 擧疾
首蹙頞而相告曰 吾王之好田獵이여 夫何使我로 至於此極也오하야
父子 不相見하며 兄弟妻子 離散하면 此는 無他라 不與民同樂也니이
다 今王이 鼓樂於此어시든 百姓이 聞王의 鐘鼓之聲과 管籥之音하고
擧欣欣然有喜色而相告曰 吾王이 庶幾無疾病與아 何以能鼓樂也오
하며 今王이 田獵於此어시든 百姓이 聞王의 車馬之音하며 見羽旄之
美하고 擧欣欣然有喜色而相告曰 吾王이 庶幾無疾病與아 何以能田
獵也오 하면 此는 無他라 與民同樂也니이다 今王이 與百姓同樂 則
王矣시리이다 (梁惠下-01)

66-67쪽 不違農時면 穀不可勝食也며 數(촉)罟를 不入洿池면 魚鼈을 不可勝
食也며 斧斤을 以時入山林이면 材木을 不可勝用也니 穀與魚鼈을 不
可勝食하며 材木을 不可勝用이면 是는 使民養生喪死에 無憾也니 養
生喪死에 無憾이 王道之始也니이다 伍畝之宅에 樹之以桑이면 伍十
者 可以衣帛矣며 鷄豚狗彘之畜을 無失其時면 七十者 可以食肉矣며
百畝之田을 勿奪其時면 數口之家 可以無飢矣며 謹庠序之敎하야 申
之以孝悌之義면 頒白者 不負戴於道路矣리니 七十者 衣帛食肉하며
黎民이 不飢不寒이오 然而不王者 未之有也니이다 (梁惠上-03)

68쪽 方里而井이니 井이 九百畝니 其中이 爲公田이라 八家 皆私百畝하야 同
養公田하야 公事를 畢然後에 敢治私事니 所以別野人也니라 (滕文上-03)

69쪽 不患寡而患不均 不患貧而患不安 (論語 季氏-1)

70-71쪽 白圭 曰吾欲二十而取一하노니 何如잇고 孟子 曰子之道는 貉道也로다 萬室之國에 一人이 陶則可乎아 曰不可하니 器不足用也니다 曰夫貉은 伍穀이 不生하고 惟黍 生之하나니 無城郭宮室宗廟祭祀之禮하며 無諸侯幣帛饔飱하며 無百官有司라 故로 二十에 取一而足也니라 今에 居中國하야 去人倫하며 無君子면 如之何其可也리오 陶而寡라도 且不可以爲國이온 況無君子乎아 欲輕之於堯舜之道者는 大貉에 小貉也오 欲重之於堯舜之道者는 大桀에 小桀也니라 (告子下-10)

72쪽 設爲庠序學校하야 以敎之하니 庠者는 養也오 校者는 敎也오 序者는 射也라 夏曰校오 殷曰序오 周曰庠이오 學則三代共之하니 皆所以明人倫也라 人倫이 明於上이면 小民이 親於下니이다 (滕文上-03)

73쪽 孟子 曰人之所以異於禽獸者 幾希하니 庶民은 去之하고 君子는 存之니라 (離婁下-19)

76-77쪽 公都子 曰告子 曰性無善無不善也라 하고 或曰性은 可以爲善이며 可以爲不善이니 是故로 文武興則民이 好善하고 幽厲 興則民이 好暴라 하고 或曰有性善하며 有性不善하니 是故로 堯爲君而有象하며 以瞽瞍爲父而有舜하며 以紂爲兄之子오 且以爲君而有微子啓王子比干이라하나니 韓子性有三品之說 蓋如此. 按此文則微子比干皆紂之叔父而書稱微子爲商王元子 疑此或有誤字 今曰性善이라 하시니 然則彼皆非與잇가 孟子 曰乃若其情則可以爲善矣니 乃所謂善也니라 若夫爲不善은 非才之罪也니라 惻隱之心을 人皆有之하며 羞惡之心을 人皆有之하며 恭敬之心을 人皆有之하며 是非之心을 人皆有之하니 惻隱之心은 仁也오 羞惡之心은 義也오 恭敬之心은 禮也오 是非之心은 智也니 仁義禮智 非由外鑠我也라 我固有之也언마는 弗思耳矣니 故로 曰求則得之하고 舍則失之라 하니 或相倍蓰而無算者는 不能盡其才者也니라 (告子上-06)

81쪽　大學之道 在明明德 在親民 在止於至善 (大學)

詩云 穆穆文王 於 緝熙敬止 爲人君止於仁 爲人臣止於敬 爲人子止於
孝 爲人父止於慈 與國人交止於信 (大學)

83쪽　告子 曰性은 猶杞柳也오 義는 猶桮棬也니 以人性爲仁義 猶以杞柳爲
桮棬이니라 孟子 曰子 能順杞柳之性 而以爲桮棬乎아 將戕賊杞柳而
後에 以爲桮棬也니 如將戕賊杞柳 而以爲桮棬이면 則亦將戕賊人하야
以爲仁義與아 率天下之人而禍仁義者는 必子之言夫인저 (告子上-01)

86쪽　告子 曰性은 猶湍水也라 決諸東方則東流하고 決諸西方則西流하나
니 人性之無分於善不善也 猶水之無分於東西也니라 孟子 曰水 信無
分於東西어니와 無分於上下乎아 人性之善也 猶水之就下也니 人無
有不善하며 水無有不下니라 今夫水를 搏而躍之면 可使過顙이며 激
而行之면 可使在山이어니와 是豈水之性哉리오 其勢則然也니 人之
可使爲不善이 其性이 亦猶是也니라 (告子上-02)

88쪽　告子 曰生之謂性이니라 孟子 曰生之謂性也는 猶白之謂白與아 曰然
하다 白羽之白也 猶白雪之白이며 白雪之白이 猶白玉之白與아 曰然
하다 然則犬之性이 猶牛之性이며 牛之性이 猶人之性與아 (告子上-03)

90쪽　一簞食와 一豆羹을 得之則生하고 弗得則死라도 嘑爾而與之면 行道
之人도 弗受하며 蹴爾而與之면 乞人도 不屑也니라 (告子上-10)

91-92쪽　告子 曰食色이 性也니 仁은 內也라 非外也오 義는 外也라 非內也니
라 孟子 曰何以謂仁內義外也오 曰彼長而我長之라 非有長於我也니
猶彼白而我白之라 從其白於外也라 故로 謂之外也라 하노라 曰異於
白馬之白也는 無以異於白人之白也어니와 不識케라 長馬之長也 無
以異於長人之長與아 且謂長者 義乎아 長之者 義乎아 曰吾弟則愛之

273

하고 秦人之弟則不愛也하나니 是는 以我爲悅者也라 故로 謂之內오 長楚人之長하며 亦長吳之長하나니 是는 以長爲悅者也라 故로 謂之外也라 하노라 曰耆秦人之炙 無以異於耆吳炙하니 夫物이 則亦有然者也니 然則耆炙도 亦有外與아 (告子上-04)

108쪽 孟子 曰人皆有不忍人之心하나니라 先王이 有不忍人之心하사 斯有不忍人之政矣시니 以不忍人之心으로 行不忍人之政이면 治天下는 可運之掌上이니라 所以謂人皆有不忍人之心者는 今人이 乍見孺子 將入於井하고 皆有怵惕惻隱之心하나니 非所以內交於孺子之父母也며 非所以要譽於鄕黨朋友也며 非惡其聲而然也니라 由是觀之컨댄 無惻隱之心이면 非人也며 無羞惡之心이면 非人也며 無辭讓之心이면 非人也며 無是非之心이면 非人也니라 (公孫上-06)

111쪽 齊宣王이 問曰湯이 放桀하시고 武王이 伐紂라 하니 有諸잇가 孟子對曰於傳에 有之니이다 曰臣弑其君이 可乎잇가 曰賊仁者를 謂之賊이오 賊義者를 謂之殘이오 殘賊之人을 謂之一夫니 聞誅一夫紂矣오 未聞弑君也커라 (梁惠下-08)

113쪽 孟子 曰民이 爲貴하고 社稷이 次之하고 君이 爲輕하니라 是故로 得乎丘民이 而爲天子오 得乎天子 爲諸侯오 得乎諸侯 爲大夫니라 諸侯危社稷則變置하나니라 犧牲이 旣成하며 粢盛이 旣潔하야 祭祀以時호대 然而旱乾水溢 則變置社稷하나니라 (盡心下-14)

126쪽, 128-129쪽, 134쪽, 139-140쪽, 142쪽, 143쪽, 148쪽, 151-152쪽, 154쪽, 156-157쪽, 159-160쪽, 163쪽, 165쪽, 167-168쪽, 171-172쪽, 174쪽, 176쪽, 178쪽, 180-181쪽, 182-183쪽, 188-189쪽, 195쪽, 206쪽, 210쪽, 211쪽, 212-213쪽, 216쪽, 217쪽
플라톤, 『국가 · 정체』, 백종현 옮김, 서광사, 2013, 53쪽, 53쪽, 62-63쪽, 93-95쪽, 119쪽, 145-146쪽, 146-149쪽, 159쪽, 274-276쪽, 276 · 277쪽,

280-284쪽, 288-289쪽, 312쪽, 322 · 328 · 330쪽, 334 · 335쪽, 362 · 363
쪽, 512 · 513 · 516쪽, 518 · 519쪽, 523-525쪽, 532 · 533 · 536쪽,
536 · 537 · 543쪽, 546-49쪽, 165 · 170 · 171 · 228 · 229 · 239 · 242쪽,
374 · 385쪽, 458 · 459쪽, 463쪽, 470쪽, 473 · 474쪽, 479-480쪽, 482쪽,
485 · 488쪽에서 인용

138쪽 故跖之徒問於跖曰 盜亦有道乎 跖曰 何適而無有道邪 夫妄意室中之
藏 聖也 入先 勇也 出後 義也 知可否 知也 分均 仁也 伍者不備而能
成大盜者 天下未之有也 (莊子 胠篋)

145쪽 箕子者는 紂의 親戚也라 紂始為象箸어늘 箕子嘆曰 彼為象箸하니 必
為玉杯로다 為玉杯면 則必思遠方珍怪之物而御之矣리니 輿馬宮室之
漸이 自此始하여 不可振也로다 (史記 宋微子世家)

219쪽 大學之道 在明明德 在親民 在止於至善 (大學)

243-244쪽 마태복음 22장 37-40절

250쪽 子曰 君子求諸己 小人求諸人 (論語 衛靈公 15)

262쪽 孟子 曰有天爵者하며 有人爵者하니 仁義忠信樂善不倦은 此 天爵也
오 公卿大夫는 此 人爵也니라 古之人은 脩其天爵而人爵從之러니라
今之人은 脩其天爵하야 以要人爵하고 旣得人爵而棄其天爵하나니
則惑之甚者也라 終亦必亡而已矣니라 (告子上-16)

263쪽 孟子 曰人不足與適也며 政不足間也라 惟大人이라야 爲能格君心之
非니 君仁이면 莫不仁이오 君義면 莫不義오 君正이면 莫不正이니
一正君而國 이 正矣니라 (離婁上-20)

민주주의자, 맹자와 플라톤

**맹자와 플라톤의 사상으로 본
민주적 삶의 방식**

초판 1쇄 발행 2020년 2월 10일

지은이 | 이웅구
펴낸이 | 박유상
펴낸곳 | (주)빈빈책방
디자인 | 기민주

등 록 | 제470-251002017000115호
주 소 | 전라북도 남원시 주천면 고촌길 24
전 화 | 063-633-6941
팩 스 | 063-633-6942
이메일 | binbinbooks@daum.net

ISBN 979-11-90105-05-7 03100

이 도서의 국립중앙도서관 출판예정도서목록(CIP)은 서지정보유통지원시스템
홈페이지(http://seoji.nl.go.kr)와 국가자료공동목록시스템(http://www.nl.go.kr/kolisnet)에서
이용하실 수 있습니다. (CIP제어번호: CIP2020003700)